福祉のアジア

国際比較から政策構想へ

Yasuhiro Kamimura
上村泰裕………【著】

名古屋大学出版会

福祉のアジア

目　　次

序　章　福祉のアジアを描く……………………………………………… 1

第 I 部　対象と方法

第 1 章　東アジアの福祉国家……………………………………………… 16
　　　　　──研究対象の生成──
　　　　1　はじめに　16
　　　　2　東アジアの共通性と多様性　20
　　　　3　民主化と経済危機を越えて　29
　　　　4　福祉国家と市民社会の未来　33

第 2 章　東アジアの福祉レジームとガバナンス………………………… 41
　　　　1　はじめに　41
　　　　2　福祉国家のレジーム規定力　43
　　　　3　福祉国家と企業・家族・NPO　45
　　　　4　福祉ガバナンスの未来　52

第 3 章　大陸間比較から見た東アジアの福祉…………………………… 56
　　　　1　はじめに　56
　　　　2　福祉国家化の波　57
　　　　3　福祉国家の何を重視するか　62
　　　　4　企業や家族は福祉国家を代替するか　67
　　　　5　福祉国家拡充の壁　72

第 II 部　典型としての台湾

第 4 章　台湾の政労使関係と社会政策…………………………………… 76
　　　　1　はじめに　76

　　　　2　認識手段としてのコーポラティズム概念　77
　　　　3　国家コーポラティズムの遺産　81
　　　　4　民主化と多元主義化　86
　　　　5　新たなコーポラティズムへの模索　93
　　　　6　柔軟化は阻止されたのか　100

第 5 章　台湾の高齢者福祉政治……………………………………… 105
　　　　1　はじめに　105
　　　　2　高齢期を規定する社会構造　106
　　　　3　福祉政治の言説スタイル　111
　　　　4　国民年金をめぐる政策過程　113

第 6 章　台湾の社会保障と企業福祉………………………………… 121
　　　　1　はじめに　121
　　　　2　企業を取り巻く社会保障制度　122
　　　　3　2006 年調査の回答企業の特徴と企業福祉観　129
　　　　4　企業福祉の内容　133
　　　　5　企業福祉重視の内実――経営者への聞き取り調査から　140
　　　　6　福祉レジームの再編と市場化の進展　142

　　　　　　　　　　　第 III 部　複数の東アジア

第 7 章　社会福祉のなかの社会と国家……………………………… 146
　　　　――台湾・シンガポールの比較――
　　　　1　はじめに　146
　　　　2　市民社会への注目　148
　　　　3　福祉国家の相違　155
　　　　4　福祉レジームの効果　164

第 8 章 雇用構造と若者の就業 ……………………………………… 169
――日本・韓国・台湾の比較――

1 はじめに　169
2 福祉レジームと若年労働市場　171
3 日韓台の若者問題は同じではない　175
4 社会経済的要因か，それとも制度的要因か　179
5 構造変化にどう対応するか　190

第 IV 部　比較から構想へ

第 9 章　東アジア社会政策を構想する ……………………………… 194
――失業保険制度を例に――

1 はじめに　194
2 東アジアの失業新時代　196
3 途上国に失業保険は不要なのか　199
4 既存の失業保険に不備はないか　203
5 国際比較から政策構想へ　207

第10章　インフォーマル雇用の壁を越える ………………………… 209
――社会保障拡充の前提――

1 はじめに　209
2 インフォーマル雇用とは何か　209
3 社会保障とインフォーマル雇用　217
4 社会保障拡充の処方箋　223

終　章　福祉のアジアを築く ………………………………………… 227

1 福祉のアジアをめぐる問答　228
2 グローバル経済の社会的基盤　233

あとがき 235
参考文献 240
初出一覧 252
図表一覧 253
索　引 256

序　章

福祉のアジアを描く

　東アジア諸国の福祉には，何か先進福祉国家のそれとは異なる特徴があるのだろうか。あるとしたら，いかなる歴史的ないし構造的要因がその特徴を生み出したのだろうか。しかし，一口に東アジアと言っても，そこに含まれる多様性をどう理解したらよいか。東アジアの福祉を拡充するという実践的課題に比較研究を活かすことは可能だろうか。こうした問いが何年も筆者をとらえてきたが，本書はそれに対して出来る限りの答えを与えようとするものである。

　東アジアの福祉という主題を迂遠なものと見る向きもあるかもしれない。社会政策を論じるなら，まずは自国の福祉を研究すべきだし，政策立案の参考になりそうな先進諸国の福祉を研究すべきだと。しかし現在，東アジアでは各国経済の相互依存が深まっており，一国の社会不安が地域全体に影響を及ぼすようになった。そうした状況では，自国の福祉水準を維持するためにさえ，域内の新興国や途上国の福祉の底上げを図ることが求められるのである。新興国や途上国の福祉を拡充するには，たんに先進国の事例をお手本として学ぶだけでは足りない。もっとグローバルな比較の視点が必要になる。その意味で，東アジアの福祉を比較の視点から研究することには実践的かつ政策的な意義があると信じる。

　一方，東アジアの福祉を研究することは，社会学の理論的核心にも触れている。社会学は人々の働き方，暮らし方，生き方をより深く知りたいという願望をもっているが，人々の人生に大きな影響を及ぼす企業・家族・市民社会のあ

り方は福祉国家によって規定されている。したがって，福祉国家と社会の相互作用の多様性を視野に入れることなしには，人々の人生をより深く理解したいという社会学の野心は満たされないはずである。ところが社会学の現状は，欧米由来の理論と一国社会を対象とした調査の組み合わせが主流であり，各国社会の多様性を理論化するには至っていない。東アジアの福祉を研究することは，日本を含む各国社会の多様性を新たな角度から解明することにつながると考える。

　以下では，東アジアの福祉という本書の主題をうまく描き出すために，何本かの理論的補助線を引いておきたい。補助線によって本書の意図するところが明瞭になれば幸いである。

1) 国際的視野の回復

　福祉国家に関する比較社会学的研究は H. ウィレンスキー（Wilensky 1975）によって開拓されたが，近年におけるその隆盛は G. エスピン – アンデルセン（Esping-Andersen 1990）の貢献によるところが大きい。先進福祉国家を 3 つのタイプに分類したエスピン – アンデルセンの類型論はよく知られている。まず，個人や家族の自助努力を重んじ，政府は最低限の福祉を保障する自由主義レジーム（アメリカなど英語圏の諸国）。次に，職域別の社会保険が発達し，従来型の家族ケアを前提とする保守主義レジーム（ドイツなど主に大陸ヨーロッパ諸国）。最後に，高福祉高負担で階級間，男女間の平等主義を追求する社民主義レジーム（スウェーデンなど北欧諸国）である。

　しかし，彼の目的は福祉国家をたんに分類することにあったのではない。彼は，実行可能な社会政策の選択肢が複数存在することを実例で示し，各選択肢が人々の暮らしに及ぼす効果の違いを測定し評価できることを示した。もちろん，他のレジームの政策をそのまま模倣することが可能とも望ましいとも限らないが，自国の政策とその効果を国際比較のなかに位置づけて理解できるようにしたことの意義は大きい。それゆえにこそ，彼の類型論はその後の社会政策研究のフレームワークとなったのである。

　とはいえ，東アジアの福祉を捉えようとする本書の立場から見ると，エスピ

ン-アンデルセンの議論には不満な点もある。彼の研究対象は相対的に均質な先進福祉国家に限られており，国際比較と言っても各国の国内要因を並列的に比較するにとどまっている。歴史も経済も多様な東アジア諸国に対象を広げるとすれば，福祉国家存立の成否を決める国際政治経済的な環境の違いも考慮に入れなければならないだろう。そこで私たちは，エスピン-アンデルセンにも影響を与えた K. ポランニの国際的視野を回復する必要がある。

　ポランニ（Polanyi 1944）は，社会保護なしの労働市場は人間破壊をもたらすという命題を提出したことで知られる。エスピン-アンデルセンはそれを受けて，福祉国家の核心は「労働の脱商品化」にあると考えた。つまり，労働者が必要に応じて仕事を中断しても市民生活を維持できるようにするのが福祉国家の役割であり，福祉国家がきちんと機能していれば人間破壊は生じないというわけである。エスピン-アンデルセンの見方では，ある福祉国家がどの程度の脱商品化を行なうかは基本的に国内政治の構造によって決まる。

　しかし，エスピン-アンデルセンと違って，ポランニは各国社会の問題を国際政治経済の視野のなかで捉えていた。彼が注目したのは国内政治と国際経済の相克である。ポランニの『大転換』に描かれた 19 世紀の国際経済は金本位制が支配しており，不況時に政府が財政出動を行なって国民の生活を守ることができなかった。金本位制のもとでは，不況時には緊縮財政によって通貨の安定を図らなければならなかったからである。こうした国際経済の要請と，権利に目覚めた国民の必要を満たすという国内政治の要請との矛盾，それが昂進したところに両大戦の破局があったというのがポランニの見方である。

　第二次大戦後に福祉国家が存立可能になったのは，『大転換』の刊行と同年のブレトンウッズ会議で成立した新たな国際経済体制によるところが大きい。ブレトンウッズ体制は，国際経済と国内政治の要請を両立させようとした。国内政治の必要に応じて社会政策や産業政策を行なう余地を各国政府に与えることが重視され，貿易の自由化はそれが可能な範囲に限定された。いわば「節度あるグローバル化」の実現が目標とされたのである（Rodrik 2011 : 70, 邦訳 2013 : 92）。その結果，欧州を中心とする民主主義諸国では経済成長と社会政策の両方を追求することが可能となり，国民に社会保護を提供する先進福祉国家

が形成された。

　一方，東アジア諸国をはじめとする多くの途上国は，後に詳しく見るように，同じ時期を国家コーポラティズムと呼ばれる権威主義体制のもとで過ごした。権威主義体制の政府は，国民の権利要求を抑圧したり（排除的コーポラティズム），一部の団体の権利のみを選択的に認めたり（包摂的コーポラティズム）することで，社会政策よりも産業政策に力を入れることが可能だった。同じブレトンウッズ体制のもとでも，権威主義体制をとる途上国では先進国と異なる政策が選択され，先進福祉国家とは異なるタイプの福祉国家が形成されることになった。東アジアの福祉国家は，国民すべてをカバーするに至らず，労働市場における人間破壊の防止に十分なだけの社会保護の機能を備えてはいなかったのである。

2）歴史的視野の拡張

　第二次大戦後の東アジア諸国では，公的な社会保護の整備が先進福祉国家に遠く及ばなかったにもかかわらず，F. エンゲルス（Engels 1845）が『イギリスにおける労働者階級の状態』で描いたような人間破壊が全面化することはなかった。なぜだろうか。もちろん，東アジアでは持続的な経済成長によって失業が低く抑えられたとか，高齢化が進んでいなかったからといった説明は成り立つだろう。しかし，東アジアでは福祉供給における親族集団の役割が大きかったという要因を見逃すべきではない。弱い立場にある人々を誰が保護するか。歴史的視野を広げると，この点に関して，欧米と東アジアの間にはふつう考えられている以上に根本的な差異があるのかもしれない。

　エスピン - アンデルセンの福祉国家類型論に対しては，歴史社会学者の P. ゴースキーや S. カールから，宗教要因を見落としているという批判が提出された。ゴースキーによれば，保守主義福祉国家の出現がカトリックと深く関連している（これはエスピン - アンデルセンも指摘している）だけでなく，自由主義福祉国家が出現したのは改革派プロテスタントの影響が大きかったイギリスとその移住植民地のみであり，社民主義福祉国家が出現したのは北欧の同質的なルター派諸国のみだったというのである（Gorski 2003 : 163）。

さらにカールによれば，現代福祉国家の諸類型の背景にはキリスト教の宗派の違いに由来する歴史的な救貧制度の違いがあった（Kahl 2005 : 92）。カトリックでは修道院が貧民救済を担い続けたのに対して，ルター派の諸都市は救貧制度を世俗化した（同：105）。他方，救貧受給者に労働を強制する制度を発明したのは，改革派プロテスタントの社会改革者たちだった（同：108）。このように異なる救貧制度が福祉国家の基礎にあるのであり，社会保険も既存の救貧制度のうえに築かれたものだというのがカールの見方である（同：93）。

　彼らの説をふまえると，欧米福祉国家の成立の遠因には宗教改革があるという事実が見えてくる。特にルター派や改革派の諸国では，修道院の解体を受けて世俗政府が貧民救済の仕事を引き受けたのである。小山路男は W. ゾンバルトの研究に拠りながら，イギリスで救貧法が制定された当初の事情について，次のように述べている。「ヘンリー 8 世が 1536 年に行なった僧院の解体は，それが行なってきた貧民保護を停止させた。従来は十分の一税の 3 分の 1 が貧民保護に用いられていたが，この事件によって修道院 644，救貧院 110，祈願所 2374 が廃止され，これらに保護されていた貧民のすべてが街頭に放出された。この貧民の数はおよそ 8 万 8000 人以上と推定される」（小山 1962 : 9）。

　要するに，宗教改革以前には福祉は教会の仕事だったのであり，救貧法はそれを世俗化し合理化したのである。しかし，宗教的にせよ世俗的にせよ，貧民救済が公共の仕事とされていた点が，そもそも東アジアとは大きく違う。近代以前の東アジアには，これに匹敵する規模の公的貧民救済の仕組みはなかったと思われる[1]。この違いを理解するためには，さらに 10 世紀ほど歴史をさかのぼる必要がある。なぜ欧州では福祉が教会の仕事になったのか。

　社会人類学者の J. グディによれば，欧州で親族集団が縮小したのは，6 世紀に教会が近親婚，親族と寡婦との結婚，養子縁組，内縁，離婚などを禁止した結果である（Goody 1983 : 39）。これは聖書の教義に基づく禁止ではなく，親族

---

[1] 近代以前の東アジアで最大の公的貧民救済制度をもっていたと思われる清朝の中国では，各地に義倉を設けて極貧者に対する炊き出しや貧困世帯に対する種籾の貸付を行なっていた（鄧 1939，村松 1969，星 1988）。しかし，親族集団（宗族）の相互扶助の仕組みとしての義田も重要であり（清水 1942 : 307），義倉の制度も親族集団の相互扶助と混同されやすかったのではないかと想像される。

集団による財産相続の可能性を低下させ，教会への寄進を誘導する目的だったと考えられる（同：95）。これによって親族集団は縮小し，親族集団の財産は教会へと移転され，それと引き換えに貧困者・孤児・寡婦の保護が教会の責任となったのである（同：46）。ちなみにイングランドでは，1086年のドゥームズデイ・ブック（最初の土地台帳）作成時に地代収入の約4分の1が教会のものだったが，この割合は1536年にヘンリー8世が修道院財産を没収したときまでほとんど変わらなかったという（同：125）[2]。

F. フクヤマはグディの知見に基づいて，この親族集団の縮小こそが欧州で私有財産権に基づく資本主義経済を可能にしたと強調しているが（Fukuyama 2011：239, 邦訳 2013：上346），本書の関心から見れば，福祉における親族集団と教会の役割分担の変化のほうが重要である。この時期に成立した基本形態が，宗教改革と産業革命を経て，その後の福祉における家族と国家の役割分担に受け継がれたと考えられるからである。

イギリスでは1834年に救貧法が改正され，院外救済廃止と劣等処遇原則によって受給者を最小限に絞り込んだはずだったが，1840年に至っても受給者は約120万人（総人口の7.7％）を数えた（安保 2005：44）。一方，日本では明治7年（1874年）に旧藩の救貧制度を引き継いで恤救規則が制定されたが，受給者は最多の年（1892年）でも全国で1万8545人（総人口の0.06％）に過ぎなかった（大霞会編 1971：347）。両国の受給率は，親族集団ないし家族と国家との役割分担に関する欧米と東アジアの歴史的な差異を鋭く象徴しているように思われる。

---

[2] P. ラスレットは歴史人口学の成果に基づいて，西欧では近代以前にも単純家族世帯が一般的だったと述べている（ラスレット 1992：15）。また，A. マクファーレンによれば，イングランドの庶民は遅くとも13世紀から親族関係において個人主義的だったという（Macfarlane 1978, 邦訳 1997：268）。グディの親族集団早期縮小説も彼らの主張と部分的に共鳴する。しかし，ラスレットやマクファーレンが原因を説明しようとしないのに対して，グディは明確に教会原因説を唱える点が異なる。なお，グディの教会原因説については懐疑的な見方もある（Mitterauer 1990, 邦訳 1994：78）。

3）本書の課題と構成

　東アジアの多くの国は，公的な社会保護を十分に整備しないまま，低失業と家族福祉に助けられて経済発展に邁進してきた。しかし，1997～98年のアジア経済危機はその欠陥を暴露することになった。国によって程度の差こそあれ，すでに核家族化，高齢化，被用者化といった社会変化が進んでいた。また，民主化を遂げた国では人々の権利意識も覚醒した。そうしたなかで，1990年代以降の「行き過ぎたグローバル化」（Rodrik 2011 : xvii，邦訳 2013 : 15）――具体的には短期資本移動の自由化――が東アジア諸国に経済危機をもたらした。未曾有の高失業を経験するなかで，家族福祉だけではグローバル経済がもたらす不安定と民主主義が要求する福祉水準との衝突を調停できないことが明白となり，東アジアにおける福祉の拡充が喫緊の課題として認識されるようになったのである。

　こうした問題状況をふまえて，本書が取り組むべき研究課題は何か。第一に，東アジアの福祉の現状をしっかりと把握する必要がある。曖昧なイメージで議論していたのでは，有効な政策提言にはつながりそうにない。しかし実際には，具体的なデータに依拠せずに「東アジア」が議論されることも珍しくなかった。そこで，本書では比較という方法を用いて，東アジアの具体的な広がりと密度を測定したい。とりわけ，他の大陸と比べて東アジアの特徴と言うべきものがどれほどあるのか，データに基づいて検証してみたい。

　第二に，東アジアの特徴が見いだされるとしたら，その特徴を生んだ歴史的・構造的要因を明らかにする必要がある。東アジアの文化が東アジアの特徴を生んだと言っても説明にならない。もっと要因を特定すべきである。その際，台湾の事例を深掘りすることが手がかりになる。台湾が経験したのは，後発民主主義国の福祉国家再編であり，しかもグローバル経済のなかでの福祉国家拡充である。グローバル経済と民主主義の矛盾を調停するという後発福祉国家に共通の挑戦を，台湾の事例からモデル化したい。

　第三に，東アジアに含まれる多様性を捉えるための枠組を示したい。台湾の事例から後発福祉国家に共通の構造条件を理論化しうるとしても，東アジアのすべての国が台湾と同じ特徴をもっているわけではない。一方，各国の歴史や

現状をありのままに記述するだけでは，各国の特徴を比較のなかに位置づけることもできず，比較研究から政策処方箋を導出することもできない。したがって本書では，東アジアの福祉の多様性を隈なく説明しようとするよりも，むしろ分析の例示を通じて比較研究の道具立てを提供したい。

　第四に，比較研究を東アジアの福祉の拡充に活かす方途を模索したい。東アジアの比較福祉研究が上述のような時代状況の認識から出発している以上，たんなる事実の確定だけで本書を結ぶわけにはいかない。一方，福祉を拡充すべきだと規範的に主張するだけなら，わざわざ研究しなくてもできることである。東アジアにおいて福祉の拡充が求められる理由を価値前提とあわせて示すと同時に，比較しなければ見えてこない問題点や政策処方箋を示せるか否かが問われている。本書全体を通じてその問いかけに答えたい。

　本書の主題について，ありうべき疑問に答えておこう。まず，福祉という言葉はいかなる対象をさしているか。本書では，福祉，福祉国家，社会保障などの言葉を互換的に用いる。福祉の拡充と言っても，社会保障の拡充と言っても同じことである。社会保障には，社会保険，公的扶助，および各種の社会サービスが含まれる。これらは所得とサービスの両面における「国家福祉」を意味している。一方，福祉レジームと言う場合には，人々が必要とする所得やサービスの保障が国家福祉・企業福祉・家族福祉・ボランタリー福祉などの間でどのように分担されているかを問題にしている。そこでは，福祉という言葉は「所得やサービスの保障」そのものをさしている。つまり，本書では福祉という言葉を2つの意味で用いるが，どちらの意味で用いているかは文脈によって明らかなはずである。

　次に，東アジアという言葉はいかなる空間的な広がりをさしているか。本書では，東北アジアと東南アジアを包括する地域概念として東アジアという言葉を用いる。しかし，これから何度も強調するように，単一の「東アジア型」福祉のようなものは，事実として存在しないし，探求すべき規範としても幻想に過ぎない。それならば，なぜ東アジアを一つのまとまりとして研究するのか。それは，相互依存を深める東アジアという地域が一つのまとまった単位として重要だと信じるからであり，その多様性をふまえつつ福祉の底上げを図る必要

があるという政策的関心をもつがゆえである。本書の各章では日本を含むさまざまな組み合わせで東アジア諸国を比較するが，問題意識は一貫している。なお，台湾は東アジアの平均的代表というより模範的典型であり，その困難も含めて示唆に富む。

　最後に，本書はいかなる時間的な広がりを研究対象としているか。前節では歴史的視野の拡張が必要だと述べ，6世紀にさかのぼって東西の福祉の差異を考察した。もちろんこれは一つの仮説に過ぎないが，東アジアの福祉を捉えるには超長期の人類史的視点が欠かせない。ただし，本書の主要部分では，さまざまな時間軸を参照しつつも，1980年代後半から2000年代後半までの時期に焦点をあてる。それは，いくつかの国が民主化を経験し，すべての国が何らかの形でグローバル化を経験したこの時期が，東アジアの福祉にとって決定的な転換期だったと考えるからである。とりわけ，台湾については，アジア経済危機（1997～98年）とリーマンショック（2008年）に挟まれた期間に政権を担当した陳水扁（任期2000～2008年）の時代に注目したい。したがって，その後の最新情報を追うことにはこだわらない。

　本書を『福祉のアジア』と題したのは，経済のアジアだけではない東アジアの一断面を照射するとともに，東アジアの新たな福祉時代の幕開けに少しでも寄与できればと考えてのことである。

　ここで本書の構成を説明しておきたい。

第Ⅰ部では，本書の研究対象と研究方法を提示する。

　第1章「東アジアの福祉国家――研究対象の生成」は，東アジアの福祉という主題がクローズアップされた理由を説明したうえで，東アジアの福祉国家が先進諸国のそれとは異なる歴史的文脈において形成されてきたことを明らかにする。権威主義体制のもとで福祉国家を形成した多くの東アジア諸国に対して，欧州の歴史をモデル化したエスピン-アンデルセンの類型論をそのまま適用するのは誤解のもとである。むしろ，後発国も視野に入れたP. シュミッターのコーポラティズム論を参照することで，東アジアの歴史的文脈を明確に捉えることができると主張する。さらに，民主化と，経済の行き過ぎたグローバ

ル化——その帰結としての経済危機——を経た東アジア諸国が剝き出しの市場社会を脱し，いかなるタイプの福祉国家 – 市民社会モデルをめざして歩みつつあるのかを描き出す。

　第 2 章「東アジアの福祉レジームとガバナンス」は，エスピン – アンデルセンの福祉レジームの考え方に触発されながら，福祉における国家と企業・家族・NPO の関係を捉えるための枠組を提案する。福祉レジームとは，福祉の生産が国家・企業・家族・NPO などのセクター間で分担される様式を意味する。ここで重要なのは，国家福祉のあり方が企業福祉や家族福祉，ボランタリー福祉のあり方を規定する傾向が強いことである。福祉国家こそが福祉レジームの特徴を決める主要因なのである。このことを強調したうえで，台湾とシンガポールという対照的な事例を取り上げ，枠組の有効性を示したい。さらに，東アジアにおける地域規模の社会政策ないし福祉ガバナンスの未来を構想するうえでも，福祉国家と企業，家族，NPO の関係を結びなおす視点が必要だと論じる。

　第 3 章「大陸間比較から見た東アジアの福祉」は，東アジアの福祉の特徴を他の大陸との比較を通じて照らし出す。その際，福祉国家の比較研究における規範的観点の重要性を指摘し，福祉国家を評価する基準として社会保障制度のカバリッジを最も重視すべきだと主張する。他の大陸との比較から浮かび上がる東アジアの特徴は，経済力が相対的に低い時期に社会保障制度を導入したことと，近年に至るまでそのカバリッジが低かったことである。現在，一部の国ではカバリッジが急速に拡充されつつあるが，依然として低い水準にとどまっている国も少なくない。また，福祉国家を実質的に拡充するには財源が不可欠であるが，東アジア諸国の徴税能力はアメリカのそれに近く，欧州諸国のそれとはかけ離れて低い。こうした共通の課題が東アジア諸国に突き付けられている。

　第 II 部では，台湾の事例を深く掘り下げることで，後発福祉国家に特有の条件と困難を明らかにしたい。台湾は，1980 年代の民主化と 1990 年代の経済のグローバル化を経験するなかで，それまで権威主義体制のもとで形成してき

た福祉国家の再編を迫られた。その意味で，台湾の事例には後発福祉国家に典型的な課題が集約されている。

　第4章「台湾の政労使関係と社会政策」は，1980年代以降の台湾における政労使関係の変容と，それが社会政策に及ぼした影響について分析する。ここでも第1章で参照したシュミッターの議論が役に立つ。1980年代後半の民主化にともなって，台湾の政労使関係モデルは国家コーポラティズム型から多元主義型へと傾斜したが，1990年代以降のグローバル経済のなかで，社会コーポラティズム型の政策形成をめざす模索が始まっている。これら3つの異質なモデルは，歴史の各時期を代表しているというよりも，まさに2000年代以降の台湾において闘争しつつ並存しているのである。芽生えたばかりの社会コーポラティズムは労働市場の柔軟化に抵抗しているものの，その社会コーポラティズム自体が台湾の産業構造の不安定な足場のうえに立っているのだと論じる。

　第5章「台湾の高齢者福祉政治」は，台湾における国民皆年金実現の背景と政策過程の特徴を描く。近年，台湾の公的年金制度のカバリッジは，東アジアでは日本・タイに次いで高くなっている（第3章参照）。台湾は，いわば後発福祉国家のなかの優等生である。しかし年金の給付水準は低く，高齢者の生活は現在でも多世代同居や仕送りなどの家族福祉によって支えられている。さらに，国民皆年金の実現に向けた政策過程においても，先進福祉国家の形成過程で見られた論調とは異なるタイプの議論が展開された。すなわち，専門家の調整的言説が社会運動団体にまで浸透した結果，財政制約をふまえた控えめな制度の導入が超党派的に合意されたのである。こうした台湾の特徴は，福祉国家の拡充をグローバル経済の荒波のなかで進めざるを得ない後発国に共通の困難を示している。

　第6章「台湾の社会保障と企業福祉」は，台湾における国家福祉と企業福祉の相互作用を描く。台湾では，国家福祉の不備を補うべく政府が企業福祉を奨励した。企業も政府推奨の労使協調イデオロギーを受け入れ，企業福祉を重視してきた。しかし，転職の盛んな台湾では，老後の所得保障を企業に依存することは現実的ではない。そこで，2000年代には企業から独立した確定拠出制の法定退職金制度が導入されるなど，企業福祉の国家化（第2章参照）が進め

られた。一方，国民皆保険・皆年金の実現によって社会保障が実質化し，企業福祉の役割は相対的に低下したが，年金制度の導入が遅れたことで民間保険の膨張も生じた。こうしたなかで現在，国家福祉・企業福祉・家族福祉の役割分担の再編が進んでおり，台湾の福祉レジームは一つの岐路に立っているのだと論じる。

第III部では，台湾を含む複数の事例を比較することで，東アジアの社会と政策の多様性の振幅を明らかにしたい。具体的には台湾とシンガポール，あるいは台湾と日本，韓国の比較を通じて，単一の「東アジア型」福祉があるという幻想を否定する。そのうえで，東アジアにおいても政策処方箋の提示に資する比較研究が可能なことを示す。

第7章「社会福祉のなかの社会と国家——台湾・シンガポールの比較」は，社会福祉における市民社会と福祉国家の関係に焦点をあてる。近年，福祉国家の多様性に対する認識が深まる一方，市民社会については先進諸国に限っても画一的に議論されることが多い。しかし，社会福祉において市民社会を代表するボランタリー福祉は，各国の国家福祉のあり方に規定されて多様である。東アジアのなかでも，台湾の福祉NPOが立法運動を通じて福祉制度の形成に寄与してきたのに対して，シンガポールの福祉NPOはそのような運動を展開してこなかった。台湾では国家福祉とボランタリー福祉の相互強化が生じているが，シンガポールではボランタリー福祉が国家福祉を代替することが期待されている。こうした違いが人々の日々の暮らしにも投影されつつあることを描き出す。

第8章「雇用構造と若者の就業——日本・韓国・台湾の比較」は，広義の福祉レジームと労働市場の関係に注目する。各国の労働市場の違いは資本主義の多様性に関する議論の焦点の一つとなっているが，とりわけ若者・女性・高齢者・障害者の労働市場については福祉レジームと関連づけて比較分析することが有望だと思われる。もちろん，福祉制度と隣接する雇用制度や教育制度との関連も重要である。ここでは手始めに若者の労働市場を分析するが，日韓台の若者の就業のあり方を規定しているのは，学校から仕事への移行を支える制

度と企業の雇用慣行である。日韓台の若者の置かれた問題状況は異なっており，それに対する政策処方箋もおのずから異なる。こうした比較研究を狭義の福祉制度も視野に入れて展開することは，今後の東アジア社会政策論の大きな課題である。

　第Ⅳ部では，再び比較の対象を広げ，福祉国家の比較研究を東アジアにおける地域規模の政策構想につなげる方途を模索する。社会保障の拡充は東アジアに共通の課題であるが，そのために必要な具体策は国ごとに異なる。各国が共通の課題に立ち向かうためにいかなる国際協力が可能なのか，比較研究の知見をふまえて提言したい。

　第9章「東アジア社会政策を構想する──失業保険制度を例に」は，失業保険の国際比較を通じて地域規模の社会政策を構想する試みである。貿易や投資の自由化は，経済成長の可能性とともに失業などの社会的リスクも高める。経済統合を持続的に発展させるには，統合がもたらす社会的リスクに国境を超えて注意を払う必要がある。ところが，現状では失業保険を未導入の国も少なくない。未導入の国が導入済みの国と比べて貧しいわけでもなく，失業のリスクが低いわけでもない。こうしたことは比較を通じて初めて明らかになる。地域規模の社会政策を構想すると言っても，いきなり共通政策を導入できるわけではない。むしろ各国政府が相互学習を通じて自国の社会政策を自発的に改善することが望ましく，そうした改善を促すことこそが比較研究の実践的意義だと主張する。

　第10章「インフォーマル雇用の壁を越える──社会保障拡充の前提」は，東アジア諸国の社会保障を拡充するには労働市場の多様性をふまえた制度設計が不可欠であることを論じる。これまで自営業部門をさして使われることが多かったインフォーマル雇用の概念を再構成し，社会保障制度の適用を受けない雇用はすべてインフォーマル雇用と呼ぶべきだと提案する。これは第3章で述べた社会保障制度のカバリッジの問題と対応しており，カバリッジが低ければインフォーマル雇用の部分が大きいことになる。さらに，政府と市場の鬩ぎ合いないし相互作用からインフォーマル雇用が生じる仕組みを図式化したうえで，

社会保障拡充の処方箋を考える。インフォーマル雇用のタイプごとにフォーマル化の戦略を考え，各国政府の政策能力の向上を後押ししていくべきだと主張する。

　終章では，本章冒頭の4つの問いに対して，本書全体の分析と考察からどのような答えを与えることができるかを述べる。

第 I 部

対象と方法

第1章

東アジアの福祉国家
――研究対象の生成――

1 はじめに

　1997～98年のアジア経済危機は，東アジアの福祉をめぐる議論を国際舞台に引きずり出した。各国内の文脈では，すでに1990年代に入った頃から，福祉国家の構築・再編をめぐる動きは活発化していた。しかし，それを東アジア地域全体の「国際問題」に押し上げたのは，未曾有の経済危機とそれに続く社会不安だった。危機をきっかけとして，IMF（国際通貨基金）・世界銀行・アジア開発銀行といった国際機関が議論に加わった結果，従来のように各国別ではなく，「東アジアの福祉」について議論するアリーナが形成された。これらの国際機関は，資金援助を通じて各国の改革を支援するだけでなく，政策に関する知識や構想を提供することで，福祉改革の内容にも直接間接の影響力をもつようになったのである。

　危機後にまず現われたのは応急的な対策論であり，経済危機がもたらした大量失業とインフレの衝撃をいかにして緩和するかが焦点だった。そうした対策論をまとめたレポートとして，「アジアの経済危機と改革プログラムの社会的コストを軽減するために」と題されたIMFのワーキングペーパー（Gupta et al. 1998）がある。このレポートは，危機に見舞われたタイ・インドネシア・韓国のいずれの国でも，ごく限られた貧困者だけを対象にしてきた従来の社会政策では大量の失業者に対応することはできないとし，改革プログラムに新たな社

会政策を盛り込む必要があると主張した。しかし，そこで論じられたのは，食糧や燃料の配給，医薬品の支給，公共事業による雇用創出，学校中退を防ぐための奨学金など，あくまで短期的な施策が中心だった。そこでは，長期的な財政負担の原因となりかねない社会保険の拡充などは検討されなかったのである[1]。

このように IMF が応急的・短期的アプローチをとったのに対して，世界銀行はそれとは異なる考え方を示した。世界銀行はこの時期，「社会保護（social protection）」の重要性を強調するようになってきており，1996 年には世界銀行内に社会保護ユニットを設立し，1999 年には同ユニットの東アジア太平洋部門を発足させた。社会保護ユニットの局長を務めた R. ホルツマンは，社会的セーフティネット・労働市場政策・年金の 3 つの分野を「社会的リスク管理（social risk management）」の観点から位置づけることを提案し，応急的な対策だけでなく，長期的なリスク予防にも取り組む方針を示した（Holzmann and Jorgensen 1999, World Bank 2001）。こうした考え方を東アジア地域に適用したものとして，「東アジアの社会保護戦略に向けて」と題する報告書（ただし「草稿」のみ。World Bank 1999）も準備された。このような世界銀行の「新しい」考え方は，東アジアの福祉改革をめぐる国際的な議論の方向に少なからぬ影響を与えたと言えよう。

その後，経済危機は収束に向かったが，危機によって露呈した東アジア諸国の福祉制度の脆弱性が克服されたわけではなかった。そう考えたいくつかの国際機関は，より長期的な視野に立って，東アジア諸国の福祉拡充のための研究プロジェクトを進めた。ここではまず，その初期の成果を振り返っておく。

アジア開発銀行は，プロジェクトの成果を『アジア太平洋における社会保護』（Ortiz ed. 2001）として刊行した。プロジェクトの幹事を務めた I. オルティスによれば，アジア開発銀行の使命は加盟国の貧困軽減を支援することにあるが，「社会保護」（労働市場政策・社会保険・社会扶助・地域支援[2]・児童保護を含

---

1) 一方，同時期に ILO が刊行した報告書『アジア金融危機――社会政策の課題』（Lee 1998）は，失業保険の導入をはじめとする長期的課題についても論じている。
2) 農業保険やマイクロクレジットなどを含む。

む概念とされる）はそのために不可欠の要素であるという（同：41）。同書は，アジア開発銀行に加盟している新興国や途上国を対象に，社会保護の各項目について提言を行なっている。

一方，アジア欧州会合（Asia-Europe Meeting, ASEM）[3]が世界銀行に運営を委託した基金（ASEM信託基金）によって開催されたセミナー「新たな社会政策課題のための教訓――東アジアの社会経済危機を超えて」の成果は，『ヨーロッパとアジアの新たな社会政策課題』（Marshall and Butzbach eds. 2003）として刊行された。そこでは，主に欧州の研究者が，インドネシア・韓国・マレーシア・フィリピン・タイに対して，欧州の福祉国家を念頭に置いたさまざまな提言を行なっている。幹事を務めたK. マーシャルによれば，このセミナーは，世界銀行が伝統的に扱ってきた貧困軽減や社会開発といった概念よりも広く，すべての住民に関わる社会政策問題を対象にしているという（同：4）[4]。

以上のように，アジア経済危機をきっかけとして，長期的視野に立って東アジア諸国の福祉を拡充することが国際的な課題として浮上した。ところが，欧米諸国とは異なり，この地域は近年まで比較福祉国家論の対象としては研究されてこなかった。そのため，東アジアの福祉に対する歴史的・国際比較的な理解はきわめて貧弱なままにとどまっており，私たちは，東アジアの福祉を抽象的に捉えた一般論か，さもなければ各国の個別事情の報告しか手にしていない。各国の多様性を統一的に理解する視点が欠けているため，国際機関の政策処方箋は往々にして，天下り的な画一アプローチの総論と，場あたり的な国別アプローチの各論の組み合わせになりがちである。こうした状況を打開するためには，比較の視点を導入する必要がある。東アジアの比較福祉国家論は，かつてないほど実践的に必要とされているのである。

---

3) 東アジア諸国と欧州諸国の連携強化を目的として，1996年に発足。以来，首脳会合を隔年に開催している。
4) このほか，アジア開発銀行と世界銀行が共催したマニラ社会フォーラム（1999年）の成果をまとめたADB and World Bank（2000），国連アジア太平洋経済社会委員会（ESCAP）がインドネシア・フィリピン・韓国・タイの社会的セーフティネット強化を論じたUN-ESCAP（2001），東アジア諸国の社会保護に関するOECD主催の会議の成果をまとめたOECD（2002）などがある。

ところで，日本では下平好博が，1980年代半ばという早い時期に「アジアNICsの社会保障」というテーマに着目し，シンガポールと香港を例に，産業化論とコーポラティズム論を駆使して比較検討した研究を発表している（下平1987）。下平は，経済発展の著しいシンガポールと香港がなぜ福祉努力という点で遅れをとっているのかを説明するとともに，両者が政治条件の違いから対照的な社会保障制度を採用してきたことも指摘している。しかし，下平のパイオニアワークを発展させる努力は，残念ながら近年までなされてこなかった。一方，海外では東アジアの福祉を扱った研究書もいくつか刊行されるようになったが，その多くは画一アプローチと国別アプローチの組み合わせの域を出ていない[5]。

以下，本章では，次の3つの問いに答えることにしたい。東アジアの福祉国家には「東アジア型」と呼ぶべき共通の特徴が認められるだろうか（第2節）。東アジアの福祉国家は，現在いかなる方向に歩みを進めつつあるのだろうか（第3節）。その歩みは，先進福祉国家の変化の方向に対してどのような位置関係にあるのだろうか（第4節）。これらの問いに答えることで，東アジアの福祉国家の現在と未来を比較の観点から見通したい。

---

[5] 1998年までの文献については上村（1999）で紹介した。それらは，Midgley（1986），Jones（1990, 1993），MacPherson（1992），Deyo（1992），Ramesh（1995），Goodman and Peng（1996），Kwon（1998）である。1998年から本章の原論文の執筆時点までに刊行された単行本としては，シンガポール・韓国・台湾・日本・香港・中国に関する論文を集めたGoodman, White and Kwon eds.（1998），日本・韓国・台湾・香港・シンガポールの社会保障制度を比較したJacobs（1998），シンガポール・台湾・韓国・香港の社会保障制度の発展を概観したTang（2000），中国・香港・台湾・韓国・シンガポール・タイ・インドに関する論文を集めたTang ed.（2000），インドネシア・マレーシア・フィリピン・シンガポール・タイの社会保障・保健医療・教育を比較したRamesh and Asher（2000），日本・韓国・香港・台湾・シンガポールに関する論文を集めたAspalter（2002），韓国・台湾・シンガポール・マレーシア・インドネシア・フィリピン・タイ・ベトナム・カンボジア・中国の制度を紹介した広井・駒村編（2003），韓国・フィリピン・インドネシア・タイ・マレーシアを扱った寺西編（2003）などがある。なお，原論文執筆後の刊行文献は膨大であり，その整理は他の機会に譲る。

2 東アジアの共通性と多様性

東アジア諸国の経済発展のあり方は「東アジアモデル」と一括されることが多いが，福祉国家についても，「東アジア型」と呼ぶべき共通の特徴が認められるだろうか。ここでは，日本に次いで東アジア諸国の経済発展を先導してきた，韓国・台湾・香港・シンガポール（アジア NIEs）に焦点をあてて考察したい。

1)「3 つの世界」との違い

先進福祉国家においては，国によって細かい歴史に違いはあるにしても，社会保障制度は，①19 世紀末から第一次大戦までの時期に萌芽し，②大恐慌と第二次大戦の総力戦体制のなかで強化され，③戦後の高度経済成長期に量的な拡大を経験した。日本を除く東アジア諸国の多くは，植民地支配のために上記の①と②を経験しなかった。また，東アジア諸国の多くが③の時期を権威主義体制のもとで過ごしたという事実も，先進福祉国家とは異なっている。これらの点で，大部分の東アジア諸国の経験には確かに共通性がある。しかし，東アジア内部の多様性も見逃すわけにはいかない。高齢者の所得保障制度の成立年を例にとれば，台湾が 1950 年，シンガポールが 1953 年であるのに対して，韓国では 1986 年，香港では 1995 年であり，前後半世紀近くの開きがある[6]。こうした多様性を無視して単一の「東アジア型」を想定することはできない。本章ではむしろ，東アジアの内部にある多様性を整合的に説明する方法を模索したい。

ところで，序章でも触れたように，先進福祉国家の多様性についてはエスピン－アンデルセン（Esping-Andersen 1990）が「自由主義レジーム」「保守主義レジーム」「社民主義レジーム」という 3 つのモデルを立てて分類している（第 2 章，第 3 章も参照）。彼は，ポランニ（Polanyi 1944）に学びながら，歴史的な階級間連合のパターンがそれぞれの福祉国家の特徴を規定していると主張

---

6) 制度が実際に施行された年は，台湾が 1950 年，シンガポールが 1955 年，韓国が 1988 年，香港が 2000 年である。

する。ポランニによれば，19世紀には，自己調整的市場の確立をめざす経済的自由主義を支持した資本家階級に対して，労働者階級と地主階級は，市場の破壊的影響から人間と自然を守ろうとする社会保護の原理を支持した（Polanyi 1944:138）。その際，地主階級は過去を維持すること，すなわち保守主義に解決策を見いだしたのに対して，労働者階級は未来から社会主義という解決策を借りてくることができたという（同:162）。エスピン-アンデルセンも福祉国家の形成に果たした階級の役割を重視するが，単一の階級の働きよりも，議会における階級間連合の構造が決定的な意味をもったと指摘している（Esping-Andersen 1990:30）。彼によれば，スウェーデンなど北欧諸国では，労働者階級と農民層や新中間階級との階級間連合が成立し，普遍主義に基づいて高水準の平等を促進する社民主義福祉国家を形成した。一方，ドイツなど主に大陸ヨーロッパ諸国では，地主階級を中心とする保守勢力が労働者階級の分断を目的として，差別化された職域別の社会保険を基本とする保守主義福祉国家を発展させた。他方，アメリカなど英語圏の諸国では，市場の自己調整メカニズムを信奉する資本家階級が制度形成を主導したため，控えめな給付のみを行なう自由主義福祉国家が形成された（同:27）。

　さて，エスピン-アンデルセンの3つのモデルを参照枠にして東アジアの福祉国家の特徴を論じることも全く無意味ではないだろうが，上記のような階級間連合の命題を検討すると，そのような当てはめにはかなり無理があることに気づく。体制形成期[7]の韓国・台湾・香港・シンガポールにおいては，自由主義福祉国家の形成を支持するような強力な資本家階級は存在しなかった。当時の韓国・台湾は農業国であり，有力な産業資本はまだ登場していなかった。香港・シンガポールには中継貿易を担った商業資本が存在したが，彼らが政治に対して積極的に関与することはなかった。韓国で典型的に見られたように，アジアNIEsの資本家階級は国家エリート主導の工業化の過程で創出されたので

---

7) ここで体制形成期と言うのは，それぞれの国の工業化を先導することになる政治体制が確立された時期のことであり，台湾では国民党が中国大陸から遷移してきた1949年からの数年間，シンガポールでは人民行動党が一党支配を確立した1968年前後，韓国では朴正熙政権が軍事革命を起こした1961年からの数年間，香港では新中国との関係が明確になった1949年前後をさす。

あって，彼らが体制形成を主導したのではなかった。また，保守主義福祉国家の形成を支持するような有力な地主階級も存在しなかった。香港・シンガポールには農業部門がほとんどなかったので，そもそも地主階級は存在しなかった。韓国・台湾には地主階級が存在したが，ごく早い時期の農地改革によって無力化されていた。さらに，社民主義福祉国家の形成を主導するような労農同盟は，アジア NIEs では成立しなかった。香港・シンガポールには農業部門が存在しなかったので，労農同盟の命題は非現実的である。韓国・台湾では，共産主義の影響を排除しようとする国家エリートが農民層を取り込み保守化させた。いずれにせよ，労働者政党が体制形成を主導することはなかった。要するに，体制形成期のアジア NIEs の政治構造は，エスピン－アンデルセンの3つのモデルのいずれにも当てはまらない。

2）国家と労働団体の関係への注目

それでは，アジア NIEs の福祉国家形成を主導したのは，どのような主体，あるいは主体間の関係だったのだろうか。いかなる要因が各国の社会保障制度の特徴を決定したのだろうか。本書の仮説は，「国家」が重要だというものである。アジア NIEs においては，国家こそが資本家を育て，地主を退場させ，労働者の要求を抑制しつつ，急速な経済発展とともに，ある程度の社会保障をも実現したのである。その際，国家と労働団体の関係が決定的だった。というのは，資本家や地主といった他の社会勢力は弱体だったからである。以下では，体制形成期における国家と労働団体の関係のあり方が，それぞれの国・地域の経済発展期における社会保障制度の特徴を決定したことを説明したい。

アジア NIEs の体制形成期における，国家と労働団体の関係のあり方を検討すると，香港を除く3つの国でシュミッター（Schmitter 1979）の言う「コーポラティズム」の特徴が観察される。ここで，「コーポラティズムとは，次のような一つの利益代表システムとして定義できる。すなわち，そのシステムでは，構成単位は，単一性，義務的加入，非競争性，階統的秩序，そして職能別の分化といった属性をもち，一定数のカテゴリーに組織されており，国家によって（創設されるのでないとしても）許可され承認され，さらに自己の指導者の選出

表 1-1　体制形成期における政治構造

	①単一性	②義務的加入	③非競争性	④階統的秩序	⑤創設・承認	⑥統制	⑦独占的代表権
台湾（国民党政権 vs 総工会）	○	○	○	○	○	○	○
シンガポール（人民行動党政権 vs NTUC）	○	○	○	○	○	○	○
韓国（朴正熙政権 vs 韓国労総）	○	○	○	×	△	×	○
香港（香港政庁 vs FTU・TUC）	×	×	×	×	×	×	×

出所）筆者作成。

や要求や支持の表明に対する一定の統制を認めることと交換に，個々のカテゴリー内での協議相手としての独占的代表権を与えられるのである」（Schmitter 1979, 邦訳 1984：34）。

シュミッターの定義に従って，労働団体の，①単一性，②義務的加入，③非競争性，④階統的秩序，⑤国家による創設または承認，⑥指導者の選択や利益表明に関する統制，⑦独占的代表権，の7つの点[8]について比較すれば，表1-1のようになるだろう。

まず，台湾については，①労働組合のナショナルセンターとしては，台湾省総工会という単一の団体があるだけであり，②工会（労働組合）は，法的強制によってではないにせよ，総工会に加入することが当然だった。③総工会に対抗するような組織は存在せず，④総工会は，各県市ごとの県市総工会や，省市産業工会聯合会，省市職業工会聯合会などの組織のうえに集権的に構築されていた（若林 1992：114）。⑤総工会は国民党政権によって創設されたばかりでなく，政府からの資金補助によって成り立っていた（同：114）。⑥総工会の指導者は国民党の幹部だった。また，ナショナルセンターばかりでなく，末端の工

---

8) シュミッターの理念型は，国家と労働団体との関係だけでなく，使用者団体をはじめ各種の団体との関係をも念頭に置いたものである。しかし，前述のように，アジア NIEs の体制形成期においては，国家と労働団体の関係が特権的な意味をもったので，ここではそれに焦点を絞って考察する。したがって，シュミッターの挙げたコーポラティズムの特徴のうち「職能別の分化」という点については取り上げない。

会の役員ポストにも国民党員が就くことが多かった（同：114）。⑦総工会はむしろ政府による労働組合統制の機関という性格が強かったが，政府に対するその代表権が独占的なものだったことは確かである。

　次に，シンガポールについては，①複数のナショナルセンターが存在したが，1965年までにはNTUC（National Trade Union Congress，全国労働組合会議）に統一され，②労働組合は，法的強制によってではないにせよ，NTUCへの加入が求められた。③NTUCに対抗するような組織は存在せず，④NTUCは非常に集権的に組織化され，末端の労働組合が頂上の指導層に抵抗することは困難だった。また，NTUCは消費協同組合などによる草の根運動を展開し，末端労働者への浸透を図った（Rodan 1989，邦訳 1992：129）。⑤NTUCは人民行動党政権によって創設されたばかりでなく，政府の資金援助を受け，その事務局には公務員が出向していた（木村 1990：12）。1960年代後半には，NTUCの収入の約8割までが政府からの補助金で賄われていた（小林・郭・祖父江 1993：30）。⑥NTUCの指導者は人民行動党の幹部だった。当時のNTUC書記長は左派労働運動から転向したデヴァン・ナイアだったが，彼は人民行動党中央委員でもあり，1981年には第3代大統領になる人物だった（竹下 1995：80, 226, 354）。⑦NTUCは独占的利益代表であり，のちには政労使による全国賃金評議会（1972年設立）にも参加し，賃金抑制の承認や生産性向上への協力と引き換えに一定の社会政策を引き出すことになった（竹下 1995：399）。

　韓国については，①ナショナルセンターとしては，韓国労総（韓国労働組合総連盟）という単一の団体があるだけであり，②労働組合は，法的強制によってではないにせよ，韓国労総への加入が求められた。③韓国労総に対抗するような非主流派は非合法化されたが，④韓国労総内部は分権的であり，末端の組合まで統制してはいなかった。朴正熙政権は，一枚岩でない労働運動を政策協調の相手とすることはなく，むしろ弾圧の対象と見なし続けた。⑤韓国労総は，それまでの大韓労総が朴政権によって改編され承認されたものだった。朴政権は，既存団体を利用するにとどまり，自ら労働団体を創出することはなかった。政権は韓国労総に資金を提供していた（Choi 1989：83）が，治安機関を通じて労働組合の設立を妨害することもあった（慎 1993：183）。⑥韓国労総の幹部は，

朴政権によって労働運動指導者のなかから選別され訓練された。しかし，彼らは政権から派遣された人物ではなく，まして革命に加わった軍人や与党の幹部でもなかった (Choi 1989 : 233)。⑦韓国労総は政府に対して労働側の利益を独占的に代表していたが，その発言権はそれほど大きくはなかった。1960 年代を通じて，韓国労総が政府の審議会などに参加することはほとんどなかった。また，1972 年までは，韓国労総から国会議員を送り出すこともなかった（同 : 233）。

　香港の状況は他の 3 つの国とは全く異なっている。香港では，①中国共産党系の FTU（Federation of Trade Unions，香港労働組合連盟）と国民党系の TUC（Trade Union Congress，香港九龍労働組合評議会）という 2 つのナショナルセンターが存在し，②ナショナルセンターに加入しない労働組合も多数存在した。③FTU と TUC は互いに競争的関係にあった。④労働組合の多くはギルドに由来する群小のクラフト・ユニオン（職種別組合）であり，FTU や TUC はそれらを掌握しているわけではなかった。また，FTU や TUC は下部組織の統合団体であるよりも，独自の政治団体としての性格のほうが強かった。このため，労働運動はきわめて分権的，分裂的だった（England and Rear 1981 : 136）。⑤FTU や TUC は「労働組合および労使争議条例」によって法的に認可されていたものの，それぞれ共産党と国民党の支持基盤として発展してきており，植民地政庁によって創設されたわけでもなく，政庁から補助金を受けることもなかった（同 : 136, 141）。⑥FTU や TUC の政治活動や違法行為は政庁によって厳しく管理され抑制されていたものの，その指導者の選択や主張の表明に関して政庁の統制を受けることはなかった。⑦いずれのナショナルセンターも政庁の交渉相手とは見なされず，政庁に対する利益代表権をもっているわけではなかった。

　こうして見ると，台湾・シンガポール・韓国について，コーポラティズムの特徴が認められる。一方，香港についてはそのような特徴は全く見られない。香港はコーポラティズムよりも，むしろシュミッターの「多元主義」の理念型に近いと考えられる。多元主義とは，①複数性，②自発的加入，③競争性，④非階統的秩序，⑤国家による創設や承認の不在，⑥指導者の選択や利益表明に関する統制の不在，⑦独占的代表権の不在，などによって特徴づけられる利益

代表システムのことである (Schmitter 1979, 邦訳 1984 : 37)。しかし，植民地香港の政庁は，そもそも労働団体を交渉相手とは見ていなかった。先進諸国の多元主義とは異なり，香港のそれは「排除的多元主義」とでも呼ぶべき体制である。

さて，後述のように，台湾・シンガポールのコーポラティズムと韓国のそれとはやや異なっている。上記の比較においても，④の階統的秩序，⑤の国家による創設または承認，⑥の指導者の選択や利益表明に関する統制，などの点で，韓国の特徴は他の2つの国とは明らかに違う。しかし韓国も，④の分権的である点を除けばコーポラティズムの要件を満たしている。ここではまず，香港を除く3つの国，すなわち，台湾・シンガポール・韓国がコーポラティズムの特徴をもっていたことを確認しておきたい。

3）包摂的コーポラティズム

ところで，シュミッターは，コーポラティズムを「社会コーポラティズム (societal corporatism)」と「国家コーポラティズム (state corporatism)」の2つの下位類型に分けている。前者は，社会の側が自発的に上記のようなコーポラティズムの要素を実現する型であり，後者は，国家の側が主導してコーポラティズムを作り出す型である。彼によれば，社会コーポラティズムは，自由主義を経過した先進資本主義国家，組織化の進んだ民主主義的福祉国家にともなう要素であるのに対し，国家コーポラティズムは，反自由主義的な後進資本主義国家，権威主義的な新重商主義国家にともなう要素である (Schmitter 1979, 邦訳 1984 : 48)。ここで考察している体制形成期の台湾・シンガポール・韓国は，もちろん国家コーポラティズムのほうに該当する。シュミッター自身の関心は，いかなる構造的要因が，社会コーポラティズムと国家コーポラティズムという，類似しながらも相違する結果をもたらすのかという点にあり，それぞれについて仮説を立てている。しかし，本章で問題にしているのは国家コーポラティズムのほうであるから，ここでは国家コーポラティズムに関する仮説のみを検討する。彼によれば，国家コーポラティズムは次のような状況下で生成しやすい。

ブルジョアジーがきわめて弱体で，内部分裂を起し外国に従属しているか，自由民主主義国家の枠内で従属する階級の要求に効率的かつ正統に応答するだけの資源を欠くか，この両方ないし一方が当てはまる状況下では，諸階級を内にとりこみ統合することはかなわず，従属階級の要求の自律的な表明を，抑圧し排除することによって「社会の平穏」を確保せんとする必要が生れるが，〔国家コーポラティズム化という〕事態はこの必要と緊密に結びついているように思われる。（同：52）

　すなわち，資本家層が弱体であり，また労働者の要求に応じるだけの経済的発展を遂げていない状況において，国家の力で労働者の要求表明を抑圧し排除することによって乗り切ろうとする場合に生成するのが，国家コーポラティズムだということである。体制形成期の台湾・シンガポール・韓国は，まさにそのような状況にあったと言ってよいだろう。国家は，労働者の要求を封じるためにこそ，彼らをコーポラティズム体制に組み入れようとしたのである。しかし，シュミッターの議論の中心は社会コーポラティズムと国家コーポラティズムとを区別するところにあり，国家コーポラティズムの多様性については論じていない。国家コーポラティズムそれ自体の多様性を分析するためには，シュミッターの分析概念では不足である。
　A. ステパンは，ラテンアメリカ諸国を比較するためにもシュミッターのコーポラティズム概念は有効であるとしながら，さらに進んで国家コーポラティズム内部の多様性を捉えるために新たな概念を提出している。彼によれば，

「包摂の極（inclusionary pole）」の近くでは，国家エリートは，有力な労働者階級の団体を新しい政治経済モデルに組み込むことをねらった政策によって，新たな国家と社会の均衡関係を作り出そうと企てる。一方，「排除の極（exclusionary pole）」の近くでは，新たな国家と社会の均衡関係を作り出そうとする企ては，有力な労働者階級の団体を解散してから再編する強制的な政策に依存するところが大きくなる。（Stepan 1978：74）

　彼はまた，同一の体制のもとでも，一方の極から他方の極への移動が生じう

ると主張する。

> 国家エリートは，彼らの政治的構想に敵対しうるさまざまな制度的構造——相対的に自律的で，主に労働者階級に根ざした——を政治のアリーナから排除しようと企てる。そうしておいてから，排除された団体を，国家によって設計され管理された関連組織に再統合しようとする。(同 : 79)

彼はさらに，次のような興味深い指摘を行なっている。すなわち，包摂的コーポラティズムにおいては，有力な労働者や農民の団体を国家コーポラティズムの関連組織に取り込むために，分配的，象徴的かつ団体ごとの福祉政策が用いられる，と言うのである（同 : 76）。

台湾・シンガポール・韓国のいずれにおいても，新体制を担う国家エリートたちは当初「排除」的政策を選択したように思われる。台湾とシンガポールの政府は，反政府的な団体を徹底的に弾圧する一方，政府に協調的な労働団体を創設した。韓国の政府も労働団体に対して抑圧的な政策をとったが，既存の労働団体を根こそぎにすることはなかった。韓国では，すでにアメリカの軍政下にあった1947年から48年の間に急進的な左派労働運動が一掃されていたため，朴政権は既存の自律的な労働団体を弾圧して自作の団体に置き換えるほどの動機と大義名分をもたなかった，ということも一因だろう。ここに，台湾・シンガポールと韓国の大きな違いがある。台湾・シンガポールの政府は，敵対的な労働団体を「排除」することに成功したので，国家エリートたちは不可避的に「包摂」の方向に移行せざるを得なかった。一方，韓国の政府は「排除」に成功しなかったので，「包摂」に移行することもなかったのである。香港については，前述のように「排除的多元主義」のもとにあったので，「包摂」に移行することはありえなかった。

こうして，包摂的コーポラティズムへの移行が生じた台湾とシンガポールでは，本格的な工業化に先立って，広範な労働者を対象にした社会保障制度が導入された。台湾では，1950年に「労工保険」が導入され，傷病・障害・出産・死亡・老年の5種類の給付を行なった。当初，従業員100人以上の事業所に対象が限られたため加入者は公企業の労働者が大半だったが，次第に民間の中小

企業にも適用範囲が拡大されていった．シンガポールでは，独立以前に導入されていた「CPF（Central Provident Fund，中央積立基金）」が，人民行動党が議会支配を確立した 1968 年以降，大幅に拡充された．CPF は老後の生活費を賄うための個人口座別の強制貯蓄制度であるが，のちには公共分譲住宅購入・医療・教育など，他の目的のための引き出しも認めるようになった．

　一方，包摂的コーポラティズムへの移行が生じなかった韓国と香港では，広範な労働者を対象にした社会保障制度は近年まで導入されなかった．つまり，韓国と香港の大多数の人々は，社会保障なしで工業化の時期を乗り切らなければならなかったのである．韓国では，1964 年に労災保険が導入され，1977 年には医療保険が導入されたが，それらが広範な労働者層に適用されるようになったのは 1980 年代後半になってからである．また，年金制度は 1988 年まで実施されなかった．香港では，1971 年に貧困層を対象とする公的扶助が導入されるまで，福祉は慈善活動と相互扶助に委ねられていた．年金制度の必要性はずっと議論されてきたが，「MPF（Mandatory Provident Fund，強制積立基金）」の導入が決まったのは，ようやく 1995 年のことだった．

　要約すれば，アジア NIEs の福祉国家形成には 2 種類の経路が見いだされる．一つは台湾・シンガポールの包摂的コーポラティズムによる早い導入のパターンであり，もう一つは，韓国・香港の遅い導入のパターンである．次節で見るように，このことは各国・地域の現在の福祉国家のあり方をも規定している．以上のようにアジア NIEs の福祉国家形成の歴史を検討してくると，福祉国家にも単一の「東アジア型」があるとする仮説は疑わしいと言わざるを得ない．

3　民主化と経済危機を越えて

　東アジアの福祉国家は，現在いかなる方向に歩みを進めつつあるのだろうか．ここでも前節に引き続き，韓国・台湾・香港・シンガポールに焦点をあてる．
　東アジア諸国では，1980 年代後半からの民主化の潮流と，1990 年代後半のアジア経済危機の衝撃によって，福祉国家の構築・再編が促された．しかし，民主化にせよ経済危機にせよ，そのあり方は国・地域によって異なっていた．

アジア NIEs について言えば，民主化が典型的に進んだのは韓国と台湾である。香港でも植民地政庁によって一定の「民主化」が進められたが，シンガポールでは体制の変化は見られなかった。経済危機の衝撃も一様ではない。最も根本的な影響を受けたのは韓国であるが，香港・シンガポールへの影響も大きかった。台湾では，危機直後の影響は軽微だったが，むしろその後になって経済環境が悪化した。各国で失業が最悪を記録した年度と失業率を見ると，韓国では 1998 年の 7.0％だったのに対して，香港では 1999 年の 6.2％，シンガポールでは同じく 1999 年の 3.8％[9]だった。これに対して，台湾では危機後も低い失業率を維持していたが，2001 年から悪化しはじめ，2002 年には 5.2％を記録している[10]。こうした違いをふまえながら，以下では，民主化の潮流と経済危機の衝撃が各国の福祉制度にいかなる変化をもたらしたのか整理してみたい。

　まず韓国では，包摂的コーポラティズムが成立しなかったため，社会保障制度の導入が遅れた。そのぶん，1980 年代後半の民主化にともなう福祉制度の変化は劇的なものになった。野党や労働組合，学生団体などによる民主化運動が高揚するなか，大統領選挙を控えた全斗煥政権は，1986 年，国民の不満を抑えるために「国民福祉増進対策」（三大福祉公約）を発表した。その内容は，①最低賃金制の実施，②国民年金の実施，③医療保険の全国民への拡大，の 3 つだった（Chung 1992 : 295）。民主化運動はこの時点では特定の社会保障制度の実施を要求していなかったが，全政権は先制的に譲歩したのである。これらの公約は，1987 年の「民主化宣言」に前後して実施されていった。

　韓国はアジア経済危機の直撃を受けたが，経済危機はむしろ韓国の福祉拡充を促すことになった。危機発生の直後に大統領に就任した金大中は，1999 年に「生産的福祉」[11]という理念を提唱して福祉拡充に拍車をかけた。金大統領によれば，生産的福祉には，①公正な市場秩序の確立を通じた一次的分配，②国家による再分配，③国家と市場が重なり合う領域における自活支援のための

---

9) ただし，香港・シンガポールとも 2000 年代に入って再び悪化した（第 9 章も参照）。
10) 失業率は ILO, *Key Indicators of the Labour Market* による。
11) 生産的福祉については，上村（2002b），株本（2003），五石（2003），キム（2003），金早雪（2004），武川（2007），金成垣（2008）ほか多数の研究がある。

社会的投資，④国民の生活の質の向上，の4点が含まれる（金 2002：35）。金大中政権はこの理念に基づいて，①都市自営業者への適用拡大による国民皆年金の達成，②連帯主義的な医療保険統合改革，③失業保険（1995年施行）の拡充，④国民基礎生活保障法の制定，などの成果を挙げた。

　次に台湾では，包摂的コーポラティズムが成立したため，本格的工業化に先立って社会保障制度が導入された。しかし，労働者を対象とする労工保険のほか，軍人保険・公務員保険・私立学校教職員保険・農民健康保険など，制度が職域別に発展したので，1980年代後半の民主化にともなって，制度間の不公平が批判されるようになった。その結果，医療保険については，1995年に「全民健康保険」が導入され，国民すべてが同じ制度に加入することになった。また，与党国民党と野党民進党の選挙公約合戦を通じて，「中低所得高齢者生活手当」（1993年）や「高齢農民福利手当」（1995年）が導入されるなど，これまで冷遇されてきた社会階層に対する所得保障が不完全ながら実現した。

　台湾は経済危機の直撃は免れたが，国際経済環境の悪化や中国大陸への生産拠点の移転などによって失業問題が深刻化した。国民党政権は，1999年に労工保険の失業給付を導入してこれに対処した。2000年の総統選挙では，福祉国家の実現を訴えてきた民進党の陳水扁が，初めて政権交代を実現した。陳水扁政権は失業給付を，再就職支援に力点を置いた「就業保険」（2003年）に改編した（曽 2003：107）。一方，国民年金の導入も検討されたが，①従来の職域別制度の間の調整が難しかったこと，②選挙公約合戦を通じてすでに各種手当が導入されていたこと，③経済環境が悪化したこと，④民進党が少数与党だったこと，などから実現が遅れ（上村 2002a，黄 2003：114），ようやく2008年に施行された（第5章参照）。

　さらに香港では，包摂的コーポラティズムが成立しなかったため，社会保障制度の導入が遅れた。1984年の中英共同声明によって中国への返還が決まったことから，政庁は次第に立法評議会の直接選挙枠を拡大するなど，植民地香港の「民主化」を進めた。1992年に着任したクリストファー・パッテン総督はこれをさらに推し進めたため，労働組合やソーシャルワーカーなどの発言力が増大した（沢田 1997：252）。こうしたなかで，1993年には公的扶助（1971年

施行)が「CSSA (Comprehensive Social Security Assistance, 総合社会保障援助)」に拡充された結果,給付が増額され受給者も増加した。また,1995年には,個人口座別の強制貯蓄制度である MPF の導入が決まった(施行は2000年)。

香港は,アジア NIEs のなかでは韓国に次いで,経済危機の影響を大きく受けた。1997年にイギリスから行政を引き継いだ香港特別行政区政府は,基本的には既存の制度で危機に対処しようとした。失業問題が深刻化した1998/99年度には, CSSA の受給者は23万人を数えた。そのうち,高齢者が12万人,失業者が3万人あまりだった (Chan 2001:8)。1999年,政府は「自力更生支援計画」を導入し,失業を理由とする CSSA の受給者に対して,①隔週に職業紹介を受けることと,②週1日は地域奉仕に参加することを義務づけた。その結果,失業理由の受給者は減少傾向に転じた(同:10)。一方,政府の保健医療支出を抑制するために,医療費強制貯蓄を導入することも検討された(同:10)。

最後にシンガポールでは,包摂的コーポラティズムが成立したため,独立以前に導入されていた社会保障制度が本格的工業化に先立って拡充された。韓国・台湾では民主化が実現し,香港でも体制の変化があったのに対して,シンガポールでは人民行動党政権による包摂的コーポラティズムが現在まで存続している。そのため,制度の発展は CPF の機能拡充という形で進んだ。1984年には,加入者や家族が高額の医療費を支払う場合に引き出すことのできる「メディセイブ」が CPF に加えられた。1987年には「最低限度積立制度」が導入され, CPF の引き出しが可能となる55歳に達しても,最低限の老後生活費を口座に残すか,私的年金を購入することが奨励された (Low and Aw 1997:32)。

シンガポールに対する経済危機の影響は,韓国や香港ほどではないにしても,やはり大きかった。にもかかわらず,人民行動党政権は,韓国や台湾のような積極的な改革を行なうこともなく,香港のような公的扶助の消極的な拡大を許すこともなかった。シンガポールの公的扶助は他の国と比べて非常に小規模なものであり,例えば2002年9月の受給者数は各種扶助を合わせても8000人に満たなかった[12]。2001年の総選挙では,議席をもたない野党民主党が,①最低賃金制の導入,②失業手当の導入,③CPF の老後所得保障への使途限定,④

政府による医療費補助の導入，などを訴えたが敗れた（同党のホームページ）。人民行動党政権は，1年間に限って「不況期救済制度」（3カ月に限り月200ドルを給付）を実施した。

　以上のように見てくると，一口に福祉国家の構築・再編と言っても，国・地域によってかなりの温度差があることに気づく。まず韓国では，民主化とともに劇的に福祉国家の構築が始まり，さらに経済危機が福祉国家の拡充を促した。次に台湾では，民主化とともに福祉国家の再編が始まったが，包摂的コーポラティズムの遺産に足を取られて韓国ほど急激には改革が進まなかった。さらに香港では，限定的な民主化が福祉国家の構築をある程度は促したが，経済危機への対応では受身の姿勢に終始したように見える。最後にシンガポールでは，包摂的コーポラティズムが存続しているため，経済危機に直面しても，福祉国家の構築や再編はほとんど進まなかった。要するに，①民主化を経験した国で変化が大きく，②包摂的コーポラティズムの遺産がない国で変化が大きい，という2つの要因を指摘できる。この2つの要因の組み合わせによって，福祉国家の変化が大きかった順に，韓国，台湾，香港，シンガポール，と並べることができるように思われる。

4　福祉国家と市民社会の未来

　それでは，各国のこうした変化のあり方は，速度に違いはあるにしても，先進諸国と同じ福祉国家への歩みとして捉えられるものだろうか。以下ではやや視点を変えて，各国における政治的言説のなかで福祉国家という「理念」がどのように位置づけられているかを検討する。そうすることで，東アジアの福祉国家の未来を占ってみたい。

　その際，先進福祉国家から発信される新しい思想潮流が重要な意味をもつ。というのは，先進諸国の文脈では，「福祉国家」はすでにネガティブな意味を帯びて論じられることが多くなっているからである。福祉国家は，1980年代

---

12) 2002年12月5日，コミュニティ開発省で公的扶助を担当している Jasmine Leong 氏から教示を得た。

に見られたネオリベラリズムからの攻撃に加えて，1990年代には「第三の道」の主張に代表されるような，新しい社民主義からの批判にも曝されるようになった。そこでは，「古い」福祉国家に代わって，「新しい」市民社会ないし福祉社会に期待をかける論調が顕著になっていた。そのような思潮を最も力強く先導したのはイギリスの社会学者A. ギデンズであるが，その主張は東アジアの政治空間にもこだました。例えば，韓国の金大中大統領（任期1998～2003年）の著書『生産的福祉への道』（金 2002）にはその影響が濃厚に感じ取れるし[13]，台湾の陳水扁総統（任期2000～2008年）の著書『台湾之子』には，彼のいわゆる「新中間路線」がトニー・ブレア英首相の『新しい英国』とギデンズの『第三の道』に触発されたアイディアであることが正直に告白されている（陳 1999，邦訳 2000：133）。

　ギデンズの議論は広範に及ぶが，ここでは本章の考察に必要な限りで要約しておきたい（Giddens 1994, 1998）。ギデンズはまず，「福祉国家は，現行のかたちでは存続できない」（Giddens 1994，邦訳 2002：221）と宣告する。その理由として，①福祉国家は，工業社会における男性の終身フルタイム雇用を前提としているので，ポスト工業社会において女性の労働市場参入が進み，パート労働など多様な働き方が広まった今日の状況とは明らかに矛盾している。②福祉国家は，高度に統合された国民国家や非民主的な官僚制と表裏の関係にあり，グローバル化の進展によって次第に蝕まれつつある。③福祉国家は，社会保険によるリスク管理と事後的給付に依拠しているが，そのようなやり方では，技術進歩，社会的排除，ひとり親家族の増加などに起因する新しいリスク[14]に対処できない，などの点が指摘される。したがって，ギデンズによれば，従来の福祉国家を，「積極的福祉社会」のなかで機能する「社会投資国家」として根

---

13)「生産的福祉の理念は，……〔スウェーデン，オランダ，イギリス，ドイツなどの福祉先進国で提起されている〕「第三の道」と基本的な問題意識を共有している」（金 2002：21）とは，著者も認めている。ちなみに，1992年12月の大統領選挙に敗れた金大中はいったん政界引退を表明した後，ケンブリッジ大学クレアホールで客員研究員として半年間を過ごした。このとき，ギデンズに出会ったという。
14) ギデンズはこれを，従来の「外在的リスク」とは区別して「造り出されたリスク」と呼ぶ。

本的に作りなおす必要がある。具体的には，たんに所得を再分配するのではなく，人々がリスクをチャンスとして認識できるように仕向ける政策を打ち出していくべきだという。そのためには，「アクティブな市民社会」[15]を作り，政府と市民社会の協力関係を築いていくべきだということになる。

　ここでは，先進福祉国家に対するギデンズの診断と処方の当否そのものは問わない。むしろ重要なのは，「従来型の福祉国家はもはや維持できず，これからは市民社会の役割が重要になる」というアイディアが，まさに福祉国家を構築しつつあった後発諸国にも確実に伝播していたという事実である。それは，「後進国にある程度共通な，思想的早熟性」[16]（丸山・加藤 1998：172）の一例と言えるかもしれない。そのことを後発性の利益／不利益のいずれと捉えるにしても，東アジア諸国の福祉改革が先進福祉国家から発信されるこうした思潮と無縁ではありえないことを認識する必要がある。

　ところで，「福祉国家から市民社会へ」あるいは「福祉国家と市民社会の協力」と言うとき，いかなる福祉国家／市民社会について語っているのかが問題になる。どちらの概念も，いくつかの異なる内容を含意して用いられることがあるからである。以下では，2つの福祉国家モデルと2つの市民社会モデルを取り上げ，両者の組み合わせから，4つの「福祉国家‐市民社会」関係モデルを素描してみたい。

　まず，福祉国家については，「残余モデル」と「制度モデル」という対照的な理念型[17]がよく知られている（Wilensky and Lebeaux 1965：138, Titmuss 1974,

---

15) ギデンズは，政治的パンフレットである『第三の道』ではこのように述べているが（Giddens 1998, 邦訳 1999：139），より学術的な著書『左派右派を超えて』では，国民国家と表裏の関係にある従来型の市民社会を「疑わしい概念」（Giddens 1994, 邦訳 2002：25）としてしりぞける一方，コスモポリタンで対話的な「市民的アソシエーション」に期待をかけている（同：167）。
16) 丸山眞男は，産業革命よりずっと以前の明治10年代の日本に，翻訳を通してすでに共産主義や社会主義の危険性が伝えられていた事実をさして，このように形容している。
17) R. ティトマスはこれに「産業的業績達成モデル」を加えた3類型を提唱しており（Titmuss 1974, 邦訳 1981：27），近年のエスピン‐アンデルセンらによる国際比較研究も3類型説を踏襲している（Esping-Andersen 1990）。ここでは，議論を簡単にするために，2類型のみを取り上げることにする。

邦訳 1981：27)。残余モデルの福祉国家は，人々の必要が市場や家族によっては満たされない例外的な場合に限って，緊急避難的にサービスを提供する。そのような最低限の給付だけを行なう福祉国家のモデルである。一方，制度モデルの福祉国家は，複雑化した産業社会のなかで社会的平等という価値を実現するために，人々の必要に応じてサービスを提供する。そのような再分配の仕組みが正式な制度として組み込まれた福祉国家のモデルである。

　次に，市民社会について。石田雄によれば，「市民社会派」と目されていた丸山眞男は，じつは市民社会という概念をほとんど使っていないという（石田 1997：11）。平石直昭はこの指摘を受けながらも，その数少ない用例のなかでは，丸山がこの言葉を2つの異なる意味で使っていることを明らかにした（平石 2003：180）。第一の用例は，G. W. F. ヘーゲルが近代社会の特徴として描き出したような，「個人の欲望の体系」であるビュルガリッヘ・ゲゼルシャフトの訳語としての市民社会であり，第二の用例は，F. P. G. ギゾーがヨーロッパ文明の特徴として描き出したような，国家から独立した中間団体が拮抗しあうダイナミックな社会をさす語としての市民社会である。前者は，市場における原子的個人の交換と契約によって成り立つ市場社会のイメージであるのに対して，後者は，人々がさまざまな自発的組織のなかに編成されている民主社会のイメージである。ここでは平石に従って，両者を市民社会の「ヘーゲル・モデル」と「ギゾー・モデル」（同：184）と呼ぶことにしたい[18]。

　以上のような福祉国家と市民社会のモデルを組み合わせると，図1-1のようになる。まず，左上は，ギデンズが「従来型の福祉国家」として批判したようなモデルである。原子的個人が官僚制の手厚い保護に絡め取られるイメージは，見方によっては，M. ヴェーバーが悲観的にその到来を予言した「鉄の檻」[19]に近いものだったかもしれない。次に，左下は，例外的な場合を除いては市場が剥き出しになっているようなモデルである。この方向を極端まで突き詰めてい

---

18) その後の研究の進展（レームブルッフ 2004：103）をふまえて，後者を「トクヴィル・モデル」と呼ぶべきかもしれない。
19) ヴェーバー自身は拘束と保護の両面を含意する「殻（Gehäuse）」という言葉を使ったのであり，「檻（cage）」は英訳者 T. パーソンズの誤訳が流布したものであるとの指摘がある（荒川 2007）。

図中ラベル: 制度モデルの福祉国家／「鉄の檻」／「連帯」／ヘーゲル・モデルの市民社会／ギゾー・モデルの市民社会／I／II／III／IV／「悪魔の碾臼」／「友愛」／残余モデルの福祉国家

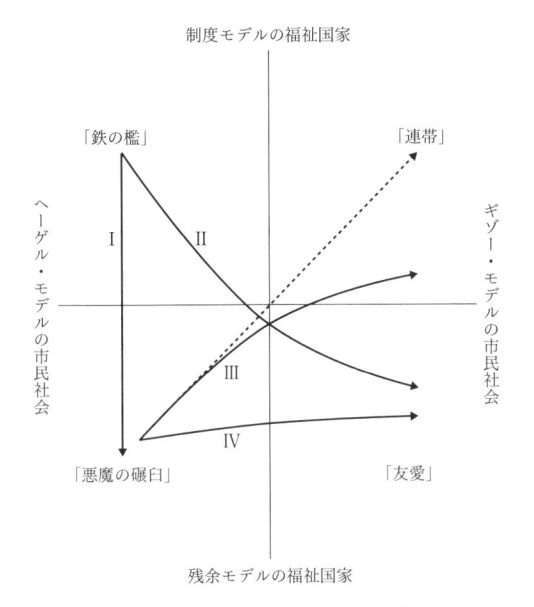

図 1-1　福祉国家と市民社会の組み合わせ

出所）筆者作成。

けば，ポランニが 1834 年以降のイギリスに見たような，人々の共同生活を粉々に砕く「悪魔の碾臼」に出会うかもしれない。さらに，右下は，人々が国家に頼らず自分たちで助け合うというモデルである。19 世紀後半のイギリスで盛んになった「友愛」組合を思い浮かべるとよいだろう。当時の友愛組合がそうだったように，このモデルでは相互に助け合うだけの力のある者とない者の間に格差が生じざるを得ない。最後に，右上は，社会的平等をめざす福祉国家と，人々の自由や自発性を担保する市民団体とが，互いに拮抗しつつ補完しあうモデルである。これを仮に「連帯」モデルと呼ぶことにしたい[20]。

この図のなかに先進諸国における思潮を位置づけるとすれば，以下のようになるだろう。まず，1980 年代に福祉国家の解体と市場の再生を唱えたサッチ

---

20) ここで示したモデルは，やや「バタくさい」ものである。「福祉国家」にしても「市民社会」にしても，実際には，それぞれの社会の文脈ごとに異なる概念化がなされていることは言うまでもない。

ャリズムや，世界各国の政権の間に波及したネオリベラリズムは，図の左上から左下への移行（I）をめざすものだと言える。一方，そうした思潮への対抗軸として1990年代に登場した「第三の道」論は，左上から右方向へ移行することを唱えている。右方向なら右上への移行でもよいはずだが，従来型の福祉国家（「旧社民主義」が保守しようとするもの）に対する反発と，ネオリベラリズムに対抗する必要から，実際には右下への移行（II）を主張しているように見える[21]。

さて，その「第三の道」論とも無縁ではない，韓国の金大中大統領の「生産的福祉」や，台湾の陳水扁総統の「新中間路線」は，果たしてどのように位置づけられるだろうか。彼らの出発点は，左上の「鉄の檻」に喩えられるような牢固たる福祉国家ではない。むしろ，左下から出発して右上をめざすものだったと言えるだろう。しかし，その方向は点線のようではなく，先進福祉国家から発信される思想の磁力に引かれて，IIIのように下方にたわんでいたと見ることができる。そのことは，金大中大統領が，国家福祉の拡充を主張しながらも「西欧の先進福祉国家」とは一定の距離をとり（金 2002 : 6, 107），「政府責任の原則とともに民間の自律的参加による政府と民間の役割分担の原則」（同 : 115）を強調していたことにも窺われる。また，陳水扁総統も，社会保障システムの確立を唱えつつ，グローバル資本主義の時代にあっては「社会福祉の理想が高すぎてはならない」（陳 1999，邦訳 2000 : 230）とし，同時に「ボランティア台湾」（同 : 185）を提唱していた。

一方，香港やシンガポールでは，「福祉国家」（すなわち，ここで言う「制度モデル」の福祉国家）は未だに政治的禁句とされている。香港の董建華行政長官（任期1997～2005年）は2000年の施政報告において，異例の長さで社会政策について説明したが，数日後の財界人との昼食会では，「私は，香港が福祉国家への滑りやすい坂道を下りつつあるのではないことを保証したい」と述べていた。対照的に，「活力ある第三セクター」は望ましいものであるとし，「政府が真に小さな政府でありうるのは，市場が自由なだけでなく，第三セクターが強

---

21) ここで矢印は，理念の「方向」を表わしている。したがって，その理念に導かれた実際の政策が，矢の先端によって指示された地点にたどりつくとは限らない。

い場合だけである」と主張した[22]。また，シンガポールのゴー・チョクトン首相（任期1990〜2004年）は，2002年の区長宣誓式における演説のなかで，地域福祉活動を担うコミュニティ開発協議会の予算を増額することに触れながら，しかし「それはシンガポールが福祉国家に近づきつつあることを意味しない」と断言した。対照的に，市民社会については好意的であり，2000年の演説で「人々が自分たちの利益を守るために自らを組織化すればするほど，シンガポールにとってはよいことである。彼らの自立はシンガポールを強くする」と述べた[23]。香港やシンガポールの政治的言説においては，国家福祉が否定的に語られる一方，市民社会に対する期待が高まっていた。つまり，図で言えば，Ⅳのような方向をめざす理念が語られていたことになる。

　本章の結論を短くまとめておきたい。①アジア経済危機をきっかけとして，「東アジアの福祉」が論じられるようになった。しかし，国際機関の処方箋は画一アプローチと国別アプローチに分裂している。これを乗り越えるためにも，東アジアの比較福祉国家論を発展させる必要がある。②東アジア諸国すべてに共通の「東アジア型」というようなものは考えにくい。1980年以前のアジアNIEsを例にとると，包摂的コーポラティズムの成立の有無によって，社会保障制度の整備状況に大きな違いがあった。③1980年代後半からの民主化の潮流と1990年代後半のアジア経済危機の衝撃によって，東アジア諸国の福祉国家は大きく変化しつつある。しかし，その変化の大きさと方向は，民主化の有

22）董建華行政長官の施政報告（2000年10月11日）は"2000 Policy Address by Chief Executive"（http://www.info.gov.hk/gia/general/200010/11/1011140.htm）を，昼食会演説（2000年10月16日）は"CE's speech at Hong Kong Business Community Luncheon"（http://www.info.gov.hk/gia/general/200010/16/1016122.htm）を参照した。

23）ゴー・チョクトン首相の区長宣誓式演説（2002年1月5日）は，"Speech by Prime Minister GOH Chok Tong at the Swearing-In Ceremony of Mayors of Community Development Council Districts"（http://www.nas.gov.sg/archivesonline/speeches/view-html? filename=2002010503.htm）を参照した。また，市民社会については，国立シンガポール大学同窓会における演説（2000年11月4日）からとった。"Speech by Prime Minister GOH Chok Tong at the NUSS Millennium Lecture"（http://www.nas.gov.sg/archivesonline/speeches/view-html? filename=2000110404.htm）。

無や包摂的コーポラティズムの遺産の有無によって異なる。それはまた，先進福祉国家の変化の方向とも大きく異なっているように見える。

第 2 章

東アジアの福祉レジームとガバナンス

1 はじめに

　前章で述べたように，東アジアの福祉がクローズアップされることになったのは，アジア経済危機をきっかけとして経済発展を支える社会的基盤の大切さと脆さに人々が気づき，その再構築のために何をなすべきかという実践的な関心をもつようになったからである。他方，それに加えて，欧米の土壌で育ってきた比較福祉国家論の分析道具を使って東アジアの国々を研究すると何が見えるか，という学問的な関心もある。

　欧米の研究者の目には，東アジアの福祉は「例外」として映ることがある。例えば，E. リーガーらは社会政策の宗教的基礎について考察し，キリスト教圏で成立した普遍主義に基づく福祉国家モデルをそのまま儒教圏の東アジア諸国に移植できると期待すべきではないと論じている（Rieger and Leibfried 2003: 327）。新川敏光はこの種の見方を「文化還元論」と断定したうえで，東アジアを一つのモデルとして捉えようとする研究は，普遍的な現象を印象主義的に特殊なものとして描くという罠に陥っていると指摘する（新川 2005: 276）。一方，埋橋孝文は，東アジアの福祉国家には「家族主義」の特徴が認められると指摘するが，この特徴は東アジアに限ったものではなく，南欧諸国も含めて後発福祉国家に共通の現象だと述べている（埋橋 2005: 208）。本章ではこうした論争に直接答えることはしないが，個別的な現象を「例外」と見るのではなく，普

遍的な分析道具で説明することを試みたい。

　しかし，東アジアの福祉が注目されるようになった主な理由は，何よりも地域規模の社会政策をどう構築するかという実践的な関心が生じたからである。日本でいち早くこの課題に気づいた広井良典は，国家間の経済協力や所得再分配も含めて，国民国家を超えた「アジア福祉ネットワーク」ないし「アジア福祉共同体」を構想すべきだと提案している（広井 2003：42，広井 2005）。また，大泉啓一郎は，経済連携によるリージョナルな自由化を進めると同時に，少子高齢化に対応する協力体制を整えて「リージョナルなセーフティネット」を構築する必要があると論じている（大泉 2005：205）。他方，I. ゴフは，基礎教育と保健医療に重点を置く「生産的社会政策」が東アジアの福祉制度の特徴であるとしたうえで，今後の改革もこの伝統をふまえて進めるべきだと主張している（Gough 2003：39）。本章はアジア福祉共同体の構想について詳論するものではなく，地域規模の社会政策の構想については第 IV 部に譲るが，それに資する基本概念を提案することをめざしている。

　ところで，東アジアという地域概念はその範囲自体が論争の的である。2000年代には「東アジア共同体」構想をめぐって，インドやオセアニアを含めるべきか否かが議論された。また，台湾は地理的には東アジアにあるが，外交の表舞台には登場しない。一方，従来の比較福祉国家論では日中韓や ASEAN よりもアジア NIEs という括りで東アジアを論じることが多かったが，武川正吾によれば，これは安上がりな福祉モデルを探そうとする西欧人の関心に基づく研究上のバイアスであるという（武川 2005：74）。本書では東アジアの境界を画定しない。EU 統合が欧州諸国の比較研究を促したように，今後は地域統合の進展とともに比較研究の範囲も決まってくるだろう。本章では前章に引き続き主にアジア NIEs，とりわけ台湾とシンガポールの事例を取り上げるが，これは「福祉オリエンタリズム」ゆえではなく，来たるべき共同体の社会政策を考えるためのモデルとして取り上げるのである。

　以下の各節では，まず，福祉国家が福祉レジームを規定するという観点を紹介したうえで（第 2 節），国家と企業・家族・NPO の関係を捉えるための枠組を提案し，台湾とシンガポールを例に現状を描き出す（第 3 節）。最後に，こ

れは大いに価値判断を含む話であるが，東アジアの地域統合に社会政策の次元を追加し，地域全体の福祉レジームを再組織化していく必要があると論じる（第4節）。

2 福祉国家のレジーム規定力

　東アジア諸国における福祉供給の現状は，国家福祉に注目するだけでは捉えきれない。そこで，エスピン-アンデルセンの「福祉レジーム」という考え方を援用したい。福祉レジームとは，「福祉の生産が国家・市場・家族の間で分担される様式」（Esping-Andersen 1999：73）のことである[1]。この考え方は，「福祉ミックス」「福祉多元主義」などに代わって，すでに福祉研究の標準的概念として定着している。エスピン-アンデルセンによれば，「ある福祉国家の特徴を捉えるためには，その福祉国家が何をやっているのか，どれだけ支出しているのか，これまで何を立法化してきたのか，といった点から見るだけでは不十分である。それだけではなく，その福祉国家が市場や代替的な民間の仕組みとの間でいかなる相互作用を営んでいるかという点にも注目すべきである」（Esping-Andersen 1990：103）という。福祉レジームの考え方が福祉ミックスと異なる点は，このように，各セクター間の「相互作用」を問題にするところにある。その際，レジームのあり方を決めているのは福祉国家の側であることが多い点に注意すべきである。

　こうした考え方は，とりわけ東アジアの福祉を分析するうえで有効だと思われる。というのは，東アジアでは，「福祉の生産」において企業や家族が大きな役割を果たしてきたと考えられるからである。また，近年では，地域コミュニティやNPO（民間非営利組織）の役割にも注目が集まっている。すでにウィレンスキーやエスピン-アンデルセンといったこの分野の開拓者たちが，そうした観点から日本の福祉のあり方を素描している。

　ウィレンスキーは著書『福祉国家と平等』の「日本語版への序文」のなかで，

---

1) この定義から明らかなように，ここでの「レジーム」の用法は国際政治経済学におけるそれとは異なる。

こう問題提起している。「過大な軍事負担が軽減され，社会改革が新たに注目されている今日，日本はなぜ今なお本書で取り上げた 19 の先進民主国家中最も少ない支出を行なっているのであろうか？」(ウィレンスキー 1984：10)。それに対する彼の答えは，①人口構成が若いこと（高齢者が少なければ年金や医療の支出は少なくて済む），②社会移動の機会が多いこと（今は貧乏でもいつか金持ちになれるなら不満は少ない），③労働運動が分断されていること（社会保障の充実を政府に求める力が弱い），④巨大な成長企業のもとで安定した仕事に就く幸運な労働者への私的給付の存在，⑤福祉国家の発展に強力なブレーキをかけている根強い家族制度の存在，であった。このうち①と②は福祉国家形成に関わる社会的要因，③は政治的要因であるが，④と⑤は福祉レジームの構成に関する記述である。少なくとも 1980 年代までの日本では，福祉の生産において企業と家族が重要な役割を果たしていた。ウィレンスキーはその点を指摘したのである。

　一方，エスピン－アンデルセンも著書『福祉資本主義の三つの世界』の「日本語版への序文」のなかで，次のように述べている。

　　日本は，これら 3 つのすべてのレジームの要素を組み合わせているように思える。日本は，雇用の拡大と完全雇用とに驚くほど強くコミットしているという点では，社会民主主義モデルと共通している。家族主義や，地位によって分立した社会保険については，保守主義モデルと共通している。残余主義や，私的な福祉に強く依存することでは，自由主義レジームと共通している。(エスピン－アンデルセン 2001：iv)

　ここで「私的な福祉」は民間保険と企業福祉をさすと思われるが，日本で重要なのは後者である。エスピン－アンデルセンも，日本の福祉レジームにおける企業と家族の重要性を指摘しているのだと考えられる。

　ウィレンスキーやエスピン－アンデルセンの指摘は，少し修正すれば，日本以外の東アジア諸国の福祉レジームを考察する際の視座としても役立ちそうである。以下では，福祉レジームの主要な構成要素と考えられる企業・家族・NPO を取り上げ，それぞれと福祉国家の相互作用を捉えるための枠組を考え

てみたい。その際，こうした相互作用に関して例外的に敏感だったいくつかの古典的研究がヒントになるだろう。そのうえで，台湾とシンガポールという，東アジアの先進グループに属する2つの事例を取り上げて，枠組の有効性を示したい。なお，台湾はこれまで「東アジア共同体」構想のメンバーとしては想定されてこなかったが，東アジアにおいて韓国とならぶ工業化と福祉国家形成の先進国であり，来たるべき共同体の社会政策を考えるうえで，シンガポールと対照的なモデルを提供するはずである。

3　福祉国家と企業・家族・NPO

1）福祉国家と企業

　東アジア諸国では，福祉国家と企業の間にいかなる相互作用が働いているだろうか。ヒントは日本の過去の経験と研究蓄積のなかにある。労働問題研究者の氏原正治郎（1920〜1987）はこう書いている。

> わが国の国民生活に対する政策は，本来社会政策でありながら，典型としての社会政策とは異質的な2つの傾斜，すなわち〔企業内〕福利施設化と救貧政策化とをもたなければならなかった。（氏原 1966：305，初出は1950年）

　氏原によれば，1950年当時の日本の社会保障制度は，大企業の労務管理の一環としての企業福祉と，農村や中小零細企業を対象とする救済事業とに分裂しており，いずれも社会的権利としては確立していなかったという。氏原の分析を敷衍すれば，後発工業国日本では大企業が企業福祉を実施して基幹労働力を囲い込んだ結果，国家福祉の発展が阻害されたということになる。

　しかし論理的に言えば，国家福祉と企業福祉の関係のあり方は一種類ではない。まず，氏原が指摘したように，①相対的に充実した企業福祉が国家福祉を代替する場合（企業福祉優位型）がある。この場合，企業福祉を負担できる大企業と負担できない中小企業との間に格差が生じることになる。また，同一企業のなかで職位による不平等が生じる可能性もある。このモデルは，次の2つ

の位相に分けて考えることができる。すなわち，(a)国家福祉が手薄なために企業福祉の発展が促される面（促進の位相）と，(b)企業福祉が充実しているために国家福祉の発展が阻まれる面（阻害の位相）の2つである。両者は相互に排他的ではなく，同時にも起こりうる。一方，このモデルとは逆に，②国家福祉が整備されることで企業福祉が抑制される場合（**国家福祉優位型**）もある。これは氏原から見れば，格差や不平等のない「典型としての社会政策」であって，望ましいことかもしれない。他方，国家福祉と企業福祉の関係を政府が意図的に変化させようとする場合もある。その一つに，③もともと一部の企業が自主的に実施してきた企業福祉を，政府が多くの企業に強制する場合がある（**企業福祉の国家化**）。これは格差や不平等の緩和につながる場合もあるが，緩和された格差や不平等の温存につながる可能性もある。また，それとは逆に，④もともと国家福祉として実施されてきたことを，政府が各企業の任意の制度に委ねる場合も考えられる（**国家福祉の企業化**）。これは通常，格差や不平等の拡大につながることが多いだろう。最後に，⑤国家福祉と企業福祉がともに発展するモデルも考えられる（**協働型**）。両者が別個に発展する場合もあるかもしれないが，何らかの役割分担を図りつつ，互いに発展を促進しあうパターンのほうが想像しやすい[2]。

以上のモデルに照らすと，台湾やシンガポールで実際に起こっていることはどのように分析できるだろうか。

シンガポールでは，公的な医療保険制度がないので，医療は企業福祉の主要なメニューになっている（浜島 2010：305）。多くの企業が従業員のために団体保険に加入している。特定の病院と診療契約を結んでいる企業もあり，従業員が入院した場合には医療費を補助する企業も多い。企業が優秀な人材を確保しようと思えば，少なくとも同業他社より医療メニューを充実させておく必要がある。裏を返せば，医療保障の企業間格差が生じることになり，また，同一企

---

[2] エスピン－アンデルセン（Esping-Andersen 1996）も企業福祉の発展パターンについて考察しており，ここで述べたモデルを案出するヒントになった。また，B. ギドロンら（Gidron, Kramer and Salamon 1992）による政府とNPOの関係モデルも参考にした。なお，本章の原論文刊行後，末廣昭（2010）によって，東アジア諸国における企業福祉と国家福祉の関係を捉える包括的視点が提示されている。

業でも職位によって保障の水準が違っていたりする。シンガポールの医療保障は，典型的な「企業福祉優位型」と言えるだろう。

一方，台湾では，労工保険老年給付（公的年金に相当）の貧弱さを補うため，政府が法律によって企業に退職金の支払いを義務づけてきた（法定退職金制度）。これは「企業福祉の国家化」の一例と言えるだろう。しかし，台湾では終身雇用が一般化しておらず，労働者は頻繁に転職する。そのため，法律に規定されている通り 25 年以上も勤続して退職金を受け取ることのできる人は多数派ではない。企業の側でも従業員の転職を見越して，十分に退職金を積み立てていない場合が少なくない。そこで政府は近年，退職金の積立を個人口座別にする法改正を行ない，労働者が転職しても退職金を受け取れるようにした（第 6 章参照）。

急いで注釈を加えなくてはいけないが，以上の例は状況の一端であって全体像ではない。シンガポールには老後の所得維持のための「CPF」があるし，台湾には全国民が加入する「全民健康保険」がある。これらは「国家福祉優位型」の制度である。また，氏原の時代の日本（の大企業）とは違って，東アジアの多くの国々ではもともと終身雇用が一般的ではなかったし，企業と従業員の関係は近年ますます短期主義に傾きつつある。そうしたなかで企業福祉が積極的な役割を果たす余地を探すとすれば，それは台湾の法定退職金改革の例のように，「企業福祉の国家化」をいっそう進めることで見いだされるのではないか。

2）福祉国家と家族

福祉国家と家族の間の相互作用についてはどうだろうか。ここでも日本の社会科学の古典がヒントになる。社会学者の有賀喜左衛門（1897〜1979）はこう書いている[3]。

〔アジアの〕家族は生活単位（経済単位）であって，そこでは個々の成員の

---

3) 論文「アジアにおける家族の諸問題」より引用。有賀の論文「家制度と社会福祉」（有賀 1970：127，初出は 1955 年）について教えて下さった森岡清美教授に感謝したい。

個性があまり高く評価されていない……。すべての成員は，家長の監督の下にあり，家長の肩には，家族員すべての生活保障の重い責任がかかっていた。このような家族は，植民地をも含めて，アジア諸国の政府の側での社会政策の効率の低さと，不備とによる必然の産物であった。（有賀 1970：163，初出は 1956 年）

　日本の伝統的家族制度の研究者だった有賀は，同族結合や家長の権威といったその家族制度の特徴を社会福祉の未発達と関連づけて考察していたのである。有賀の分析を敷衍すれば，本来は国家福祉として実施すべきことを家族が担わされた結果が，日本のみならずアジアの家族福祉の現状だということになる。
　しかし，国家福祉と家族福祉の関係のあり方も一種類ではないだろう。まず，①相対的に充実した家族福祉が国家福祉を代替する場合（**家族福祉優位型**）がある。この場合，資源の豊かな家族と乏しい家族の間の格差とともに家族内の不平等の問題が生じることになるだろう。企業福祉優位型の場合と同じく，このモデルは 2 つの位相に分けて考えることができる。すなわち，(a)国家福祉が手薄なために家族福祉の強化が促される面（促進の位相）と，(b)家族福祉が十分に機能しているために国家福祉の発展が阻まれる面（阻害の位相）の 2 つである。この場合も両者は相互に排他的ではなく，同時にも起こりうる。有賀が指摘したのは，このうち(a)の問題点についてである。一方，このモデルとは逆に，②国家福祉が整備されることで家族の福祉機能が吸収されてしまう場合（**国家福祉優位型**）もありうる。これは有賀から見れば，家族を民主化する最良の方法だったかもしれない。他方，国家福祉と家族福祉の関係を政府が意図的に変化させようとする場合もある。その一つに，③もともと一部の家族が自主的に実施してきた家族福祉を，政府が多くの家族に強制する場合がある（**家族福祉の国家化**）。これは政府が家族福祉を支援する形で進めれば可能かもしれないが，その場合でも家族内の不平等を悪化させる可能性がある。また，それとは逆に，④もともと国家福祉として実施されてきたことを，政府が各家族の任意の選択に委ねる場合も考えられる（**国家福祉の家族化**）。これは通常，家族間の格差の拡大につながることが多いだろう。最後に，⑤国家福祉と家族

福祉がともに発展するモデルも考えられる（**協働型**）。両者が何らかの役割分担を図りつつ，互いに発展を促進しあうことも不可能ではないだろう[4]。

　以上のモデルに照らすと，台湾やシンガポールで実際に起こっていることはどのように分析できるだろうか。

　台湾でもシンガポールでも，老親の面倒は子どもが見るべきだという考え方は根づよい。高齢者の同居率を調べると，シンガポールで74％，台湾で64％の高齢者が子どもと同居している（第7章，表7-10参照）。これは，1980年の日本（69％，内閣府『平成26年版高齢社会白書』図1-2-1-2）と同じくらいの数字である。両国には，有賀の指摘したような「家族福祉優位型」の土壌があると言えるだろう。一方，シンガポールでは，老親と同居する家族に対して広い公営住宅を優先的に割り当てるなど，家族福祉を支援する政策を行なっている。また，老親扶養法という法律で，扶養義務を放棄した子どもを老親が訴える権利を定めている（アン 1997：22）。これらは「家族福祉の国家化」の例である。

　ところで近年，台湾でもシンガポールでも仕事をもつ女性が急速に増えてきており，特に30歳台までの女性の労働力率は日本よりも高い。先進諸国に比べて産業化の歴史が短いため専業主婦の家族規範が確立せず，共稼ぎに抵抗感をもつ人が少ないという背景も想像できる。その傍証として，台湾の男女の仕事と家事（介護や育児も含む）の時間配分を見ると，近年，日本よりはるかに急速にジェンダー平等化と家事の省力化が進みつつあることがわかる。一方，中高年女性の家事時間が長いのも台湾の特徴である。台湾では，仕事で忙しい母親に代わって，祖母世代が家族福祉の供給を担っていることが窺われる（第3章参照）。

　有賀の時代と違って現在の東アジア諸国では，家族福祉の焦点は，仕送りなど金銭の側面から介護や育児などケアの側面へと移ってきている。しかし，そこにも「家族福祉優位型」の特徴は認められる。家族福祉優位型を維持したまま急速にジェンダー平等化を進めれば，家族福祉の機能不全が生じることは想像に難くない。日本よりも急激に進む少子化（2013年の合計出生率は台湾で1.07,

---

[4] 本章の原論文刊行後，落合恵美子（2013）によって，東アジア諸国における家族福祉と国家福祉の関係を捉える包括的視点が提出されている。

シンガポールで1.19である）は，その一つの帰結だろう。今は祖母世代が辛うじて支えている家族福祉優位型を，現在の中高年世代が退場した後は外国人メイドが担うことになるのかもしれない。ただしその場合は，福祉供給の家族間格差がいっそう拡大することになる。

3）福祉国家とNPO

　福祉国家とNPOの間の相互作用を理解するヒントを，日本の社会科学の古典のなかに見つけることはできない。そこで，福祉NPOに関する国際比較研究の開拓者であるR. クレイマーの言葉から始めたい。彼はこう書いている。

> 民間非営利組織は，政府が最もうまく提供しうるような各種サービスを代替することはできない。とりわけ，サービスの適用範囲・公平性・受給権といったことが重視される場合はそうである。……「限界の時代」という流行思想にとびつき，ボランティア主義を鼓吹することで福祉国家の終焉を印象づけようとする者は，社会正義よりも減税のほうが関心事だというような連中と同類になってしまう危険性がある。(Kramer 1981 : 283)

　クレイマーの主張を敷衍すれば，NPOは国家福祉にとって代わることはできず，「福祉国家から福祉社会へ」といった標語は間違っている。ボランタリー福祉の役割を単純に強調しすぎると，公平性を担保する国家福祉が犠牲になりかねないのである。

　企業福祉や家族福祉について試みたのと同様，ここでも図式化して考えてみたい。まず，①相対的に充実したボランタリー福祉が国家福祉を代替する場合（ボランタリー福祉優位型）がある。この場合，クレイマーが警告したように，サービスの公平性や権利性の点で問題が生じるかもしれない。このモデルは2つの位相に分けて考えることができる。すなわち，(a)国家福祉が手薄なためにボランタリー福祉の強化が促される面（促進の位相）と，(b)ボランタリー福祉が充実しているために国家福祉の発展が阻まれる面（阻害の位相）の2つである。両者は相互に排他的ではなく，同時にも起こりうる。一方，このモデルとは逆に，②国家福祉が整備されることでボランタリー福祉が抑制される場合

（国家福祉優位型）もある。これは公平性の点では望ましいかもしれないが，人々の自発的な助け合いを犠牲にしかねない。他方，国家福祉とボランタリー福祉の関係を政府が意図的に変化させようとする場合もある。その一つに，③もともと一部のNPOが自主的に実施してきたボランタリー福祉を，政府が多くのNPOに強制する場合である（ボランタリー福祉の国家化）。これは政府がボランタリー福祉を支援する形で進めれば可能であるが，その場合でも公平性の問題は残るかもしれない。また，それとは逆に，④もともと国家福祉として実施されてきたことを，政府がNPOの活動に委ねる場合も考えられる（国家福祉のボランタリー化）。これは通常，公平性の点で問題を生じやすいだろう。クレイマーが警告したのは，むしろこのパターンについてである。最後に，⑤国家福祉とボランタリー福祉がともに発展するモデルも考えられる（協働型）。両者が別個に発展する場合もあるかもしれないが，何らかの役割分担を図りつつ，互いに発展を促進しあうパターンのほうが想像しやすい。

　以上のモデルに照らすと，台湾やシンガポールで実際に起こっていることはどのように分析できるだろうか。

　以前はどちらの国も途上国だったので，海外の援助団体から支援を受けていた歴史がある。例えば1970年代の台湾では，貧困児童を支援するために，アメリカに本拠を置くキリスト教児童基金（日本の戦災孤児も支援した団体）が台湾省政府の200倍以上もの金額を支出していたという（官編 2000：35）。この例は，後発国において「ボランタリー福祉優位型」が生じやすい理由の一端を説明している。手薄な国家福祉を援助団体が代替し，政府もそれを歓迎したのである。現在でも台湾やシンガポールには，海外の援助団体にルーツをもつ福祉NPOが少なくない。これは後発国型ボランタリー福祉の遺産である。

　近年では両国とも，行政改革の一環として福祉サービスの民営化を進めている。そこでは福祉NPOが，公設民営の福祉施設の運営者としての役割を果たしている。これは「国家福祉のボランタリー化」とも考えられる。とはいえ，両国には違いもある。台湾の福祉NPOは，政府から補助金を受けているが，アドボカシー活動を通じて福祉立法にも影響を与えている。つまり国家福祉とボランタリー福祉が互いに強化しあっていることになり，「協働型」と言える

かもしれない。一方，シンガポールでは，行政が市民や企業から寄付金を募って福祉 NPO に配分している。これは官製ボランタリズムであり，見方によっては「ボランタリー福祉の国家化」とも言える（第 7 章参照）。

　クレイマーは，あらゆる種類のボランタリー福祉が不公平や無権利の原因になると考えたわけではなかった。しかし，政府が権利保障の責任を放棄する形でボランタリー福祉の強化を進めれば，クレイマーの危惧が現実のものとなるだろう。先進諸国の改革の影響を受けて，東アジア諸国でも市民社会や NPO の役割がことさらに強調されるようになってきているが，シンガポールのように政府が一方的にボランタリー福祉の強化を進めるのと，台湾のように国家福祉とボランタリー福祉の協働的発展をめざすのとでは，行き着く先がかなり違ってくるように思われる。

4　福祉ガバナンスの未来

1）地域統合と社会政策

　ところで，1997 年の経済危機のさなかにクアラルンプールで行なわれた ASEAN と日中韓の非公式首脳会議から，2014 年 11 月にミャンマーのネピドーで開かれた第 9 回東アジアサミットに至る，将来の「東アジア共同体」形成に関わる一連の会合において，社会政策はほとんど議題にのぼっていないようである。日本政府は，1998 年の「新宮沢構想」に社会的セーフティネットの整備拡充のための融資を盛り込み，インドネシアの貧困層に対する食糧支援などの緊急対策では一定の成果を挙げた。しかしその後，地域協力の将来像を話し合う場で，日本が社会政策に関する話題を持ち出した形跡はない。そもそも日本政府は東アジアの地域協力において，自由貿易協定や経済連携協定を中心とする「機能的協力」に軸足を置いており，地域規模の制度的共同体の創設には消極的な姿勢をとっているように見える。社会政策の理念など持ち出しては，参加国に対する不当な内政干渉になるということだろうか。

　一方，地域統合の歴史では先輩にあたる EU でも，当初，社会政策は共同体の課題ではなかった。欧州経済共同体の創設を定めた 1958 年発効のローマ条

約にも，社会政策は加盟国政府の責任であると明記されていた。わずかな例外は，賃金支給の男女平等に関する条項と加盟国間における有給休暇制度の同等性維持に関する条項，および欧州社会基金の創設に関する規定だったという（中村 2005：291）。この欧州社会基金は現在でも約1兆円の年間予算をもつに過ぎないが，加盟国の地方政府やNGOに補助金申請を競わせることで，EUの政策路線に沿った就労支援プロジェクトを展開することに成功している（同：289）。さらに1990年代以降，EUは「社会的排除」をキーワードとして，加盟国における社会問題にも積極的に取り組むようになってきている（同：319）。EUでは既存の福祉国家の政策体系のうえに，地域規模の社会政策が曲がりなりにも成立していると言えるだろう。

　地域規模の社会政策を問題にするのは，それが地域統合の質を決めることになると考えるからである。欧州に比べて福祉国家そのものが弱体であり，その多様性も著しい東アジアの場合，この問題はいっそう深刻になる。その意味で，「東アジア共同体」構想は岐路に立っている。一方には，自由貿易協定や経済連携協定を中心とする経済協力に限った「薄い統合」がある。この種の統合は，短期的には経済を活性化するかもしれないが，中長期的な競争力の源泉である各国社会の安定や信頼，固有文化といったものを犠牲にしかねない。他方には，社会政策における協調も含んだ「厚みのある統合」がある。この種の統合こそ，中長期的に見て東アジアに繁栄と安定をもたらすものだと考える。一口に地域統合と言っても，いかなる地域統合をめざすのか，その理念が争われなければならない。社会政策は，その理念の争いにおいて決定的に重要であるにもかかわらず，今のところ十分に顧慮されているとは言いがたい。

　日本は東アジアの福祉先進国として，社会政策における協調も含んだ「厚みのある統合」を主張していくべきではないだろうか。第一に，東アジア諸国に対して，社会政策の知識や技術に関する支援を積極的に行なうべきである[5]。また，社会政策の現状や理念について議論する場を提供することも有効だろう。従来のように理念を国際機関まかせにするなら無駄な出費になりかねないが，

---

5) 近年では国際協力機構（JICA）による社会保障関連の途上国援助が始まっている（国際協力機構 2013）が，十分とは言えない。

日本の知的貢献によって将来の共同体の質が向上するなら資金を出す価値がある。第二に，各国の共同出資によるアジア社会基金の創設を提案すべきである（第9章参照）。これまで日本の国際開発援助は国内開発と同じく土建事業中心だったが，今後は社会政策の比重を高めていくことが望ましい。その際，一方的な援助の形をとるのではなく，共同体の公共財としての社会基金に対する出資という形をとることがふさわしいだろう。

2）福祉レジームの再組織化のために

東アジアにおける地域規模の社会政策ないし福祉ガバナンスの未来を構想するうえで，比較福祉国家論にはいかなる貢献が可能だろうか。以上の議論をふまえ，ここでは想像力を逞しくして政策提言につなげてみたい。今後の東アジアで経済的自由化に限った「薄い統合」が進むとすれば，各国の政府や企業は短期的な競争力向上をめざすあまり，国家福祉の拡充を抑制し，企業福祉の水準を切り下げることだろう。その一方で，家族福祉とボランタリー福祉の無責任な称揚が行なわれるかもしれない。しかし自由化はいっそうの社会変化を促し，家族福祉やボランタリー福祉の基盤である家族や地域コミュニティを確実に変容させる。そうしたなかで国家福祉の一方向的な家族化やボランタリー化を進めれば，家族や地域コミュニティに軋轢をもたらすことになりかねない。一方，国家福祉だけを「セーフティネット」として拡充すればよいという問題でもなく，福祉レジームを全体として再組織化していく必要がある。「厚みのある統合」を進めるためには，福祉国家と企業，福祉国家と家族，福祉国家とNPOの関係を，それぞれ結びなおす視点が求められているのである。

福祉国家と企業の関係を結びなおすにあたっては，雇用の短期主義化が進みつつあるという条件のもとで考える必要がある。転職が頻繁に行なわれる状況では，終身雇用を前提とするような企業福祉を望むことはできない。そこで，シンガポールに見られるように医療などの短期的な企業福祉が中心になるが，こうした制度は企業間格差や企業内不平等につながりやすい。一方，労働組合が有力であれば，国家福祉と企業福祉をともに発展させる「協働型」も可能かもしれないが，これは東アジアの多くの国々では現実的でない。したがって，

ここでの福祉レジームの再組織化は，台湾の法定退職金改革に見られるように「企業福祉の国家化」を進めることで実現すべきである。地域規模の社会政策は，例えば企業の退職金や医療保険に関する最低基準を設けることで，こうした改革を後押しすることができるだろう。

　また，福祉国家と家族の関係を結びなおすにあたっては，家庭の内外でジェンダー平等化が進みつつあるという条件のもとで考える必要がある（ここで言う平等化は趨勢を表わしており，必ずしも完全平等化を意味しない）。女性の職場進出が進みつつある状況では，介護においても育児においても「家族福祉優位型」を維持することが難しくなってくる。シンガポールの高齢者福祉において試みられたような「家族福祉の国家化」も考えられなくはないが，何らかの形で国家福祉と家族福祉の「協働型」への転換を図っていくことが望ましい。現在，韓国・台湾・シンガポールなどでは日本と同じく少子化対策が議論されているが，これが福祉レジームの再組織化のための推進力になるかもしれない。地域規模の社会政策は，例えば子育て支援に関する政策知識の共有化を進めることで，こうした変化を後押しすることができるだろう。

　最後に，福祉国家とNPOの関係を結びなおすにあたっては，福祉サービスの民営化が進みつつあるという条件のもとで考える必要がある（民営化は不可避ではないが，東アジアの多くの国々で流行している）。これは本章の枠組で言えば「国家福祉のボランタリー化」にあたるが，それを一方向的に進めるだけでは利用者に不公平や無権利をもたらしかねない。福祉サービスを民営化するにしても，何らかの形で国家福祉とボランタリー福祉の「協働型」への転換を図っていくことが望ましい。台湾におけるように，国家福祉の拡充を求める福祉NPOのアドボカシー活動が，福祉レジームの再組織化のための推進力になるかもしれない。地域規模の社会政策は，例えば前述のようなアジア社会基金の創設を通じて，こうした福祉NPOの活動を財政的に支援することができるだろう。

第3章

大陸間比較から見た東アジアの福祉

1 はじめに

　この四半世紀あまりの間に，東アジアの福祉国家は大きな変化を遂げてきた。しかし，東アジア諸国だけに注目していたのでは，この変化の質量を正しく測定することはできない。そこで本章では視野をうんと広げて，欧米先進国だけでなく，ラテンアメリカの中進国や東欧のポスト社会主義国との比較のなかで東アジアの福祉を捉えてみたい[1]。いくつもの大きな問いが浮かんでくる。福祉国家化の波は果たして世界を覆い尽くしうるのだろうか。そもそも，福祉国家のどのような要素に注目して比較すべきか。東アジアの事例は，福祉国家の理論や社会政策の戦略に対していかなる示唆を与えるのか。

　東アジア諸国（本章では，日本，台湾，韓国，マレーシア，中国，ベトナム，タイ，フィリピン，インドネシア，シンガポールを取り上げる）の特徴を捉えるために，本章では，欧米先進国（スウェーデン，フランス，デンマーク，ドイツ，イタリア，イギリス，スペイン，オランダ，アメリカ），東欧諸国（ハンガリー，ポーランド，チェコ，スロバキア），ラテンアメリカ諸国（アルゼンチン，ブラジル，コスタリカ，チリ，メキシコ，ベネズエラ，コロンビア，ペルー）とのグループ間比較を試みる[2]。

---

1) 大陸間比較のなかで東アジアの福祉を捉えるという発想は，末廣・小森田編（2001），宇佐見（2003, 2005, 2007），Haggard and Kaufman（2008）にも見られる。

以下の各節では，まず，東アジアの経済的不平等や社会保障制度の現状を素描したうえで（第2節），福祉国家の比較研究における規範的観点の重要性を指摘し，社会保障制度のカバリッジに注目すべきことを主張する（第3節）。続いて企業や家族による福祉国家の代替の問題点について検討し（第4節），最後に福祉国家拡充の必要と困難について述べる（第5節）。

2　福祉国家化の波

　一口に東アジアの福祉国家と言っても，その前提条件となる経済社会の状況（経済水準や人口構造），経済的不平等（福祉の前提条件でもあり，ある程度は政府の制度や政策の結果でもある），社会保障制度の規模や導入時期などの点で大きな多様性が横たわっている。そこに，他の大陸と比較した場合の東アジアの特徴は見いだされるだろうか。

　経済的不平等に注目すると，東アジアの多様性が他の大陸よりも大きいことがわかる。図3-1は，各国の一人あたりGDPとジニ係数を示した散布図である。いわば，経済水準の国内格差と国際格差を交差させた構図である。これを見ると，アメリカを除く先進国は右下（相対的に経済水準が高く国内格差が小さい）に位置している（東アジア諸国のうち，日本・韓国・台湾もここに位置づけられる）。それに対して，ラテンアメリカ諸国は左上（相対的に経済水準が低く国内格差が大きい）に，東欧諸国は左下（相対的に経済水準が低いが国内格差は小さい）に集中している。ところが，東アジア諸国は4つの象限すべてに跨っており，共通の特徴を見いだすことはできない。むしろ，このばらつきの大きさこそが東アジアの特徴ということになるだろう。

　次に，社会保障制度の規模について見ると，今でも大筋ではウィレンスキー命題が成り立つことが窺われる。比較福祉国家論の先駆者ウィレンスキーによれば，どのような政治体制の国も，豊かになるにつれて似通った水準の福祉制度をもつようになる。その理由は，第一に，どの国でも経済成長にともなって

---

2) 本書の散布図では，東アジア諸国を●，欧米先進国を□，東欧諸国を◇，ラテンアメリカ諸国を▽で表わす。

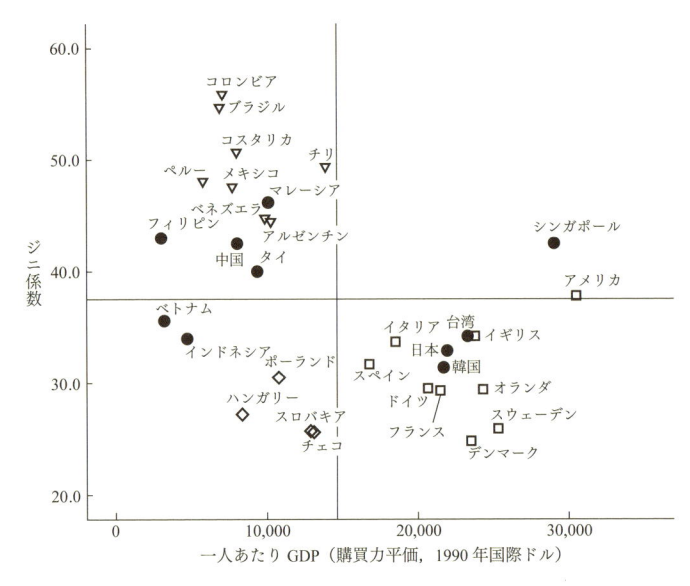

図 3-1 経済水準と不平等

データ出所）一人あたり GDP：Maddison Project（Bolt and Zanden 2013）のデータによる（2010 年の数字）。ジニ係数：OECD 諸国は OECD, *StatExtracts*（2000 年代末の数字）。台湾は行政院主計総処『100 年家庭収支調査報告』（2010 年の数字），その他の国は World Bank Data による（2000 年代後半の数字）。

少子化と高齢化が進むからであり，第二に，高齢化が早く進んだ国ほど早期に社会保障制度が導入され，それが急速に拡大するからである（Wilensky 1975, 邦訳 1984：66）。図 3-2 は，各国の高齢化率と GDP に占める社会保障支出の割合を示した散布図である。これを見ると，例外はあるにしても，高齢化が進んでいる欧米先進国や東欧諸国では社会保障支出が多く，高齢化がまだそれほど進んでいない東アジア諸国やラテンアメリカ諸国では社会保障支出が少ないことがわかる。しかし，ラテンアメリカにはブラジル・コスタリカなど，高齢化が進んでいないのに社会保障支出が多い国もある。一方，日本・韓国・台湾・シンガポールで顕著なように，東アジアには高齢化率のわりに社会保障支出が少ない国が多い。とはいえ，これをもって東アジア諸国に共通の特徴と言えるほどではない。

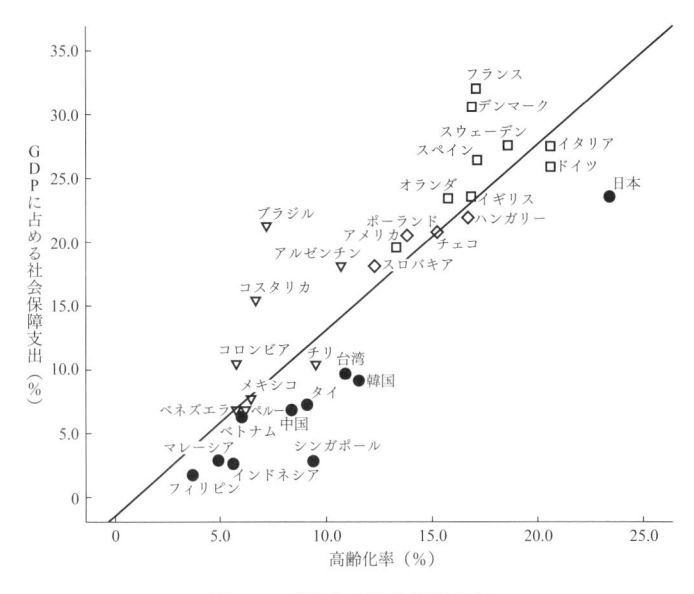

図 3-2　高齢化と社会保障支出

データ出所）高齢化率：The World Bank Data（2011年の数字）。GDP に占める社会保障支出（2011年頃の数字）：ILO, *World Social Protection Report 2014-15*。

　一方，社会保障制度の導入時期について見ると，東アジア諸国には共通の特徴が認められる。すなわち，他の大陸と比べて導入時期が遅く，しかも経済力が相対的に低い時期に導入しているという特徴である。図 3-3～3-5 は，それぞれ年金・医療保険・失業保険の導入年とその時点での相対的経済力（その年のアメリカを 100 とした当該国の一人あたり GDP）を示したものである。図 3-3（年金）を見ると，他の大陸と比べた東アジア諸国の後発性は明らかである。欧州先進国の多くは第一次大戦前に年金制度を導入し，ラテンアメリカ諸国も戦間期に導入しているのに対して，日本を除く東アジア諸国の導入は戦後であり，しかも当時の東アジア諸国の経済力は低かった。政治的要因もあるが，東アジア諸国で年金制度の全国民への適用拡大がすぐに進まなかった理由の一端はここにあると思われる。図 3-4（医療保険）も似たような傾向を示しているが，図 3-5（失業保険）はやや異なる。失業保険は先進国でも他の制度より遅

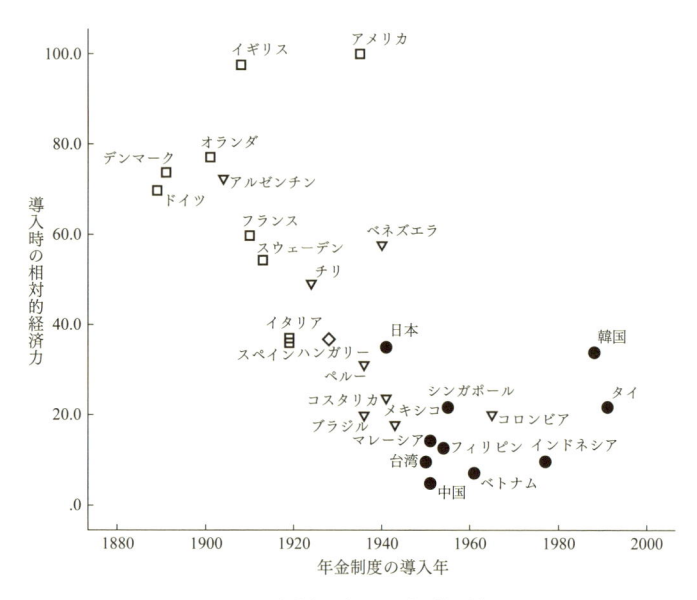

図 3-3　福祉国家化の波（年金）

データ出所）導入時の相対的経済力：当該年のアメリカの一人あたり GDP を 100 とした場合の当該国の一人あたり GDP，Maddison Project（Bolt and Zanden 2013）のデータによる。制度の導入年：Social Security Administration (USA), *Social Security Programs throughout the World*（米州は 2011 年版，アジアと欧州は 2012 年版）。以下，図 3-4 と図 3-5 も同じ。

れて導入されることが多かったが，韓国・台湾では経済発展を実現した後の 2000 年前後になって初めて導入している。なお，失業保険については，マレーシア，フィリピン，インドネシア，シンガポール，コスタリカ，メキシコ，コロンビア，ペルーなど，未だに導入していない国も少なくない。

　こうして見ると，東アジアの福祉国家は他の大陸と比べて多様ではあるが，戦後の経済力が低い時期に福祉国家化の波の洗礼を受けたという共通性をもつ。そして，失業保険に見られるように，福祉国家化の波は今なお東アジアを覆い尽くしてはいない。

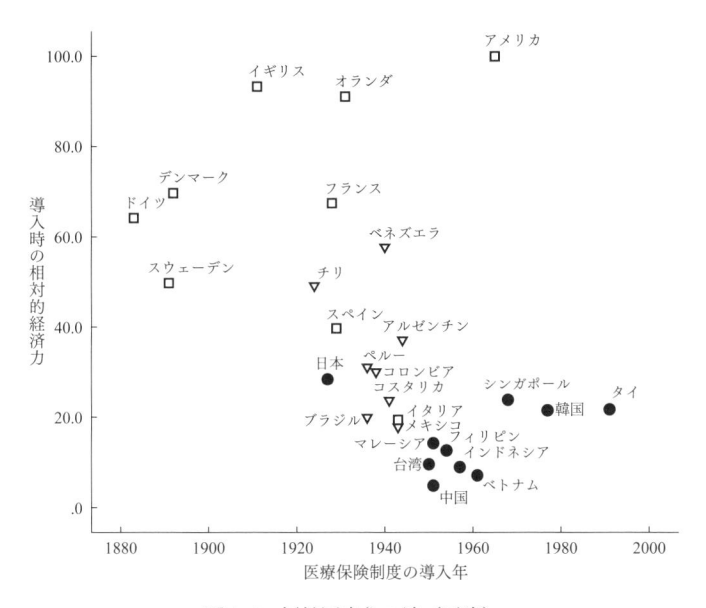

第 3 章　大陸間比較から見た東アジアの福祉　61

図 3-4　福祉国家化の波（医療）

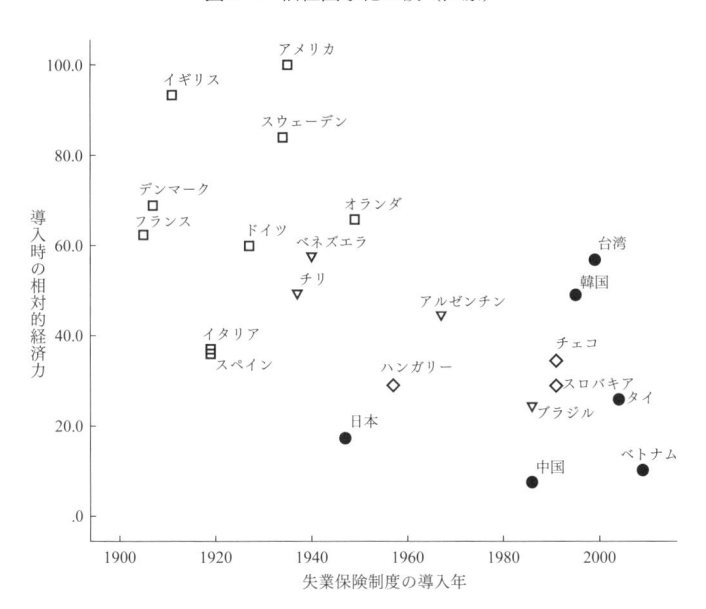

図 3-5　福祉国家化の波（失業保険）

3 福祉国家の何を重視するか

　ところで，福祉国家を比較研究するにあたって，福祉国家の何を重視すべきだろうか。福祉国家に限らず，社会科学において何かを研究しようとする場合，どこに注目すべきかがあらかじめ決まっているわけではない。それを決めるのは研究者の価値判断である。福祉国家を構成する個々の要素はそこに客観的に存在するとしても，何が福祉国家を構成する要素であるべきかを決めるのは福祉国家に関する規範的判断にほかならない。したがってそれは自明であるはずはなく，絶えず論争に曝される。

　この分野の開拓者であるウィレンスキー（Wilensky 1975）は，「GDPに占める社会保障支出」で福祉国家を測定したが，もちろんこれは代理指標である。ウィレンスキーは福祉国家をプラスの価値をもつものと評価していたが，福祉国家がイデオロギーにかかわりなく必要とされることを示すために，こうした外形基準を用いたのである。社会保障にたくさんお金をかけている国ほど優れた福祉国家であるかは定かでない。ウィレンスキーの主張は，どの国も高齢化すれば必然的に福祉にお金をかけざるを得ないという点にあった。

　一方，エスピン-アンデルセン（Esping-Andersen 1990）は，むしろ規範的判断を前面に押し出し，福祉国家の核心は「脱商品化」（労働が商品としての性格を脱すること）にあるとして，人々が必要と思うときに仕事を休んだり辞めたりしても生活に困らない度合い（脱商品化指標）で福祉国家を評価すべきだと主張した。具体的には，社会保険の給付水準，受給資格期間，カバリッジなどから脱商品化指標を算出している。つまり，必要に応じて仕事から離れるのが容易な国ほど優れた福祉国家だということになる。

　これに対して G. ルーム（Room 2000：337，宮本 2013：111 も参照）は，エスピン-アンデルセンが「消費のための脱商品化」しか考慮していないことを批判し，創造的，批判的かつ高度に熟練した労働力を活性化する度合いによって福祉国家を評価すべきだと主張した。「自己実現のための脱商品化」を軸とした指標化を提案し，具体的には，長期失業者の少なさ，世代内職業移動率，高等教育進学率，職業訓練受講率などから指標を算出している。つまり，仕事を

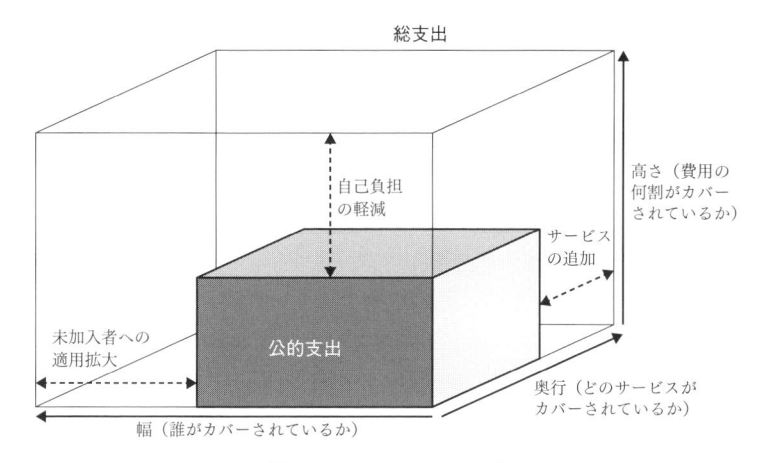

図 3-6　WHO のキューブ

出所）World Health Organization（2008：25）より翻訳のうえ引用。

通じた自己実現を促す国ほど優れた福祉国家だということになる。

　ルームの指標はエスピン‐アンデルセンのものほど普及していないが，福祉国家に対する関心の「第三の道」（Giddens 1998）的転回を反映した試みの一つとして位置づけることができるだろう。こうした関心からの比較研究は今後，東アジアでも展開されていくと思われるが，福祉国家の比較研究を欧米先進国の範囲を超えて展開しようとする場合には別の論点も考えられる。近年，ILO が「ディーセントワーク」（ILO 2002），WHO が「ユニバーサルカバリッジ」（World Health Organization 2008）を目標に掲げていることは示唆的である。ここでは後者に絞って紹介したい。

　ユニバーサルカバリッジは，WHO が主に途上国の医療制度改革を念頭に置いて提唱している理念である。その意味するところは，必要な医療サービスへのアクセスをすべての人に保障することである（同：25）。ユニバーサルカバリッジは「キューブ」（図 3-6）によって表わされるが，その際，「幅」はカバーされる人口の割合，「奥行」はカバーされるサービスの量と質，「高さ」はカバーされる費用の割合を示している。このモデルの考案者たちによると，キューブを満たしたいという願望は，1948 年にイギリスの NHS（国民保健サービス）

が創設された際の「普遍的，包括的，かつ利用時に無料であること」という原則によって最もうまく表現できる（Busse, Schreyogg and Gericke 2007：1）のだという。

　さて，本書では，福祉国家を評価する基準として社会保障制度のカバリッジ（キューブの幅）を最も重視したい。国民のなかで社会保障制度の恩恵を享受できない人がいることは市民権の理念（Marshall 1950）に抵触し，共同体の正義に反すると考えるからである。保障の水準（キューブの奥行や高さ）が不十分だったり，格差があったりすることも問題ではあるが，全く制度の外に置かれる人が存在することのほうが不正義の度合いは大きい。エスピン‐アンデルセンも脱商品化指標にカバリッジを組み込んでいたが，新興国や途上国も含めて比較する場合，カバリッジの重要性はいっそう高まる。新興国や途上国では，社会保障制度を導入しても全国民に行き渡るまでには至っていないことが多いからである。以下，カバリッジを指標として各国の年金・医療保険・失業保険を比較してみたい。

　図3-7は，年金受給率（effective coverage，年金支給開始年齢以上の高齢者に占める年金受給者の割合）を示したものである。欧米先進国や東欧諸国で受給率が高いのに対して，東アジアやラテンアメリカでは国ごとのばらつきが大きい。東アジアでは日本，タイ，台湾，韓国，中国の受給率が高いが，日本以外の国ではこの数年間の上昇によるところが大きい。2000年代半ばの受給率は，韓国で33.5％，中国で33.4％，タイで20.3％だった。2010年代初頭までの上昇幅は，韓国で44.1ポイント，中国で41.0ポイント，タイではじつに61.4ポイントとなっている。これらの国々では近年，農民や無業者への制度の拡充が進められた（韓国の基礎老齢年金（厚生労働省編 2013：357），中国の新型農村社会年金や都市住民社会年金（澤田 2013：3），タイの500バーツ年金（UNDP 2011：401）など）。

　図3-8は，医療費に占める公的支出の割合を示したものである。これはWHOのキューブの幅だけでなく，奥行と高さも掛けたカバリッジを意味している。医療については保険制度以外の公的支出も重要なので，むしろ公的支出全体の割合でカバリッジを測定したほうがよいと考える。東アジアの多くの国

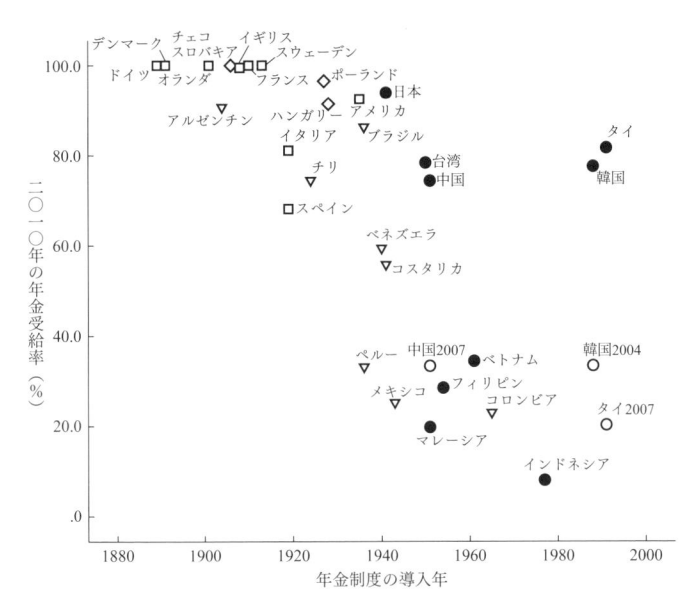

図 3-7 未完の福祉国家化（年金）

データ出所）制度の導入年：Social Security Administration (USA), *Social Security Programs throughout the World*（米州は 2011 年版，アジアと欧州は 2012 年版）。カバリッジ：ILO, *World Social Protection Report 2014-15*（2010 年頃の数字。年金支給開始年齢以上の高齢者に占める年金受給者の割合）。日本は国立社会保障・人口問題研究所『社会保障統計年報』（2010 年の数字。ただし 65 歳以上人口に占める受給権者の割合）。台湾は行政院労工委員会労工保険局『101 年統計年報』（2011 年の数字）。2004 年の韓国および 2007 年の中国とタイは ILO, *World Social Security Report 2010-11*（法定退職年齢以上の人口のうち年金受給者の割合）。

は，アメリカや多くのラテンアメリカ諸国とともに低いカバリッジを示している。例外は日本とタイである。図 3-9 を見ると，タイだけでなく韓国やインドネシアも，この 15 年間に公的支出の割合を上昇させてきたことがわかる。アジア経済危機の衝撃が最も大きかった 3 カ国で上昇が著しいことは興味深い。

図 3-10 は，失業給付受給率（effective coverage，失業者に占める失業給付受給者の割合）を示したものである。ここでも欧米先進国で受給率が高く，東アジアで低いという一般的傾向は変わらないが，スウェーデンやアメリカで受給率が低下する一方，タイや韓国で上昇が著しいといった逆転現象も観察される。東アジアでは比較的早い時期に失業保険を導入したはずの日本の不成績にも驚

66　第Ⅰ部　対象と方法

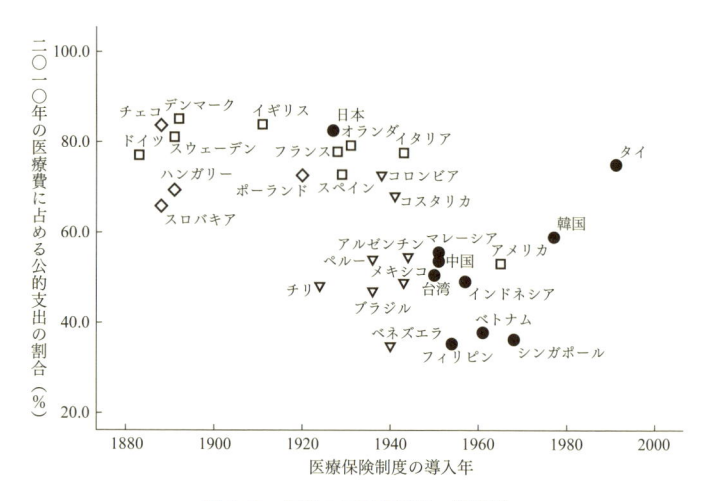

図 3-8　未完の福祉国家化（医療）

データ出所）制度の導入年：図 3-7 と同じ。公的支出割合：WHO, *Global Health Observatory Data Repository*。台湾は行政院衛生署中央健康保険局『2011 年全民健康保険統計動向』。

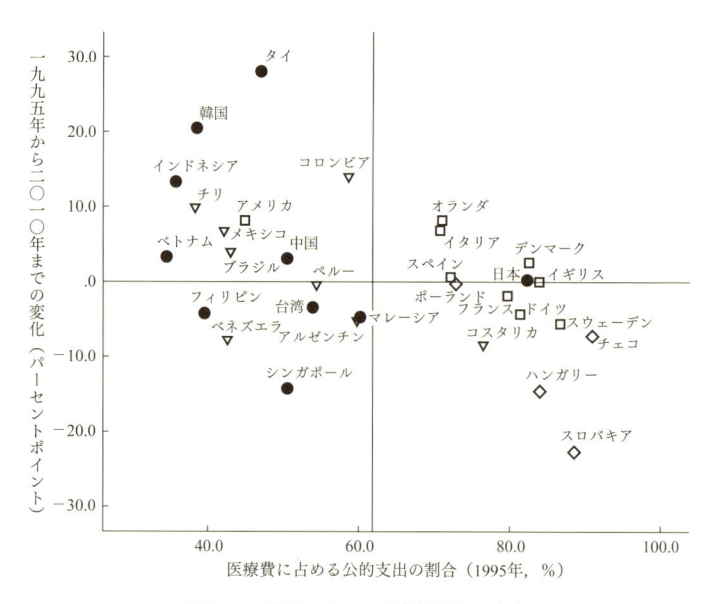

図 3-9　医療における福祉国家の盛衰

データ出所）図 3-8 と同じ。台湾の横軸は 1996 年の数字。

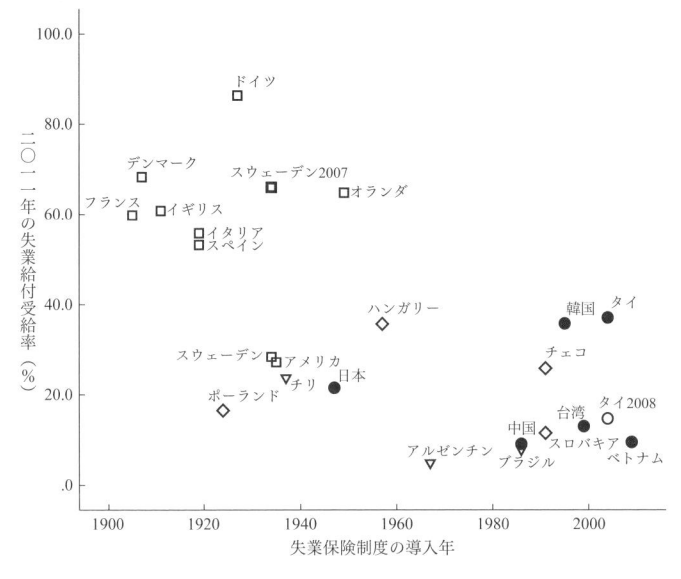

図 3-10　未完の福祉国家化（失業保険）

データ出所）制度の導入年：図 3-7 と同じ。カバリッジ：図 3-7 と同じ（2011 年の数字。失業者に占める失業給付受給者の割合）。2007 年のスウェーデンと 2008 年のタイは ILO, *World Social Security Report 2010-11*。

くべきである。

　以上の分析をふまえると，カバリッジの拡充をめざす福祉国家化の波は東アジアにも到達しつつあるものの，まだまだ勢いが足りないと言わざるを得ない。しかし例外もある。年金におけるタイ・台湾・韓国・中国，医療保険と失業保険におけるタイ・韓国など，後発ながらカバリッジの拡充に努めてきた国々である。日本も年金と医療保険については成果を誇るべきである。これらの国の歴史的経験に学ぶことが，未完の福祉国家化を完遂させる方途だろう。

4　企業や家族は福祉国家を代替するか

　日本を除く東アジア諸国で社会保障支出が比較的少ないことの大半は，高齢化率の低さによって説明できる。一方，社会保障制度のカバリッジが低い原因

は，各国の政治経済の歩みのなかに求められるべきだろう。さて，ここで問題になるのが，福祉国家の未発達を代替する社会的メカニズムがどれほど機能しているかである。この問題に関する古典的な解釈の型を提供しているのが，1980年代の日本の社会保障支出の少なさについて論じたウィレンスキーである（第2章参照）。彼によれば，1980年代までの日本では企業福祉と家族福祉が福祉国家を代替するメカニズムとして機能していたのだった。

しかし，ウィレンスキーの指摘から30年を経た現在，日本だけでなく他の東アジア諸国においても企業や家族が福祉国家を代替していると言えるかどうかは議論の余地がある。データの制約から，東アジア諸国のうち日本・韓国・台湾のみを取り上げ，大陸間比較の方法で検証してみたい。

まず，企業が福祉国家を代替するという命題は，多くの労働者が長期安定的に一つの企業に雇用されることを前提としている。長期雇用と結びついた生活保障は日本企業の特徴とされてきた（Dore 1973）が，韓国や台湾でもこの前提は成り立っているのだろうか。図3-11を見ると，それが根拠薄弱であることが判明する。横軸は平均勤続年数，縦軸は転職に対する心理的ハードルの低さを表わしている。日本とアメリカが両極端にあるのは理に適っている。日本では長期雇用が一般的であり，転職は容易でないと考えられている。一方，アメリカでは長期雇用が一般的でない代わりに，転職は容易だと考えられている。R. ドーアの組織志向型企業と市場志向型企業の対比（Dore 1973）や，P. ホールとD. ソスキスの調整型市場経済と自由市場経済の対比（Hall and Soskice 2001）とも馴染む結果である。しかし，韓国と台湾の位置は日本とはかなり異なっており，他の国々と比べて東アジア諸国に共通の特徴があるようには見えない。つまり，企業が福祉国家を代替するという命題が東アジア諸国で共通に成り立つとは考えにくい。

次に，家族が福祉国家を代替するという命題についてはどうだろうか。日本・韓国・アメリカにおけるこの30年間の変化を比較すると，興味深い傾向が見て取れる。表3-1を見ると，1981年の段階で，老後の生活費は家族が面倒を見るべきだと考える高齢者が韓国で5割，日本でも2割を占めた（アメリカではゼロに近かった）のに対して，2010年には3カ国とも数パーセントに過

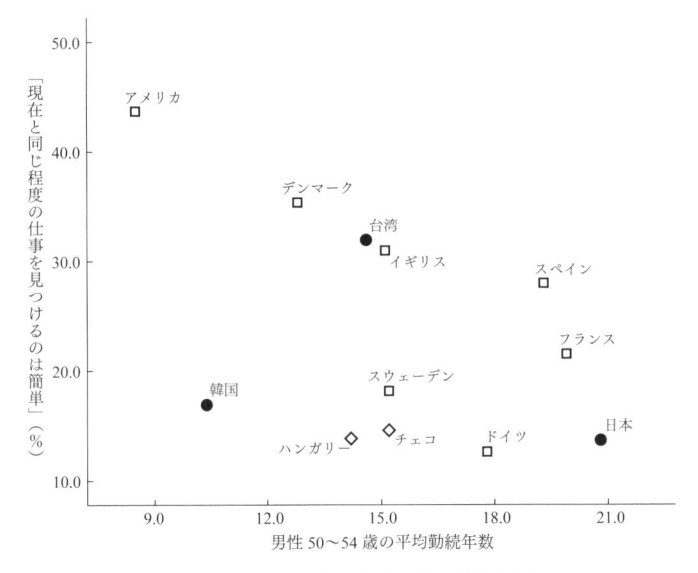

図 3-11　調整型市場経済と自由市場経済

データ出所）男性 50〜54 歳の平均勤続年数：OECD, *StatExtracts*（2011 年の数字）。ただし，日本は厚生労働省『平成 24 年賃金構造基本統計調査』，アメリカは Bureau of Labor Statistics, *Employee Tenure Summary 2012*，台湾は行政院主計処『101 年人力運用調査報告』による。「現在と同じ程度の仕事を見つけるのは簡単」：International Social Survey Programme (ISSP) 2005 データ。フルタイムで働いている人がこのように回答した割合。

ぎなくなっている（アメリカでは微増している）。一方，社会保障を重視する考え方はいずれの国でも 4 割程度となっている。かつては家族福祉イデオロギーが強かった韓国や日本も，今日では意識のうえでアメリカと何ら変わらないのである[3]。しかし表 3-2 を見ると，意識と実態は異なっていることがわかる。「子どもからの援助」に代表される家族福祉には，1981 年の日本で 3 割，韓国で 8 割の高齢者が頼っていた。それが 2010 年になると，日本では数パーセントに過ぎなくなったものの，韓国では 5 割も残っている。この結果は公的年金の成熟度の関数であり，家族福祉イデオロギーの強弱を持ち出さなくても説明可能だと思われる。要するに，家族規範については先進国型への収斂が見られ

---

[3] 稲上毅（2005，初出は 1991 年）は，1980 年代の同じ調査データを分析したうえで日本型福祉多元主義の可能性を示唆している。

表3-1 老後の生活費の望ましい賄い方

(%)

	日本 1981年	日本 2010年	韓国 1981年	韓国 2010年	アメリカ 1981年	アメリカ 2010年
自分で準備	55.0	47.8	40.3	49.7	60.7	42.4
家族が面倒を	18.8	7.2	49.4	6.6	0.6	7.1
社会保障で	21.8	42.9	8.2	43.1	29.1	43.8
その他	2.5	1.5	1.1	0.4	6.0	5.6

データ出所）内閣府『第7回高齢者の生活と意識に関する国際比較調査結果』(2010年) より筆者作成。対象は60歳以上の男女。各国とも1000サンプル程度だが，抽出法は国によって異なる。

表3-2 現在の生活費を何で賄っているか（すべての収入源，複数回答）

(%)

	日本 1981年	日本 2010年	韓国 1981年	韓国 2010年	アメリカ 1981年	アメリカ 2010年
仕事による収入	41.0	34.9	21.8	43.3	27.3	29.1
公的な年金	64.6	85.9	1.7	30.3	82.1	77.5
私的な年金	8.4	10.1	na	8.5	27.1	34.0
預貯金の引き出し	11.4	17.2	3.5	21.9	22.0	37.5
財産からの収入	15.6	6.8	5.5	7.9	45.1	26.1
子どもからの援助	29.8	7.4	78.2	52.6	2.4	5.3
生活保護	1.7	0.9	2.0	8.7	3.3	3.5
その他	4.8	2.7	3.6	1.7	8.2	1.4

データ出所）表3-1と同じ。

るものの，社会保障の不備を家族福祉が代替する傾向は東アジアに残存している。

とはいえ，「東アジア特有の儒教的家族」は，今となっては幻影に過ぎない。図3-12は子育て世代の生活時間を国際比較したものであるが，欧米でも「男は仕事，女は家庭」の傾向は残っており，日韓とそれほど違わない。むしろ瞠目すべきは台湾女性の位置だろう。台湾では祖母世代が母親世代の家事を代行しているのである。今日では，家族のあり方は宗教や文化ではなく制度と市場によってよりよく説明できるように思われる。さらに言えば，社会保障の不備を家族福祉が代替する傾向には問題がある。図3-13を見ると，老後の生活費を家族福祉に委ねる度合いが高い国ほど高齢者の貧困率が高い。今日では，家族が厳密な意味で福祉国家の代わりになることはありえないのである。

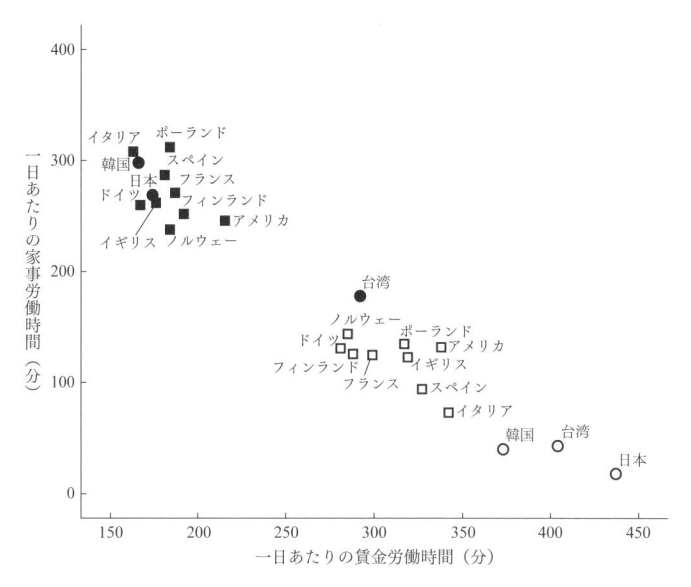

図3-12 子育て世代男女の生活時間

註）■と●は女性，□と○は男性を表わしている。
データ出所）日本：総務省『平成13年社会生活基本調査』（2001年，30〜39歳），台湾：行政院主計処『93年度社会発展趨勢調査』（2004年，35〜44歳），韓国：統計庁『2004年生活時間調査報告書』（2004年，30〜39歳），EU諸国：EUROSTAT, *Time Spent, Participation Time and Participation Rate in the Main Activity by Sex and Age Group* (2000年前後，25〜44歳)，アメリカ：Bureau of Labor Statistics, *American Time Use Survey* (2011年，35〜44歳)。日本の「家事」は「家事」「介護・看護」「育児」の合計。台湾の「家事」は「做家事，照顧家人及教養子女」。韓国の「家事」は「家庭管理」「家族の世話」の合計。EU諸国の仕事はEmployment, related activities and travel as part of/during main and second job，家事はHousehold and family care。アメリカの仕事はWorking and work-related activities，家事はHousehold activities, Caring for and helping household members, Caring for and helping non-household membersの合計。

　要約すれば，企業による福祉国家の代替は，過去の日本では見られたにしても，現在の東アジア諸国に共通の特徴とは言えない。また，家族による福祉国家の代替は，規範としては日本のみならず韓国でも急速に過去のものとなった。しかし，意識における近代化ないし欧米化は，それに対応する実体としての社会保障の整備をともなうとは限らない。韓国以外の東アジア諸国でも，今後こうしたギャップから，高齢者の貧困をはじめとする各種の社会問題が発生する可能性がある[4]。

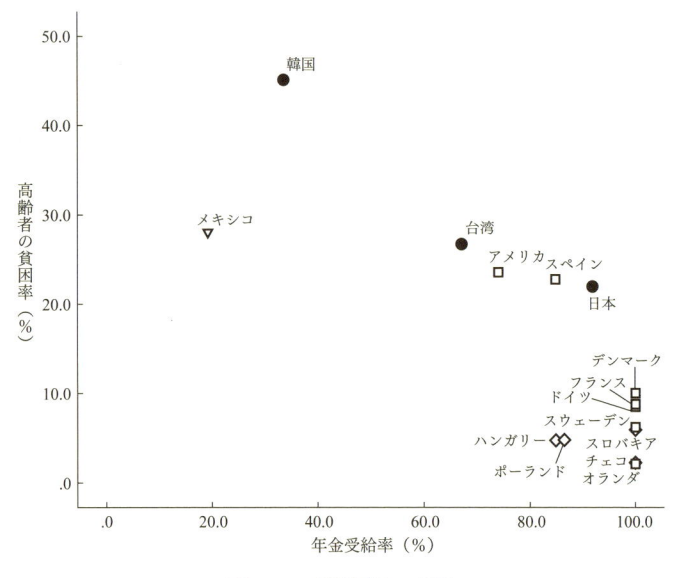

図 3-13　福祉国家の効果

データ出所）年金受給率：ILO, *World Social Security Report 2010-11*（2000 年代半ばの数字）。貧困率：OECD, 2008, *Growing Unequal? Income Distribution and Poverty in OECD Countries*（退職年齢者。2000 年代半ばの数字）。台湾は行政院主計処『2010 年社会指標統計年報』（66～75 歳。2009 年の数字）。

5　福祉国家拡充の壁

　大陸間比較から見ると，東アジア諸国の福祉は多様であるが，カバリッジの低さという多くの国に共通の問題もある。福祉国家が拡充されないまま家族の変化が進むことで，東アジアに共通の社会問題が発生する可能性がある。
　そうした状況をふまえれば福祉国家の拡充は急務だと考えられるが，物事はそう簡単には進まないのかもしれない。図 3-14 を見ると，各国政府の徴税能

4）張慶燮によれば，西洋では福祉国家が「制度化された個人化」（U. ベック）を促したのに対して，韓国では「圧縮された近代」のもとで家族中心的な生活が営まれてきたため，家族の制度的衰退は極端な重荷とならざるを得ないという（張 2013：43）。圧縮された近代化が福祉国家の支えなき個人化をもたらしたのだと言えよう。本文で指摘した趨勢も，張の議論とよく響き合うように思われる。

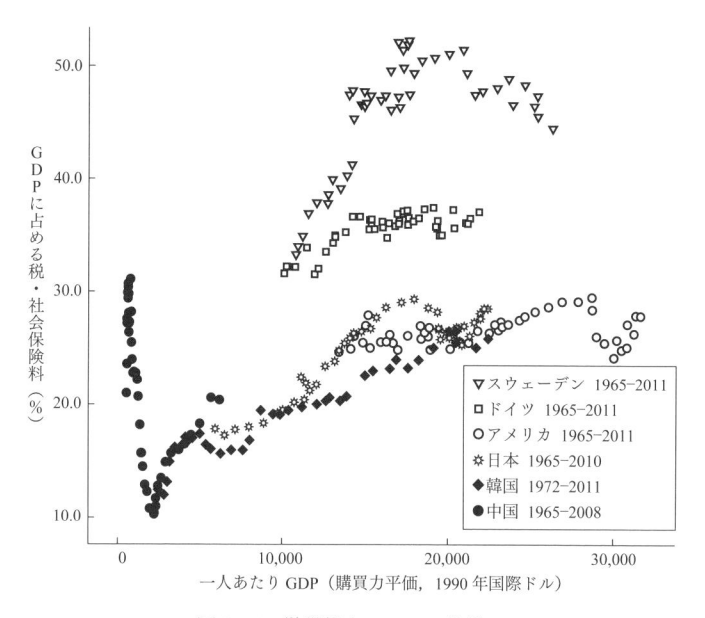

第 3 章　大陸間比較から見た東アジアの福祉　73

図 3-14　徴税能力の 3 つの世界？

データ出所) 一人あたり GDP：Maddison Project (Bolt and Zanden 2013) のデータによる。GDP に占める税・社会保険料：OECD, *StatExtracts*。中国は国家統計局『新中国六十年統計資料彙編 (1949～2008)』。

力（GDP に占める税・社会保険料の割合）には大きな違いがある。エスピン - アンデルセン（Esping-Andersen 1990）の社民主義レジームを代表するスウェーデンの税収が 45％あたり，保守主義レジームを代表するドイツが 35％あたりで推移しているのに対して，自由主義レジームを代表するアメリカの税収は 25％程度にとどまっている。興味深いのは，政治体制や福祉国家の歴史を異にする日本・韓国・中国が，揃ってアメリカの軌跡をたどっているように見えることである。仮に政府の徴税能力にも「3 つの世界」があるとすれば，東アジア諸国は明らかに自由主義レジームに属していることになるだろう。

　いかにしてこの壁を打破するか。あるいは，徴税能力の制約をふまえて東アジア流の制度設計をすべきなのか。いずれにしても，福祉国家の拡充が東アジアに共通の課題であることは間違いないだろう。

第 II 部

典型としての台湾

第4章

台湾の政労使関係と社会政策

1 はじめに

　本章に続く第II部では，台湾の事例を深掘りすることで，後発福祉国家に特有の条件と困難を明らかにしたい。まず本章では，1980年以降の台湾における政労使関係の変容と，それが社会政策に及ぼした影響について分析する。

　しかし1980年と言えば，のちに政権交代を勝ち取ることになる民進党の領袖たちが「美麗島事件」の被告や弁護士として権威主義体制と闘っていた頃である。その10年後の1990年は国民党の李登輝総統が民主化改革を進めていた時期であり，さらに10年後の2000年には初の民進党政権が成立している。この間の激動の歴史をわずかな紙数で語り尽くすことは不可能である。

　政労使関係の変容をくっきりと浮かび上がらせるには，たんに年表を追うよりも，むしろ次のような3つの要素を理念型的に描き出すことが効果的だろう。すなわち，第一の要素は1987年の戒厳令解除以降も残存する国家コーポラティズムの遺産であり，第二の要素は1984年にまでさかのぼる多元主義の流れであり，第三の要素は2001年以降における社会コーポラティズムの萌芽である。これら3つの異質な要素は，歴史の各時期を代表しているというよりも，まさに目下の台湾において闘争しつつ並存しているのである[1]。

　したがって，以下の各節は次のように構成される。まず第2節では，シュミッターのコーポラティズム論を参照しながら，上記の理念型の構成法と使用法

について述べる。続く第3節では，台湾の政労使関係における国家コーポラティズムの要素を，全国レベルと企業レベルに分けて描き出す。第4節では，民主化の各段階を経て育ってきた多元主義の要素について述べる。第5節では，民進党政権における2つの諮問会議を取り上げ，そこにグローバル経済に対応する社会コーポラティズムの萌芽を読み取ると同時に，国家コーポラティズムの遺産と多元主義の要素をも見いだし，その三つどもえが社会政策にいかなる効果をもたらすのかを測定する。最後に第6節では，政治過程とは別個に動く台湾の柔軟な労働市場の性格について分析し，社会政策がそれとどう関わるのか考察する。

2 認識手段としてのコーポラティズム概念

　台湾における政労使関係と社会政策の現在位置を確定するための補助手段として，本章ではシュミッターによるコーポラティズム概念を援用したい。それは，彼の概念が台湾の政治構造にそっくり当てはまるからとか，シュミッター自身が台湾をコーポラティズム体制の例として挙げている（Schmitter 1979，邦訳 1984：30）から，といった理由によるのではない。むしろ，シュミッターの構成したコーポラティズム概念と，台湾の政治構造の実態とがどのくらい乖離しているかを測定することによって，台湾の直面する現実的課題をうまく描き出すことが本章の目的である。ここでは，コーポラティズムと多元主義の違い，およびコーポラティズムの2つの下位類型について簡単に要約しておきたい。

　シュミッターによれば，コーポラティズムのもとでは，各種の利益団体の数は制限され，団体の内部はピラミッド状に垂直的に組織される。それぞれの団体は政府による一定程度の統制や補助を受け入れる代わりに，政府に対して物申す利益代表の特権を与えられる（同：34）。シュミッターはブラジルやポルトガルの政治体制を観察するなかでこの理念型を発案したのだが，こうした理念

---

1) コーポラティズム概念を用いて民主化後の韓国の政労使関係を分析した研究として，石崎（2001）がある。一方，上村（2008）は本章の分析を韓台比較に展開したものである。なお，コーポラティズムの概念史については稲上（1994）が参考になる。

型でうまく説明することのできる国は欧州やラテンアメリカに数多くあるという。

　このようなコーポラティズムの概念は，アメリカ政治学理論の主流を占めてきた多元主義モデルに対する代替モデルとして提案された。多元主義モデルにおいては，各種の利益団体は数を制限されることなく競合して組織され，団体と団体との関係は平等である。それぞれの団体は自発的に組織されるのであって，政府の統制や補助を受けることも，政府に対して物申す利益代表の特権を与えられることもない（同：37）。多元主義モデルは，アメリカ社会の現実の一側面を抽出して構成された理念型だったと言えるだろう。

　さて，シュミッターによれば，先進国と後発国とでは，コーポラティズムの出現の仕方と結果としての性格が大きく異なるという。先進国では，高度に発達した資本主義体制の安定を長期にわたって維持するために，利益諸団体が下から自発的かつゆっくりとコーポラティズムを作り出す（社会コーポラティズム）。利益団体の数は団体どうしの話し合いによって徐々に制限され，団体の要求に応える形で政府による承認や補助が与えられる（同：45, 49, 73）。これは，戦後の西欧諸国で形成された「ネオ・コーポラティズム」の特徴である。

　一方，後発国では，内部分裂や対外従属といった目前の危機を克服するために，国家が上から強制的かつ急激にコーポラティズムを作り出す（国家コーポラティズム）。利益団体の数は無理やり制限され，政府による統制や補助が押しつけられる（同：45, 49, 73）。これは，戦後のイベリア半島やラテンアメリカ諸国などで見られた体制の特徴である。シュミッターはこれを，ファシスト・イタリアやナチス・ドイツなど過去のコーポラティズム体制と一括しており（同：47），ネオ・コーポラティズムとは区別している（Schmitter 1982, 邦訳 1986：288）。

　以上の道具立てをすべて借用したうえで，1980年代以降の台湾の政労使関係の歩みを捉える筆者自身の仮説を示せば以下のようになる。すなわち，1980年代後半の民主化にともなって，台湾の政労使関係モデルは国家コーポラティズム型から多元主義型へと傾斜したが，1990年代以降のグローバル経済のなかで，社会コーポラティズム型の政策形成[2]をめざす模索が始まっている，と

いうものである。生産拠点の大陸移転にともなう急速な産業構造の転換は，台湾の政労使の間に何らかの政策的合意や協調を要請しているからである。しかし，以下に述べる理由によって，新たなコーポラティズムへの歩みは困難なものにならざるを得ない。

　第一に，国家コーポラティズムの遺産が社会コーポラティズムの形成を阻害する。シュミッターも述べるように，ひとたび国家コーポラティズムに固定されてしまった国では，社会コーポラティズムに歩み寄ることが非常に難しくなる。なぜなら，国家コーポラティズムが作り上げた形式的な利益代表組織は自発的には機能せず，一般成員の支持を取りつけることもできないからである。こうした国では，むしろいったん対立に満ちた多元主義に「退化」するしかない，というのがシュミッターの見通しだった（Schmitter 1979，邦訳 1984：77）。

　第二に，1980年代以降，西欧先進諸国でも社会コーポラティズムに対する逆風が吹き始めている。シュミッターによれば，社会コーポラティズムに対する逆風は以下の6つの場面で生じる可能性がある。①一般構成員の反乱。政労使三者協議の共生関係に絡め取られた非民主的な組合リーダーに対して，一般組合員が従わなくなる。②階級動員。コーポラティズムを自らにとって不利な取引だと考える労働者階級が，左派政党に結集して社会主義革命をめざす。③新しく資格を得た組織。以前はコーポラティズムのメンバーではなかったエスニック団体や女性団体の参入が，コーポラティズム的な政策決定を難しくする。④単一争点運動。エスニシティ，ジェンダー，環境といった新しい争点を重視する人々が，コーポラティズムを外部から攻撃する。⑤公務員や職業政治家が，コーポラティズム的慣行に対して反旗を翻す。⑥コーポラティズムを自らにとって不利な取引だと考える資本家階級が，ネオリベラリズムへと回帰する。

2）近年の欧州では，ケインズ政策を前提とするタイプの社会コーポラティズムの衰退と，柔軟性と保障の両立をめざす競争的コーポラティズムの登場が指摘されている（Rhodes 2001）。しかし，本章で借用したシュミッターの社会コーポラティズム概念は，特定の政策内容と結びついているわけではない。むしろ競争的コーポラティズムは，本章における社会コーポラティズム概念の下位概念として捉えるべきかもしれない。のちに見るように，今日の台湾で合意がめざされている政策の「内容」は，まさしく競争的コーポラティズムのそれにほかならない。

シュミッターは，特に④と⑥の可能性を重視していた（Schmitter 1982，邦訳 1986：287）。こうした逆風のいくつかは，形成途上にある台湾の社会コーポラティズムにも容赦なく吹きつけることだろう。

ところで，以上のようなシュミッターの道具立てをそのまま台湾の政労使関係の分析に持ち込むことに対しては，台湾の研究者から異論が唱えられている。民主化以前の台湾の政労使関係は国家コーポラティズムとは呼べない，と言うのである。こうした異論は，いずれも理念型の使い方に対する誤解に基づいているように思われる。ここでこれらの異論を紹介し，簡単に反論しておきたい。

まず洪士程によれば，台湾の工会（労働組合）は党国体制を正当化するための付属物に過ぎず，その利益代表機能は非常に限定的なものだった。その形式だけを見て国家コーポラティズムと同定するのは，コーポラティズム理論における利益代表の側面を見落とすものであるという（洪 2006：67）。しかし，コーポラティズムには代表と統制の両側面があり，それぞれの有効性の程度は国によって異なる。利益代表機能が微弱であることは，国家コーポラティズム仮説を否定する理由にはならない。

次に黄長玲によれば，全国総工会（後述）は労働者階級の利益を表明する能力も，傘下の組合を統制する手段ももたなかった。賃金にせよ雇用にせよ，台湾ではコーポラティズムによって規制されていたわけではない。したがって，外見だけから国家コーポラティズムと判断することはできないという（Huang 2002：312）。確かに，当時の台湾の政労使関係は典型的な国家コーポラティズムとは言えなかったかもしれない。しかしその特徴は，国家コーポラティズムの理念型と見比べることで，くっきりと浮かび上がるはずである。

最後に沈宗瑞によれば，台湾の利益団体は，国民党政府によってコントロールされており，政策決定において重要な役割を果たしてこなかったという。台湾の体制は国家コーポラティズムと一元主義との混合型と言うほうがふさわしいが，1980年代に至ってようやく国家コーポラティズムの性格が出てきた，と彼は主張する（沈 2001：109）。しかし，沈が混合型と呼ぶものこそ国家コーポラティズムの理念型に近い。1980年代以降は，むしろ多元主義の理念型と見比べたほうが，実態をよりよく捉えることができるように思われる。

いずれにしても，理念型を現実と混同したり，理念型と現実の異同に一喜一憂したりすることに意味はない。理念型はモデルであって，現実と完全に一致しないのは当然である。コーポラティズム概念を認識手段として使いこなすことが重要であるが，それは，まずモデル自体の特性と作動様式を調べたうえで，次に歴史的事実をモデルと見比べながら解釈することである。以下の各節では，本節で吟味したモデルに照らして台湾の現実を解釈したい。

3　国家コーポラティズムの遺産

民主化以前の台湾の政労使関係はどの程度，国家コーポラティズムの理念型に近かったのだろうか。また，それは民主化後の台湾にどのような遺産を伝えたのだろうか。ここでは，全国レベルの労使関係と企業レベルの労使関係に分けて検討したい。

1）全国レベルの労使関係

民主化以前の台湾の政労使関係にはコーポラティズム，とりわけシュミッターの言う「国家コーポラティズム」の理念型に近い特徴が見られた。それは，イデオロギーと組織形態の両面において観察できる。

そのイデオロギー的特徴は，「三民主義労働政策の基本原則」（1951年）と題する国民党文書の以下の部分によく表われている（范編 2004：263)[3]。

> 1. 民族利益は階級利益を超える。自由主義国家の労働政策は個人利益を核心としており，国家主義の労働政策は国力を充実させて侵略戦争を準備することを核心としており，ソ連の労働政策は階級利益を核心としている。一方，三民主義の労働政策は民族利益を核心としている。ただし，民族の自由平等を追求する点が国家主義の侵略性と違う。全国民の幸福を追求する点も，国家主義が労資協調の美名のもとで実際には労働者を資本家の指揮に服従させるのとは異なっている。

---

3) 「中国国民党現階段労工運動指導方案，附件一，三民主義労工政策的基本原則」(1951年)。

2. 労資協調。中国の労資にこれまで対立現象が見られないのは，節制資本[4]の原則によって労資の対立を解消し，その調和と協力を促進することで全国民福祉の目的に到達し，英米資本主義社会の各種弊害を予防したからである。

3. 社会民主化。いわゆる社会民主化の原則とは，労働者の組織および活動を労働者の自由意志の発揮に帰すべきであり，政府は圧迫や強制を加えるべきでないということを意味する。

　要するに，労資協調によって民族利益を追求することを述べており，西側陣営に属しているという留保付きながら，政府が労資協調のための条件を整備することを宣言している。これに対応して労働団体の側でも，中共との戦争に勝利することを第一目標として，労資協力の精神を発揮し，労資紛争の発生を抑えるべきだと考えていた（范編 2004：301）[5]。

　こうした労資協調のイデオロギーは，たんなるイデオロギーに過ぎないとも言えるが，次のような実際の組織形態を正当化する意味をもっていた。各種の団体の組織形態は，さらに明確に国家コーポラティズムの特徴を示している。1942年に大陸で公布され，1989年まで継続された非常時期人民団体組織法には，次のような条文があった（沈 2001：110）。

　第4条「各種職業に従事するものは必ず，法に基づいて職業団体を組織し，法に基づいて該当の団体に加入し会員とならなければならない。……下級団体は必ず上級団体に加入し会員とならなければならない。」

　第8条「同一区域内における人民団体は，法令で別に規定する場合を除き，同性質かつ同レベルについて一団体に限る。」

　ここには，シュミッターがコーポラティズムの要件とした「単一性」「義務

---

4) 国家による資本の管理ないし規制をさす。平均地権とならんで，三民主義のうち「民生主義」を実現するために孫文が唱えた方策の一つである。

5)「台湾省総工会戦時工作綱要」(1958年)。

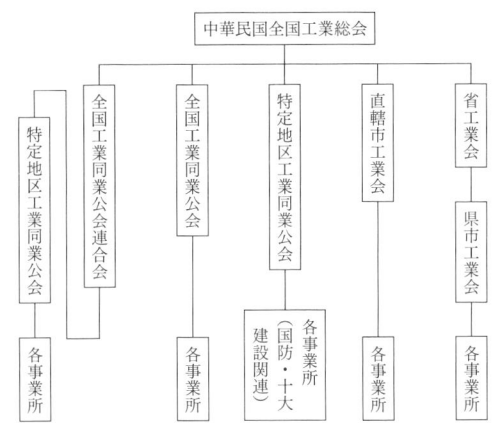

図 4-1　工業総会の組織図

出所）沈（2001 : 117）の表 6-1 を簡略化。

的加入」「非競争性」「ヒエラルヒー的秩序」「職能別の分化」（Schmitter 1979, 邦訳 1984 : 34）などの特徴を見ることができる。経済団体や労働団体も，この原則に基づいて組織されることになった。

全国レベルの主な経済団体は 3 つある。第一に，工業を代表する「中華民国全国工業総会」がある。これは，中国全国工業協会（1942 年設立）を前身として，1948 年に南京で工業会法に基づいて設立された団体である（李 2000 : 340, 沈 2001 : 115）。その後，1974 年制定の工業団体法によって図 4-1 のように組織が整備され，「完全な国家コーポラティズムモデル」の一翼として完成された（沈 2001 : 116）。第二に，サービス産業を代表する「中華民国全国商業総会」も同様の組織であり，1946 年に南京で設立された中華民国商会全国連合会が，1973 年制定の商業団体法によって改称されたものである（同会のホームページ）。第三に，1952 年設立の「中華民国工商協進会」は，基幹的な大企業を会員とする団体である。和信企業集団の総帥であり，海峡交流基金会の董事長として両岸関係の一翼をも担った有名な辜振甫が，1961 年から 1994 年まで 33 年間にわたって理事長を務めた。この団体は，工業総会や商業総会が台湾に移転する前に台湾財界人の発議で設立された中国工商聯誼会を前身としてお

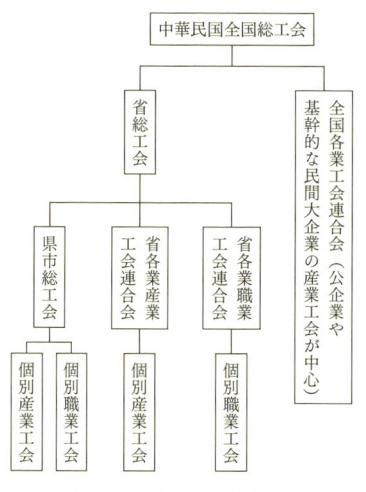

図4-2 総工会の組織図

出所）沈（2001：118）の表6-2を簡略化。

り（同会のホームページ），設立経緯の点では国家コーポラティズム的とは言えない。しかし，民主化以前から今日まで，政府に対する発言力は3つの団体のうち最大である。なお，民主化以前には，これらの団体は国民党組織と密接な関係をもっており，その代表者はいずれも総統が選んでいたという（沈 2001：119）。

一方，労働団体について見ると，民主化以前には1948年設立の「中華民国全国総工会」ただ一つに統合されていた。全国総工会は，工会法（1929年制定）によって公認された唯一の労働団体であり，その経費の3分の2以上は政府の補助金で賄われていた。また，全国総工会を労働者の政治的動員に利用しようとした国民党は，全国総工会の理事長を立法委員（国会議員）として推薦するのが通常だった（Chen, Ko and Lawler 2003：322）。全国総工会の組織は，図4-2のように整備されていた（沈 2001：118）。これは図4-1の全国工業総会の組織と同型であり，形式的にはコーポラティズム体制が成立していたことがわかる。

「形式的には」と述べたのは，全国総工会を頂点とする工会のピラミッド組織がどこまで実質的に機能していたかは疑問だからである。その点は，第2節で紹介した台湾の研究者たちが主張する通りである。台湾で工会と言えば，「花瓶工会」「豆腐工会」（洪 2006：6）などと呼ばれるお飾り的な御用組合であることが多かった。全国総工会も，大陸時代に選出された理事たちが留任する「万年国会」的な団体であり，すべての大陸選出の理事が退任したのはようやく1991年のことだった（『経済日報』1991年3月28日）。しかしそうは言っても，こうした工会組織が台湾の国営企業や民間大企業の労働者を体制に結びつける機能を担っていたことは確かである。形式的であり形骸化していたとしても，国家コーポラティズムの理念型に近い特徴は備えていたと言うべきである。

2）企業レベルの労使関係

　台湾の労使関係の特徴を捉えるためには，全国レベルだけでなく企業レベルにおけるそれにも注目する必要がある。過去において国家コーポラティズムがどれほど実態をもつものだったか，また，それが今日どのくらい変化したと言えるかを判断するうえで，コーポラティズムの末端に位置する企業レベルの労使関係に関する理解が欠かせないのである。

　台湾の労働組合は，工会法の規定によって「産業工会」と「職業工会」の2種類に分けられている。産業工会は企業別組合であり，職業工会は特定の雇用主をもたない労働者が加入する地域別の組合である。後者は，労働組合というより相互扶助団体と考えるべきであり，労工保険への加入を目的とする自営業者（職業工会に加入しないと労工保険に加入できない）が会員のかなりの部分を占めている（Chen, Ko and Lawler 2003 : 320）[6]。

　2004年の時点で産業工会が組織されていた事業所は1109であり，これは工会法が適用される従業員30人以上の全事業所の3.5％にあたる。また，従業員の組織率は19.6％である[7]。この数字からもわかるように，組合活動の舞台は主に大企業に限られている[8]。

　台湾では，企業レベルの労使関係のあり方が法律によって定められている。労働基準法（1984年制定）によれば，「労資関係を調整し，労資協力を促進し，労働能率を高めるために，事業所は労資会議を開催しなければならない」（第83条）。これは1984年に始まったことではなく，すでに1929年制定の工廠法において「工廠会議」の設置が定められていた（衛 2001 : 120）。上記の労働基準法83条には罰則がないため，すべての事業所に徹底されているわけではない。しかし，2004年の時点で4386の事業所（うち公的部門947, 民間部門3439）に労資会議が設置されており[9]，この数は上記の産業工会数を上回っている。

---

6) 1995年以降，職業工会の組織率は低下してきている。これは同年，職業工会に加入しなくても適用される全民健康保険が実施され，労工保険の重要性が低下したからだと考えられる。
7) 行政院労工委員会『94年版労働統計年報』による。
8) 行政院労工委員会『94年版労働統計年報』による。
9) 行政院労工委員会『94年版労働統計年報』による。

つまり，組合がない企業にも労使協議の場が設けられていることになる。一方，産業工会の活動内容を見ると，約6割の産業工会が労資会議に参加しており，15％が毎月，16％が四半期ごとに労資会議を開催していると答えている。組合が組織されている企業の平均をとると，労資会議は年間に約5回開催されている[10]。会議の議題は，企業福祉に関すること (62％)，人事管理への参加 (56％)，年末ボーナス (53％)，賃金 (50％) などとなっている[11]。労資会議を設置している企業は主に大企業に限られるが，それは台湾の企業内労使関係を考えるうえで重要な位置を占めている。

労資会議とならんで企業内労使関係のチャンネルとなっているのが，職工福利委員会である。これは，職工福利金条例 (1943年制定) によって設置が義務づけられているものである。同条例によれば，企業は，創立時に資本総額の1～5％を職工福利金として拠出しなければならず，その後も毎月，営業収入の0.05～0.15％および各従業員の月給の0.5％を拠出しなければならない。職工福利金の使途は，職工福利委員会 (労働側代表10名，資本側代表5名で構成) が決めることになっており，経営側の人事管理戦略によって直接左右されない。2004年の時点で1万3162の事業所に職工福利委員会が設置されており[12]，この数は上記の産業工会数や労資会議の設置数を上回っている。

以上のように，コーポラティズムを末端で支えるはずの産業工会は，一部の大企業にしか根ざしていない。工会のない企業では，法律で定められた労資会議や職工福利委員会が「労資協力」を演出することで，間接的に国家コーポラティズムへの支持が調達されてきたのである。

4 民主化と多元主義化

民主化にともなって，台湾の政労使関係はどの程度，多元主義モデルに傾斜したと言えるのだろうか。またその際，国家コーポラティズムの遺産はどのよ

---

10) 行政院労工委員会『91年産業工会概況調査報告』による。
11) 行政院労工委員会『91年産業工会概況調査報告』による。
12) 行政院労工委員会『94年版労動統計年報』による。

うに作用したのだろうか。ここでは，1980年代後半から90年代にかけての自主工会運動と，2000年の政権交代以後の利益団体の増加に焦点をあてて検討したい。

1）自主工会運動

1984年は，台湾における自主的労働運動の出発点となった年である。国民党政府の戒厳令体制が続く同年5月1日，党外運動（1986年には民進党に発展する反国民党勢力）の法律家たちが集まって「台湾労工法律支援会」（のちの台湾労工陣線。以下，労工陣線と略称する）を結成した。これは当初，法律相談によって労働運動を後方から支援することを意図した団体だった（台湾労工陣線 2004 : 2）。以後この団体が中心となって，国家コーポラティズム体制に服さない自主工会運動の流れを形成することになった。また，1979年の断交以来のアメリカからの外圧を受けて，この年，労働基準法が制定された（同 : 2）ことも，労働運動にとって追い風となった。

1987年7月に戒厳令が解除されると，労働運動が一気に盛り上がりを見せた。同年末から1988年春にかけて，台湾各地で「年末ボーナスを勝ち取ろう」「未払い賃金と残業手当を要求しよう」などの労使争議が頻発した。また，1988年には桃園バス，国鉄機関士，苗栗バスなどの大規模ストライキが起こり，全土で32件の重大な争議が発生したという（洪 2006 : 8）。その背後には，「台湾労工運動支援会」と改称した労工陣線の強力な組織化戦略があった（台湾労工陣線 2004 : 2）。しかし，1989年には遠東化繊のストライキが2000余名の警察によって鎮圧され，いったん盛り上がった労働運動は挫折を経験する（洪 2006 : 8）。その後，「台湾労工陣線」（1992年改称）は，自主工会の組織化を進めて地力を養う一方，全民健康保険や国民年金の推進，国営企業民営化反対などに取り組む社会運動団体として活動の幅を広げていくことになった（台湾労工陣線 2004 : 2）。

民主化にともなって自主工会運動が盛んになったが，それによって直ちに政労使関係の多元主義化が実現したわけではない。国家コーポラティズムの遺産が立ちはだかったからである。図4-2の全国総工会の組織図に見られたように，

表 4-1 労働組合組織率の推移

	産業工会			職業工会		
	工会数	会員数	組織率(%)	工会数	会員数	組織率(%)
1987	1,160	703,526	30.7	1,286	1,396,287	36.3
1988	1,285	696,515	29.5	1,680	1,564,070	42.8
1989	1,345	698,118	30.6	1,883	1,721,546	42.8
1990	1,354	699,372	31.3	2,083	2,057,248	50.7
1991	1,350	692,579	29.3	2,217	2,249,187	59.7
1992	1,300	669,083	28.3	2,271	2,389,331	59.7
1993	1,271	651,086	28.5	2,333	2,521,030	61.2
1994	1,237	637,095	27.4	2,382	2,640,738	60.3
1995	1,204	598,479	25.4	2,413	2,537,396	58.1
1996	1,190	587,559	23.6	2,422	2,460,711	56.7
1997	1,196	588,997	23.0	2,427	2,363,886	53.3
1998	1,176	575,606	22.1	2,464	2,345,794	52.1
1999	1,175	613,963	22.5	2,534	2,313,398	50.3
2000	1,128	588,832	20.9	2,613	2,279,498	49.2
2001	1,091	584,337	20.9	2,726	2,295,290	50.9
2002	1,104	561,140	20.3	2,848	2,299,158	49.2
2003	1,103	558,195	19.4	2,902	2,343,777	49.8
2004	1,109	593,907	19.6	3,024	2,370,704	49.0
2005	1,027	618,006	19.6	3,119	2,368,798	48.0

データ出所）行政院労工委員会『95年版労働統計年報』。

　県市総工会（全国総工会の地方支部）は職業工会と産業工会から成り立っている。職業工会は，主に自営業者の集まりであり，政府から補助金や労工保険などの便宜を受ける代わりに国民党の集票マシンとして機能していた。表 4-1[13]を見ると，2005 年の時点で産業工会の会員数が約 60 万人だったのに対して，職業工会の会員数はその 4 倍に近かったことがわかる。県市総工会は，国民党支持の職業工会の代表によって牛耳られていたのである（沈 2001：173）。そう

---

13) 表 4-1 では 2005 年の産業工会組織率は 19.6％となっているが，後掲の表 4-3 では 8.4％となっており，両者は食い違っている。表 4-3 は筆者の計算によるものであり，国際比較に耐える数字である。一方，表 4-1 は台湾の政府統計にある通りの数字である。2010年までの台湾の工会法では，従業員 30 人未満の事業所における工会設立が禁じられていた（立法院法律系統ホームページによる）。それゆえ公式統計では，産業工会の会員数を「30 人以上の事業所の被用者総数」で割った数字が産業工会の組織率とされていたのである。

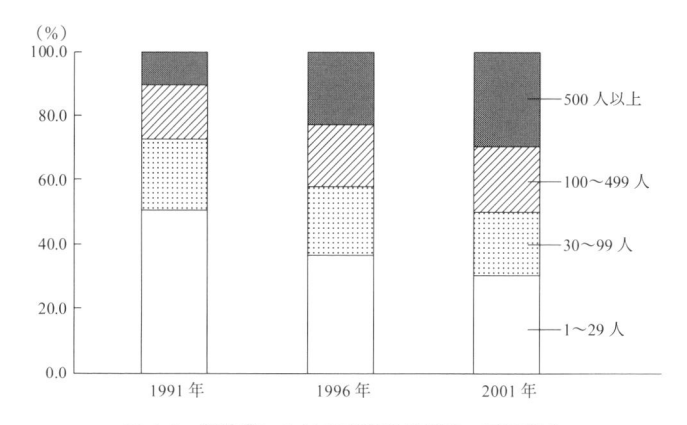

図 4-3 製造業における事業所規模別の雇用割合

データ出所）行政院主計処『80年工商及服務業普査報告』および『90年工商及服務業普査報告』。

した状況のなかで，職業工会中心の県市総工会とは別に「県市産業総工会」を設立する動きが出てきたのは，1990年代半ば以降のことである。まず台北県で産業総工会が設立され（1994年），次に高雄県（1996年），台北市と高雄市（1997年）などが続き，さらに1998年までに，台南県，新竹県，宜蘭県，苗栗県などで設立を見た（台湾労工陣線 2004，李 1999：161）。これらの県市産業総工会は，次節で述べる全国産業総工会の一翼を担うことになる。

このように自主工会運動は1990年代を通して実力を増してきたが，その基礎となる産業工会の組織率はこの間，30％から20％弱まで10ポイントも低下した（表4-1）。これは，以下の事情をふまえると意外なことである。つまり，台湾では中小企業が多いために労働組合の組織化が進みにくいのだが，1990年代には企業の大規模化がかなり進んだ。図4-3から読み取れるように，製造業では1990年代を通して，従業員500人以上の事業所に勤める人の割合が約1割から約3割へと増加する一方，30人未満の事業所に勤める人の割合は約5割から約3割に減少したのである。また，家族的経営の中小企業では労働組合を結成しにくいが，この点も状況が変わってきている。図4-4に見られるように，友人や先生の紹介で就職する人の割合は次第に減少し，代わりに広告を見

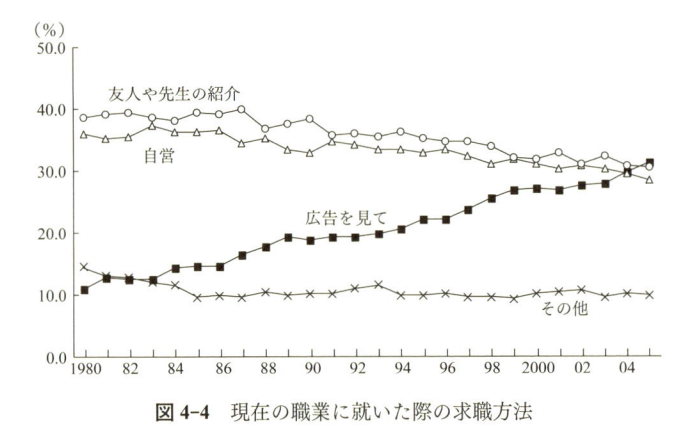

図4-4 現在の職業に就いた際の求職方法

データ出所）行政院労工委員会『94年人力運用調査報告』。

て応募する人が増加している。縁故採用からの脱却は，職場の人間関係にも変化をもたらすだろう。つまり，「関係」重視の家族的労使関係から，どちらかと言えばドライな市場的労使関係への変化が生じるはずである。これらのことは労働組合の活動にとって有利に働くと予想される。にもかかわらず組織率が低下した原因は，第一に，ホワイトカラー中心でしばしば無組合のハイテク企業の増加と，第二に，組合活動の盛んな公営企業の民営化にあると思われる。自主工会運動の隆盛と言っても，そうした制約のなかでの隆盛なのである。

2）政権交代と団体の増加

　国家コーポラティズムの遺産である全国総工会に従うことを潔しとしない自主工会は，1998年に「全国産業総工会準備委員会」を結成した。その構成団体は，前節で挙げた県市総工会と，主に国営企業の大規模工会だった（李 1999：161）。2000年に民進党政権が成立すると，5月1日に自主工会の設立を認める総統令が公布され，全国産業総工会（全産総）が全国総工会と並ぶ合法的なナショナルセンターとして成立した（Chen, Ko and Lawler 2003：326）。全産総の初代理事長には，前労工陣線主席であり台湾石油工会出身の黄清賢が就任した。このほか，全産総のリーダーや全産総系工会のリーダーの多くは，労工

陣線の出身者である（台湾労工陣線 2004：59）。

　一方，これと前後して，全国総工会の分裂が始まった。同年4月，一票40万元と言われた買収選挙において，国民党の支持を受けて当選確実と思われた侯彩鳳候補を破り，鉄道工会出身で改革派の林惠官が理事長に当選した。これをきっかけに理事の間で内紛が起こり，以下の6つの団体が全国総工会から分裂成立した。すなわち，呉海瑞の率いる「中華民国全国聯合総工会」（全聯総，2000年8月設立），侯彩鳳の率いる「中華民国全国労工聯盟総会」（全労総，2000年9月設立），「中華民国職業工会全国聯合総会」（全職聯総，2001年2月設立），「中華民国全国職業総工会」（全職総，2001年3月設立），「全国工人総工会」（2001年3月設立），台湾省総工会が2002年に改称した「台湾総工会」（1948年設立）の6つである（洪 2006：361，『聯合報』2000年4月3日，4月8日，7月11日）。これは，国民党の下野によって旧来の政治構造が崩れたことに加えて，民進党の後押しを受けて全産総が成立しナショナルセンターの多元化が公認されたため，組合リーダー間の対立がそのまま全国総工会の分裂につながったものと考えられる。

　こうした動きは，政党の対立と密接に関係している。2007年の時点で，全国総工会理事長の林惠官は親民党（国民党から分かれた政党）の立法委員（全国区選出）であり，全労総理事長の侯彩鳳は国民党の立法委員（全国区選出）だった。また，台湾総工会理事長の陳杰も国民党の立法委員（彰化県選出）だった。一方，民進党の盧天麟立法委員（全国区選出）は，全産総の前理事長である。また，労工陣線出身で民進党の立法委員になった政治家も数多い[14]。このように，政権交代にともなう政党間競争の活発化と並行して，労働団体も多元主義化してきたのである。

　ここで，そうした多元主義化の主役である全産総の組織構成を見ておこう。表4-2は全産総の加盟工会と会員数を示したものである。これを見ると，約27万人の会員[15]のうち12万人弱が県市総工会に属し，15万人弱が（民営化さ

14）立法院のホームページによる。
15）会員数だけから見れば，依然として中華民国全国総工会のほうが大規模である。同会のホームページによれば，2007年時点の会員数は公称110万人である。

表 4-2　全国産業総工会の加盟工会（2006 年）

名称	設立年	会員数
高雄県産業総工会		10,000
高雄市産業総工会		31,000
台南県産業総工会		10,000
宜蘭県産業総工会		3,000
苗栗県産業総工会		8,794
新竹県産業総工会	1998**	3,285
台北市産業総工会	1997	34,400
台北県産業総工会		5,379
台中市産業総工会		11,578
大同（股）公司産業工会	1959	5,631
台湾電力工会	1958	24,780
台湾菸酒（股）公司産業工会聯合会	1956*	6,625
台北市第一商業銀行（股）公司産業工会	1995	4,500
台北市台湾銀行産業工会		4,628
台湾中小企業銀行産業工会	1996	4,741
台北市華南金融控股（股）公司産業工会		5,000
台北市合作金庫銀行（股）公司産業工会	1996	5,315
台湾土地銀行産業工会	2001	4,822
台湾石油工会	1959	14,849
中華電信（股）公司産業工会	1957*	28,700
中華航空公司産業工会		8,962
台湾省自来水公司産業工会	2001*	5,187
台湾省製糖業産業工会聯合会	1955*	4,687
中華郵政工会	1932*	24,926
計		270,789

データ出所）全国産業総工会「2006 五一闘関護照」（2006 年）。＊は各工会ホームページ，＊＊は労工委員会ホームページによる。

れつつある）国公営企業の労働者であることがわかる。表 4-2 にある企業名のうち，もともと民間大企業だったのは家電メーカーの大同のみである。こうした組織構成の偏りは，1990 年代以来，労働運動が民営化反対闘争を主な活動舞台の一つとしてきた理由を物語っている（台湾労工陣線　1999a）。

　組織構成の偏りの背景には，中小企業を中心とする台湾の産業構造がある。中小企業の多くには工会がないからである。試みに，台湾の産業別の産業総工会加入率（つまり労働組合組織率）を日本のそれと比べてみよう（表 4-3）[16]。台湾では製造業の被用者が日本より 13 ポイントも多いが，そのうち工会加入者

表 4-3 産業別の労働組合組織率（2005 年）

(%)

台湾	組織率	被用者構成比	日本	組織率	被用者構成比
総計	8.4	100.0	総計	18.7	100.0
農林漁牧業	3.1	1.0	農業・林業・漁業	3.5	0.9
鉱業・土石採石業	14.1	0.1	鉱業	21.6	0.1
製造業	12.6	33.3	製造業	25.7	19.8
水道・電気・ガス業	175.7	0.5	電気・ガス・熱供給・水道業	58.6	0.6
建設業	1.4	9.0	建設業	20.3	8.6
卸売・小売業	0.2	12.7	卸売・小売業	10.1	17.7
宿泊・飲食業	0.3	4.3	飲食店・宿泊業	3.2	4.8
運輸・倉庫・通信業	42.4	5.0	運輸業	29.4	5.5
金融・保険業	13.6	5.5	金融・保険業	48.6	2.8
不動産・レンタル業	0.0	1.0	不動産	3.0	1.1
教育サービス業	0.1	7.1	教育・学習支援業	24.4	4.7
医療保健・社会福祉	0.5	3.9	医療・福祉	8.4	9.8
文化・運動・レジャー	7.0	2.2	サービス業	6.0	13.9
公共行政業	2.9	4.8	公務	50.7	4.2
専業・科学・技術	0.0	3.4	情報通信業	22.3	3.2
その他サービス業	0.3	6.6	複合サービス事業	44.3	1.3

註）台湾の水道・電気・ガス業の組織率が100％を超えているのは原データの誤りによる。
データ出所）台湾：行政院労工委員会『95年版労動統計年報』。日本：厚生労働省『平成17年労働組合基礎調査』。

の比率は約13％で，日本より13ポイント低い。また台湾では，水道・電気・ガス，運輸，金融，製造業など以外の産業における組織率が極端に低いことがわかる。台湾の労働組合運動は，こうしたいびつな足場のうえに成り立っているのである。

5 新たなコーポラティズムへの模索

前節で見たように，台湾の利益団体政治は多元主義化の様相を見せているが，それと同時に，新たなコーポラティズムへの模索の動きも観察される。ここで

16）行政院労工委員会『94年版労動統計年報』による。

は陳水扁政権のもとで開催された2つの会議に注目し，そこにどの程度「社会コーポラティズム」の要素を読み取ることができるか検討する。さらに，新たなコーポラティズムの成立を阻む要因は何であるかを考察する。

1) 2つの諮問会議

2000年に成立した陳水扁政権のもとで2つの大きな諮問会議が開催された。一つは2001年8月に開催された「経済発展諮詢委員会」であり，もう一つは2006年7月に開催された「台湾経済永続発展会議」である。かつてA. ションフィールドは名著『現代資本主義』で，コーポラティズムを次のように描写した。「主要な利益団体は一堂に集められ，将来の行動を制約する一連の協定を結ぶように促される」（Shonfield 1965, 邦訳 1968 : 212 ; 訳文は Schmitter 1979, 邦訳 1984 : 59 による）。2つの諮問会議の外見はこの描写にぴったり当てはまる。しかしこれがどの程度「社会コーポラティズム」の萌芽と言えるかは，諮問会議の内容を簡単にスケッチした後，次節で検討することにしよう。以下では2つの諮問会議について，①開催の背景は何か，また会議の性格はどのようなものか，②会議の構成や委員の人選はどうなっているか，③何が合意されたか，④関係者や世論の評価はどうか，を検討したい[17]。

まず，経済発展諮詢委員会（2001年）が開催された背景には，少数与党による政権運営の困難と，同年，初のマイナス成長と大量失業を記録しつつあった台湾経済の危機があった。この喫緊の課題に対応するため，総統府主催の超党派会議として同委員会が招集されたのである。

同委員会の議題は「失業率上昇」「投資環境悪化」「両岸経済貿易関係」「産業競争力低下」「財政金融状況」の5つであり，それぞれ就業分科会，投資分科会，両岸分科会，産業分科会，財政金融分科会に分かれて議論された。諮問委員は全部で121名であるが，そのうち労働団体代表は黄清賢（全国産業総工会理事長），白正憲（大同公司産業工会理事長），黄水泉（銀行員工会全国聯合会理事），林惠官（全国総工会理事長）の4名に過ぎない。ちなみに，国民党系（の

---

[17] 会議の構成や討議内容については，主に行政院経済建設委員会のホームページによる。その他の情報は，主に『聯合報』『経済日報』による。

ちに親民党に転じた）の林惠官を除く 3 名は，すべて労工陣線出身の労働運動リーダーであり，全産総系かつ民進党系である。労働団体代表は全体から見れば少数派だったが，全員が就業分科会（13 名で最少）に属したため，同分科会では数において経済団体代表（3 名）と拮抗していた（『聯合報』2001 年 7 月 23 日，8 月 5 日）。

　委員会全体の基調は「積極開放，有効管理」（大陸との経済関係を積極的に開放する方向へと政策を転換する）という標語で表わされるが，社会政策に関する合意事項としては以下の点が重要である。①基本工資（最低賃金）は廃止しない。また，外国人労働者に対する基本工資の適用除外は行なわない。②労働時間の柔軟性を高める。女性の深夜労働を認める。③法定退職金制度をポータブルかつ個人口座制にする。④大量解雇労働者保護法を制定する。⑤外国人労働者の総量を管理する。

　これに対して，関係者や世論の評価はどうだったか。経済団体は，基本工資の廃止か，外国人労働者に対する適用除外を求めていた。これらの要求が実現しないことに経済界は不満をもっている（『経済日報』2001 年 8 月 15 日）。一方，全産総理事長で就業分科会委員の黄清賢は，労働団体や社会福祉団体，環境団体の代表とともに記者会見を開いて民進党政権の「親資圧労的」右傾化を批判し（『経済日報』2001 年 8 月 22 日），全国の労働団体に抗議デモを呼びかけている（『聯合報』2001 年 8 月 22 日）。しかし，委員会から抗議退出すべきだとする工人立法行動聯盟や 84 工時大聯盟などの労働運動団体の主張に対しては，「われわれの守りはうまくいっている。なぜ退出しなくてはいけないのか」と答えている。もし退出すれば労働側は発言権を失い，労働者に不利な法令を誰も阻止できなくなるというのである（『経済日報』2001 年 8 月 26 日）。委員会においては多数決ではなく「共識決」（コンセンサス決定方式）をとるため[18]，少数であっても労働団体代表の存在は大きい。基本工資の廃止や外国人労働者に対する適用除外が阻止されたのは，労働団体代表の主張が通ったものと考えられる。

　次に，台湾経済永続発展会議（2006 年）の背景について見ると，相変わらず

18）次に述べる台湾経済永続発展会議でも，共識決方式が採用された。

少数与党だった民進党の，前年からの各種スキャンダルによる支持率低下があった。一方，経済については2002年以降プラス成長に転じ，2004年以降は失業率も落ち着いてきていた。そうしたなかで，人口高齢化やグローバル化による長期的な経済問題への対策を議論するために，今度は行政院主催の超党派会議として同会議が招集されたのである。

　同会議の議題は「社会保障体系の完成」「産業競争力の向上」「財政金融改革」「グローバル構造と両岸経済貿易」「政府の能率向上」の5つであり，それぞれ社会保障分科会，産業分科会，財政金融分科会，グローバルおよび両岸分科会，政府能率分科会に分かれて議論された。諮問委員は全部で159名であるが，そのうち労働団体代表と確認できるのは6名に過ぎない。一方，社会福祉団体や環境保護団体など，社会運動団体の代表が入っているのが，前回には見られなかった特徴である。労働政策を扱う産業分科会（57名）の委員構成を見ると，政府代表が6名，立法委員が8名，研究者が11名，経済界代表が18名，社会運動団体代表が5名，労働団体代表が4名，その他が5名だった。経済界代表が多いのは，この分科会が産業政策も扱っているからである。また，社会運動団体代表が入っているのは，エネルギー・環境政策も取り上げているからである。前回の就業分科会と比べて，そのぶん労働団体代表の影が薄くなっている。労働団体代表は，施朝賢（全国産業総工会理事長），呉清賓（高雄市産業総工会理事長），莊爵安（台湾石油工会理事長），謝創智（全国産業総工会秘書長）である。この4名はすべて全産総系であるが，そのほかに全国総工会理事長の林惠官も立法委員として分科会に参加している。

　会議全体の基調は，前回の経済発展諮詢委員会の標語を入れ替えて「積極管理，有効開放」（政府が積極的に管理責任を負うことで，大陸との経済関係開放にともなうリスクを縮減する）と表現された。社会政策とりわけ労働政策に関する合意事項としては，以下の点が重要である[19]。①非典型雇用の制限緩和について検討する。②派遣労働者保護法を制定する。③女性や高齢者の労働力率を高める。④外国人労働者の受け入れ総量を管理する。

---

19) 社会保障分科会で議論された部分の福祉政策については，ここでは触れない。

これに対して，関係者や世論の評価はどうだったか。前回の経済発展諮詢委員会と比べると，労働政策に対する世論の関心は低かった。それは，産業分科会が労働政策のほか産業政策や環境政策も扱ったため，環境保護団体と経済団体の応酬に衆目が集まったからである。経済団体は環境保護団体の批判に耐えかねて，会議からの退出をほのめかしている（『経済日報』2006年7月8日，7月12日）。また，労働力不足問題の解決（外国人労働者の受け入れ拡大や，外国人に対する基本工資の適用除外をさす）の見通しが立たないことに失望を表明している（『経済日報』2006年7月12日）。一方，労働人権協会や自主工聯などの労働運動団体は場外デモを行ない，派遣労働法の制定などの柔軟化路線に反対している。これに対して行政院労工委員会主任委員（労働大臣）の李應元は，弱い立場にある派遣労働者を守るためにこそ派遣労働者保護法を制定するのだと反論している（『聯合晩報』2006年7月27日）。

2）社会コーポラティズムの阻害要因

　以下では，2つの諮問会議がもつ意味について考えたい。これらの会議は実質的な意味をもっているだろうか。また，それは労働市場の柔軟化につながったと言えるだろうか。さらに，これをもって社会コーポラティズムの萌芽と言えるだろうか。台湾において新たなコーポラティズムの成立を阻んでいる要因は何だろうか。

　まず，2つの諮問会議の提言を受けて，実際にどのような立法化が行なわれたのか。経済発展諮詢委員会（2001年）の後，2002年12月には労働時間の柔軟性を高めるために労働基準法が改正された。具体的には，「二週変形工時」「八週弾性工時」[20]および残業条件の緩和（ただし1日4時間，1カ月46時間以下），女性の深夜業の規制緩和などである（行政院労工委員会 2005）。また，

---

20)「二週変形工時」は，工会もしくは労資会議の同意を得て，2週間のうち2日分の所定内労働時間を他の日に振り替えることを可能にするものである。ただし，1日に振り替えることができるのは2時間だけである。また，「八週弾性工時」は，同じく工会もしくは労資会議の同意を得て，8週間のなかで所定内労働時間を他の日に振り替えることを可能にするものである。ただし，1日の所定内労働時間は8時間を超えてはならず，1週間の所定内労働時間は48時間を超えてはならない（行政院労工委員会 2005）。

2003年5月には，大規模リストラの際の事前通告や協議を義務づけた大量解雇労働者保護法が施行された。さらに，2004年6月には新しい法定退職金制度が導入された（実施は2005年7月）。1984年に制定された旧制度では，従業員は転職すると退職金がもらえず，企業側も従業員の転職を見込んで退職準備金を積み立てない場合が少なくなかった。新制度では，転職しても退職金を受け取れるように個人口座制が採用された。このように，経済発展諮詢委員会で合意された事項はほぼ提言どおり立法化されている。その限りでは，同委員会の合意は実質的な意味をもっていたと言える。一方，台湾経済永続発展会議（2006年）の提言は直後には具体化されず，例えば派遣労働者保護法案は2014年に至っても議論の途上にある。

　それでは，2つの諮問会議は労働市場の柔軟化につながったと言えるだろうか。変形労働時間制や残業条件の緩和は確かに柔軟化の形態の一つではあるが，それほど急進的な内容ではない。また，法定退職金改革は，退職準備金を積み立てていなかった中小企業にとっては，むしろ規制強化の方向に作用している。一方，実現しなかった改革にも注目する必要がある。経済団体が求めていた外国人労働者の受け入れ拡大や外国人に対する基本工資の適用除外は，合意されなかった。これはある程度，諮問会議における労働団体側の「守り」が奏功し，柔軟化が阻止された結果と考えられる。しかし，民進党政策委員会の黄玫玲が述べているように，そもそも台湾には柔軟化すべき硬直的労働市場という問題が存在しないのかもしれない（『聯合報』2001年7月29日）[21]。次節で見るように，中小企業が多く転職が頻繁な台湾では，労働市場は最初から柔軟だったとも言えるのである。

　翻って，2つの諮問会議は台湾における社会コーポラティズムの萌芽と言えるだろうか。まず，国家コーポラティズムの当事者だった全国総工会に代わって，自主工会運動の流れを汲む全国産業総工会（全産総）が労働団体の代表としての地位を得たことに注目すべきである。これは国家コーポラティズムの凋落と社会コーポラティズムの成立の証拠のようにも見えるが，社会コーポラテ

21）原題は以下の通り。「労動法令鬆綁，未必能降低失業率——台湾並不存在労動市場僵化的問題，積極的労動市場方案才是当務之急」。

ィズムの脆弱さの徴候でもある。というのは，2つの諮問会議で全産総が労働団体代表になりえたのは，民進党政権との人的つながりによるところが大きいからである。また，第4節で述べたように，全産総の会員数は27万人に過ぎない。これは産業工会の会員数60万人の約半数ではあるが，台湾の全労働者1000万人のうち2.7％を占めるに過ぎない。労働団体代表の足もとはおぼつかないのである。一方，諮問会議における議論の仕方も，労働団体の場外デモ動員に見られるようにおよそコーポラティスト的ではない。典型的な社会コーポラティズムと親和的な「協調方式」ではなく，むしろ多元主義的な「圧力方式」の要素が強い（Schmitter 1982, 邦訳 1986：281）。さらに言えば，かろうじて三者構成に近い人数配分が見られたのは経済発展諮詢委員会の就業分科会のみであり，会議全体から見れば労働団体代表はごく少数派に過ぎなかった。また，台湾経済永続発展会議では，環境や福祉といった労働以外の政策分野では環境保護団体や社会福祉団体，女性団体などの存在も大きくなっており，典型的な三者構成からいっそう遠のいている。要するに，社会コーポラティズムの萌芽であるにしても，ごく弱々しい芽生えだと言うほかない。

　台湾において新たなコーポラティズムの成立を阻んでいる要因は何だろうか。第2節で紹介したシュミッターの見通しに従って整理してみよう。第一に，国家コーポラティズムの遺産が社会コーポラティズムの形成を阻害している。現在でも，工会法では同一区域ないし同一事業所内の工会が一つに制限されている。したがって，全産総に加盟する工会は全国総工会の会費も払わなければならないという[22]。こうした状況では，全産総が全国の工会を実質的に統制することは難しい。政党間競争とも絡んで，しばらくはナショナルセンターどうしの「多元主義」的な競争が続く可能性が高い。

　第二に，西欧先進諸国の社会コーポラティズムに吹きつける風と同じ逆風が，台湾でも部分的に吹き始めている。上述のように，台湾経済永続発展会議では環境保護団体や社会福祉団体，女性団体など「新しく資格を得た組織」の台頭により，労働団体の存在はむしろ霞んでしまった。また，どちらの会議でも，

---

[22] 2006年8月31日，全国産業総工会の黄吉伶副秘書長からの聞き取りによる。

全産総とネットワーク的につながった労働運動団体が，場外デモによってコーポラティズムを絶えず「外部から」攻撃していた。そもそも全産総自体が，コーポラティズムの「内部」でその一翼を担うべき団体にしては社会運動的性格をとどめすぎているのかもしれない。そしてこれが最も重要な点であるが，民進党政権が何とかしてその支持をつなぎとめようとしてきた経済界は，ネオリベラル政策を要求して「会議」からの退出姿勢をいっそう強めるだろう。こうして見ると，台湾における社会コーポラティズムの，芽吹いた途端に強風に曝されている様子が窺われるのである。

6 柔軟化は阻止されたのか

　以上，芽生えたばかりの社会コーポラティズムが，経済団体の柔軟化要求を阻止する役割を何とか果たしている様子を見てきた。しかし，前節でも示唆したように，台湾の労働市場はもともと柔軟な構造をもっている。つまり，政治過程とは別個に，労働市場そのものの性格についても検討する必要がある。そこで，以下ではやや角度を変えて，台湾の労働市場の柔軟性の程度をマクロな労働統計の分析から明らかにするとともに，2000年代に行なわれた労働法や社会保障の改革がそれとどう関わっているかを考察し，本章の締めくくりとしたい。

　表4-4は，1980年から2000年代までの台湾の労働市場に関するいくつかの指標を掲げたものである。まず，失業率は1990年代までは低位で推移していたが，2000年に初めて3％を超え，2002年には5.2％を記録した。この空前の高失業率が経済発展諮詢委員会の開催の背景にあったことは，すでに述べた通りである。またこの間，自営志向の強い工業社会だった台湾でも，確実に被用者化とホワイトカラー化が進んだ。

　次に，労働市場の「柔軟」な部分として期待されやすい女性，高齢者，外国人労働者について概観しておこう。この期間に生じた最も顕著な変化は，女性とりわけ子育て期の女性の労働力化が進んだことである。子育て支援の充実を待たずに女性の労働力化が急激に進んだことから，合計出生率は2005年の

表 4-4　1980〜2006 年の台湾の労働市場に関する諸指標

(％)

	失業率	被用者比率	ホワイトカラー比率	女性労働力率30〜34歳	6歳以下の子がいる母親の就業率	男性労働力率60〜64歳	外国人労働者比率	平均勤続年数（年）	年間離職率
1980	1.2	64.4	21.6	39.7	26.4	62.4	—	7.7	40.0
1990	1.7	67.6	29.5	53.3	43.3	56.4	0.2	7.7	38.0
2000	3.0	71.1	38.4	64.2	51.2	53.9	3.3	8.3	31.2
2006	3.9	74.6	43.0	73.7	57.9	46.9	3.2	8.6	29.3

データ出所）失業率，被用者比率，ホワイトカラー比率，女性 30〜34 歳労働力率，男性 60〜64 歳労働力率については，行政院主計処『95 年 12 月人力資源調査統計月報』による。6 歳以下の子がいる母親の就業率，および平均勤続年数については，行政院主計処『95 年人力運用調査』による。外国人労働者比率については，行政院労工委員会『96 年 1 月労動統計月報』による。年間離職率については，行政院主計総処『受雇員工統計』による。

1.12 まで急降下した[23]。2002 年制定の男女労働平等法は，むしろこの変化を後追いしたものと考えられる。一方，高齢男性の労働力率は低下してきている。その背景には，一方に 1990 年代後半以降の景気低迷とリストラ，他方に高齢者向けの福祉手当の拡充がある（第 5 章参照）。また，1990 年代以降，外国人労働者の受け入れが進んだが，2000 年以降の外国人労働者比率（労働力人口に占める割合）は経済団体の要請に反して横ばいを続けた。

さらに，台湾の労働市場の柔軟性を支えてきた高い流動性はどう変化したか。平均勤続年数は人口高齢化を反映してわずかに上昇し，年間離職率[24]は 1980 年の 40.0％から 2006 年の 29.3％まで低下した。しかし，日本の年間離職率と比較すると，それでも台湾の流動性が依然として高いことがわかる。2005 年の日本の年間離職率は，一般労働者で 13.8％，パート労働者で 30.3％である[25]。つまり，台湾の離職率は，日本のパート労働者のそれに匹敵するのである。

---

23) 行政院主計処『94 年中華民国統計年鑑』による。
24) ただし，表 4-4 の「年間離職率」の元になった数字は，「離職者」「被解雇者」「退職者」「その他」を含んでいる。「その他」には，「無給の休職」「死亡」「同一企業内の転勤」などが挙げられており，厳密に言えば「離職」に該当しない者も含まれている。調査票自体が「その他」を一括して扱っているため，純粋な離職者数を厳密に計算することはできない。にもかかわらず，ここに表われている趨勢は明らかである。
25) 厚生労働省『平成 17 年雇用動向調査』による。

それでは，こうした台湾の労働市場はいかなる意味で「柔軟」だと言えるのだろうか。ここで，M. レジーニによる柔軟性の定義に従って整理してみたい。レジーニによれば，労働の柔軟性には，①数量の柔軟性（numerical flexibility），②機能の柔軟性（functional flexibility），③賃金の柔軟性（wage flexibility），④時間の柔軟性（temporal flexibility）の 4 つの要素が含まれる（Regini 2000，邦訳 2004：17）。

第一に，数量の柔軟性とは，需要の変動や技術革新に応じて，使用者が従業員数を容易に調整できることをさす。そこには，非典型雇用への置き換えが容易であることも含まれる。台湾では，パート労働や派遣労働などの非典型雇用はまだそれほど普及していない。パート労働者の割合は 2006 年には 3.4 ％に過ぎなかった[26]。これは日本の 25.8 ％，韓国の 9.0 ％（いずれも 2005 年）と比較して著しく低い[27]。また，派遣労働者を使っている企業は 7.9 ％に過ぎず，500 人以上の企業でも 35.0 ％に過ぎない[28]。しかし，上述のように著しく高い流動性が，数量の柔軟性を十分に担保しているとも考えられる。2003 年制定の大量解雇労働者保護法や，現在もなお策定中の派遣労働者保護法は，むしろこうした高い流動性が労働者の不利にならないように規制しようとするものと思われる。

第二に，機能の柔軟性とは，使用者が従業員の配置転換や職務内容の変更を容易に行なえることをさす。これは数量の柔軟性の代わりにもなるもので，従業員のクビを切る代わりに再訓練や多能工化によって柔軟性を担保しようとするのである。台湾には，アングロサクソン諸国で見られるような厳格な先任権制度や職務区分はない。したがって，機能の柔軟性を高めることは難しくないと思われるが，それを企業の実情に分け入って論証することは本章の範囲を超える。

第三に，賃金の柔軟性とは，使用者が団体協約や法的規制から比較的自由に

26）週労働時間が 35 時間未満の労働者の割合。男性 3.1 ％，女性 3.8 ％。行政院主計処『95 年人力運用調査報告』による。
27）日本と韓国の数字は，OECD ホームページの *Labour Force Statistics* による。
28）行政院労工委員会『94 年職類別薪資調査報告』による。

賃金の構造や水準の変更を行なえることをさす。台湾では，基本工資（最低賃金）以上である限り，使用者は自由に賃金を決めることができる。その意味では，賃金の柔軟性は最大限に確保されていると考えられるが，その実態の分析については，これまた本章の範囲を超える。なお，基本工資は政労資の委員による基本工資審議委員会で改定されることになっている。

　第四に，時間の柔軟性とは，循環的もしくは季節的な需要の変動に応じて，使用者が従業員の1日あたり，1週あたり，1年あたりの労働時間を変更できることをさす。この種の柔軟性は，経済発展諮詢委員会の合意を受けて行なわれた2002年の労働基準法改正によって，ある程度まで実現された。すなわち，前述の「二週変形工時」や「八週弾性工時」がこれにあたる。

　以上の検討から明らかなように，台湾の労働市場の柔軟性は，近年の政策変更によって急速に促進されたというより，従来からの高い流動性によるところが大きい。また，企業間の下請ネットワークや，中国大陸・ベトナム・ミャンマーなどに展開した海外工場との分業によって確保されている「柔軟性」も見逃せない。やや余談にわたるが，台湾の人々の独立開業志向の高さを象徴する屋台商人は，この20年間に減るどころかむしろ増えている。屋台商人は，1988年には31万1190人だったが，2008年には47万2708人に増加したのである[29]。労働市場の柔軟性の一端を示すエピソードである。

　最後に社会保障について見ると，総じて，こうした流動性の高い労働市場にふさわしい制度への改革が進められてきたと言える。1995年に施行された全民健康保険は，勤め先に関係なくすべての国民をカバーした。また，2005年に施行された前述のポータブルな法定退職金制度には，転職志向の若い世代を中心に37.8％の労働者が加入した[30]。一方，2003年に施行された就業保険の加入者は，労働力人口の51.8％を占めるにとどまっていた。2005年の年平均失業者数は42万8000人だったが，失業給付の受給件数は25万600件だった[31]。重要な生活維持費として失業給付を挙げた失業者が1.0％にとどまって

---

29) 行政院主計総処『攤販経営概況調査』による。
30) 2005年時点。行政院労工委員会『96年1月労働統計月報』による。
31) 行政院労工委員会『96年1月労働統計月報』による。

いた (2006年) ことにも，この時点における就業保険制度がもっていた限界が窺われる[32]。

　本章では，台湾の政労使関係が，国家コーポラティズムの遺産と多元主義の要素を含みもちながら，社会コーポラティズムへのおぼつかない歩みを進めている様子を描いてきた。芽生えたばかりの社会コーポラティズムは労働市場の柔軟化に抵抗しているものの，その社会コーポラティズム自体が，ある意味ではもともと柔軟な台湾の産業構造の不安定な足場のうえに立っているのである。
　こうした特徴の幾分かは台湾に固有のものと見ることができるが，一方では，権威主義体制から民主主義体制への移行を経験した後発民主主義国に共通の制約条件を示している部分もあると考えられる。民主化は労働規制の強化や社会保障の拡充に直結するとは限らない。台湾の事例において何が社会コーポラティズムの成立を阻んでいるかを分析することで，その理由の一端を窺うことができるように思われる。

---

32) 行政院主計処『95年人力運用報告』による。

第5章

台湾の高齢者福祉政治

1 はじめに

　台湾では2007年に高齢化率が10％を超え，着実に高齢社会へと歩みを進めている。台湾の高齢者の特徴は，就業率が低いことと，子どもとの同居率が高いことである。その背景には，産業構造の急激な変化と社会保障制度の未成熟がある。高齢者の多くは自ら稼ぐこともままならず，十分な年金を受け取ることもできない。その結果，子どもとの同居が選択されるのである。しかし，一方では少子化と女性の労働力化が急速に進みつつあり，多世代同居による家族福祉の持続可能性には疑問符が付き始めている。

　こうしたなかで，1990年代以降，所得とサービスの両面における高齢者福祉の改革が進められてきた。本章では，その過程における社会運動団体の役割に注目し，後発福祉国家の典型としての台湾の高齢者福祉政治の特徴を描き出してみたい。そこには「非難回避の政治」「専門家支配」といった特徴が見いだされ，それが超党派的合意を可能にしている側面がある。とはいえ，そこで合意された政策が高齢社会の到来に対応できるレベルに達しているかどうかは，政策過程の分析とは別に考察すべき事柄である。

　以下ではまず，台湾の高齢者を社会構造の変化のなかに位置づけて考察する（第2節）。次に，高齢者福祉改革の政策過程を理解するための枠組を整理し，社会運動団体に注目する理由を述べる（第3節）。そのうえで，国民年金をめ

ぐる政策過程について分析する（第4節）。分析から見えてくるのは，福祉拡大の政治が，財政制約をふまえた控えめの水準に落ち着いていく様子である。

2　高齢期を規定する社会構造

　台湾の高齢者の置かれた状況を捉えるにあたって，批判的老年学の考え方を参照したい。イギリス老年学の指導的研究者の一人であるC. フィリップソンによれば，その要点は次の通りである。

> 批判的老年学のアプローチの中心にあるのは，加齢を社会的に構築された経験や過程と見なす考え方である。政治経済学的に言うと，これは，国家や経済といった要素が高齢期の社会的構築に果たす役割に注目するということである。(Phillipson 2006 : 44)

　つまり，加齢をたんなる生理現象として捉えるのではなく，高齢期を条件づける労働市場構造や社会保障制度との関連に注目して分析すべきだということである。先進国においては，社会保障の削減が高齢期の構築にいかなる影響を及ぼしたかが関心の焦点になる。一方，新興国については，社会保障の未成熟が高齢期をいかに規定しているかに注目すべきだろう。台湾の場合，社会保障制度の未成熟に加えて，産業構造の急激な変化にも注目すべきである。さらに関連して，法定退職年齢にも注意を払う必要がある。

　第一に，産業構造の急激な変化は，中高年労働者の早期引退につながると考えられる。産業構造が急激に変化すると，若い頃に蓄積した技能が陳腐化し，高齢期に仕事を続けるメリットが低下すると予想されるからである。また，これまで高齢者の就業継続を可能にしてきた農業部門が縮小したことも，高齢者の引退促進要因として見逃せない。

　第二に，労働者は経済的な支えがなければ引退できない。台湾には労工保険老年給付（1950年施行，ただし適用範囲が広がったのは後年。2009年には労工保険老年年金となった），法定退職金制度（1984年施行），中低所得高齢者生活手当（1993年施行），高齢農民福利手当（1995年施行）などの制度がある（第6章参

図 5-1 中高年男性の労働力率

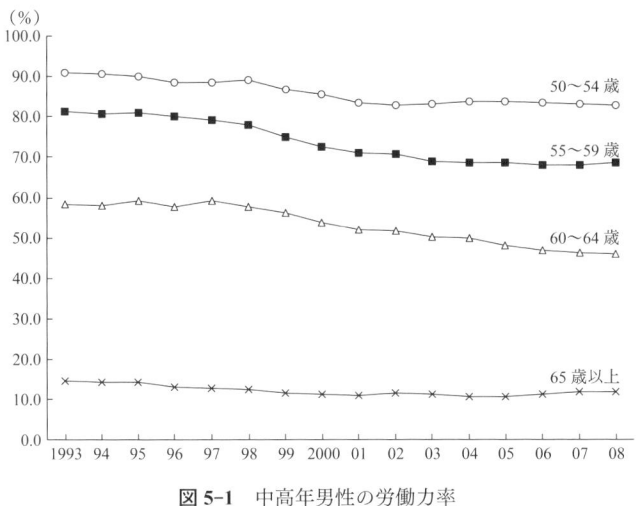

データ出所）行政院主計処『97 年人力資源調査統計年報』。

照）が，引退後の所得保障として十分ではない。

　第三に，法定退職年齢の問題がある。2008 年，台湾の法定退職年齢は 60 歳から 65 歳に引き上げられた。その一方で，法定退職金（旧制度）は，同一企業に 15 年以上勤続して 55 歳になった場合か，同一企業に 25 年以上勤続した場合に受給できる（第 6 章参照）。額として十分でないとはいえ，例えば 20 歳から働いていれば 45 歳で退職金を受給できるのである。

　以上のうち，第一点と第三点の結果として中高年労働者の早期引退が進むが，第二点の結果として，引退後の高齢者は経済問題に直面する。それが高齢者の家族依存につながると考えられる。以下，データによってこのことを検証してみたい。

　図 5-1 は，中高年男性の労働力率の推移を見たものである。1998 年あたりを境に低下を開始していることがわかる。労働力率は 1998 年からの 10 年間に，50～54 歳で 6.4 ポイント，55～59 歳で 9.3 ポイント，60～64 歳で 12.0 ポイント低下した（65 歳以上はもともと低く，それほど変化していない）。つまり，アジア経済危機以降の産業構造の変化が各世代に等しく影響を与えたのである。

表 5-1 職業別就業率の変化（年齢別人口に占める各職業就業者の割合）

(％)

年齢	1993年 50～54歳	55～59歳	60～64歳	2008年 50～54歳	55～59歳	60～64歳	2008年と1993年の差 50～54歳	55～59歳	60～64歳
合計	90.5	80.8	58.1	80.1	66.8	45.2	-10.4	-14.0	-13.0
管理	8.1	5.2	3.2	8.0	7.1	4.6	-0.1	1.9	1.4
専門	4.7	3.4	3.0	4.4	3.3	2.3	-0.3	-0.1	-0.7
技術	8.6	6.2	5.2	12.7	8.9	4.6	4.1	2.7	-0.6
事務	3.2	2.3	2.2	3.0	2.4	1.0	-0.2	0.0	-1.2
販売・サービス	12.4	11.7	8.1	11.4	10.5	7.9	-1.0	-1.1	-0.2
農林漁業	19.4	26.4	23.4	6.2	9.2	11.0	-13.2	-17.2	-12.4
生産	34.1	25.9	13.3	34.2	25.5	13.5	0.1	-0.4	0.2

データ出所）行政院主計処『97年人力資源調査統計年報』。

　しかし，これは中国本土への工場移転にともなう脱工業化の結果だと言えるだろうか。1993年と2008年の中高年男性の職業別就業率を比較してみよう（表5-1）。これを見ると，各年齢層の就業率の低下は，ほとんど農林漁業部門の縮小で説明できることがわかる。一方，製造業の生産職は減っていないし，技術職はやや増加している。つまり，中高年男性の就業率の低下は，脱工業化ではなく，脱農業化に由来するものなのである。

　ただ，台湾の高齢者の労働力率の低さは，産業構造の急激な変化だけでは説明できないかもしれない。というのは，同じく急激な変化を経験しつつある韓国や日本では，高齢者の労働力率は台湾よりずっと高いからである（図5-2）。日韓にはパート労働など高齢者に適した就業形態があるのに対して，台湾にはそうした就業形態が普及していないこと（第4章参照）が原因かもしれない。さらに，在職老齢年金の有無といった制度的要因もあるだろう。

　中高年労働者の早期引退が進むなかで，高齢者はいかにして生計を立てているのだろうか。表5-2は，高齢者の収入源を表わしている。1996年と2005年を比べると，「子どもからの仕送り」は減少しているが，代わりに増えたのは「生活保護・高齢者手当」である。子どもがいれば仕送りに頼り，いなければ福祉に頼るのが台湾の高齢者の実情である。

　さらに表5-3は，高齢者の家族構成を表わしたものである。多世代同居が依然として多数派を占めるものの，とりわけ高齢になるほど一人暮らしの割合が

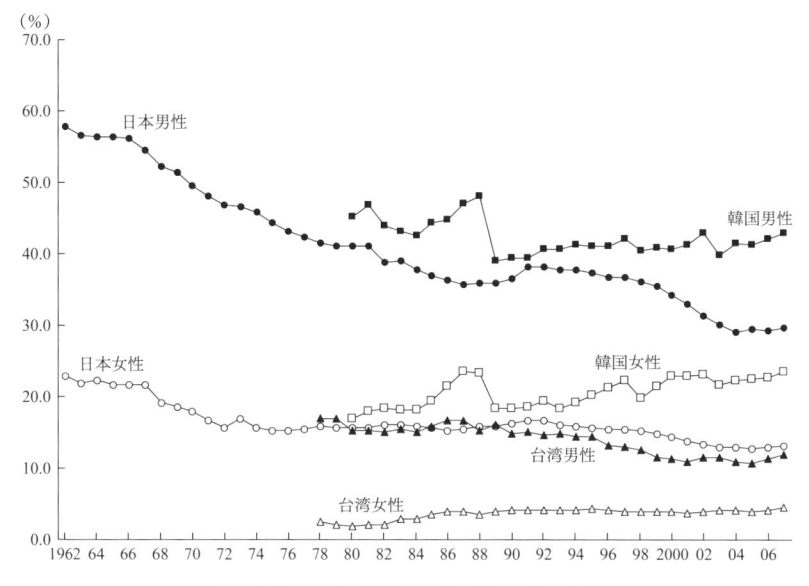

図 5-2 高齢者（65 歳以上）の労働力率

データ出所）日韓は OECD, *StatExtracts*。台湾は行政院主計処『96 年人力資源調査統計年報』。

表 5-2 高齢者の主な収入源（重要度）
(%)

	自分の稼得収入	配偶者の収入	貯金・利息・家賃・投資所得	退職金・年金・保険給付	子どもからの仕送り	借金	生活保護・高齢者手当	社会や親友の援助	その他
1986 年		29.8			65.8		1.2	2.0	1.2
1996 年	8.4	5.7	30.7	19.0	64.1		13.3	1.9	1.2
2005 年	11.8	4.4	10.8	14.2	53.4	0.1	33.3	0.6	0.4
性別									
男	17.0	1.2	13.5	23.6	41.0	0.1	30.0	0.5	0.2
女	6.6	7.6	8.0	4.7	65.8	0.1	36.7	0.6	0.6
子どもの有無									
有	11.9	4.5	10.7	13.7	54.7	0.1	32.9	0.6	0.4
無	5.8	0.1	14.9	33.4	0.0	0.0	50.9	0.8	1.0

註）1986 年は「第一位の比率」。1996 年と 2005 年は「重要度」＝（1×第一位の比率＋1/2×第二位の比率）×100。
データ出所）行政院内政部『民国 94 年老人状況調査報告』『民国 85 年老人状況調査報告』。

表 5-3 高齢者の家族構成

(%)

	一人暮らし	配偶者と二人暮らし	多世代同居	親戚・友人と同居	共同住宅	その他
1993 年	10.4	18.6	67.2	2.5	1.0	0.1
1996 年	12.3	20.6	64.3	1.4	0.9	0.5
2002 年	8.5	19.5	63.7	0.6	7.5	0.2
2005 年	13.7	22.2	61.1	0.8	2.3	0.1
性別						
男	13.0	27.6	55.9	0.8	2.8	0.0
女	14.3	16.8	66.3	0.7	1.8	0.1
年齢別						
65〜69 歳	9.6	23.0	66.2	0.5	0.7	0.0
70〜74 歳	12.2	25.1	61.1	0.4	1.0	0.2
75〜79 歳	16.7	22.0	57.4	1.3	2.5	0.0
80 歳以上	19.1	17.0	56.6	1.1	6.3	0.0

データ出所）行政院内政部『民国 85 年老人状況調査報告』『民国 91 年老人状況調査報告』『民国 94 年老人状況調査報告』。

表 5-4 高齢者の理想の暮らし方

(%)

	子どもと同居	配偶者と二人暮らし	一人暮らし	老人ホーム	養護老人ホーム	親戚や友人と同居	その他	DK/NA
2002 年	60.2	19.0	8.2	5.6		0.6	2.1	4.4
2005 年	60.0	20.0	11.3	1.0	1.0	0.4	0.4	5.9
性別								
男	53.3	25.8	11.0	1.5	1.1	0.5	0.4	6.5
女	66.6	14.2	11.7	0.6	0.8	0.3	0.4	5.4
年齢別								
65〜69 歳	61.8	22.1	7.8	0.5	0.4	0.2	0.2	7.1
70〜74 歳	59.3	22.0	9.9	1.0	0.5	0.5	0.2	6.6
75〜79 歳	57.4	20.1	15.1	1.0	1.0	0.4	0.5	4.6
80 歳以上	60.7	13.6	15.1	2.0	2.7	0.7	0.9	4.4

データ出所）行政院内政部『民国 94 年老人状況調査報告』。

増えている。これに対して表 5-4 は，高齢者の理想とする暮らし方を尋ねたものである。子どもとの同居を希望する高齢者が 6 割を占めており，その希望は実際の家族構成とちょうど対応している。

こうした家族の実態と観念は家族依存型福祉政策の基盤になっているが，少

子化と女性の労働力化が急速に進みつつあることをふまえると，そうした政策の持続可能性は疑わしくなってくる。そこで，高齢者福祉をめぐる政治がクローズアップされることになるのである。

3 福祉政治の言説スタイル

　高齢者福祉をめぐる政治を分析するにあたり，本章では，政策過程に登場する諸アクター，とりわけ福祉に関わる社会運動団体の言説に注目したい。つまり，たんに制度案の変遷の整理紹介を目的とするのではなく，諸アクターが語る理念や利害に注目することで，さまざまにありえた可能性のなかから一つの制度が選択されていく過程を描き出すことをめざしている。その際，宮本太郎(2008)が整理した先行研究の枠組が参考になる。

　宮本の整理によれば，R. ウィーヴァーは「実績獲得の政治」と「非難回避の政治」の区別を強調している。実績獲得の政治とは，政治家が選挙民に便益を供与してその実績を再選のために活用しようとすることをさす。それに対して，非難回避の政治とは，非難を生む争点を浮上させないようにアジェンダを制限することや，超党派的合意形成を演出することをさす（Weaver 1986，宮本 2008：45）。実績獲得の政治は福祉拡大の局面で多く見られる一方，非難回避の政治は財政制約のために福祉削減が行なわれる局面で重要となる。

　一方，V. シュミットは，福祉政治を語る言説のスタイルを「調整的言説」と「コミュニケーション的言説」に区別している。調整的言説とは，政治家，実務家，専門家などが共通の知識を前提として取り交わす言説である。他方，コミュニケーション的言説とは，メディアを通して一般市民に華々しく語りかける言説である（Schmidt 2002，宮本 2008：51）。

　「実績獲得の政治／非難回避の政治」という軸と，「調整的言説／コミュニケーション的言説」という軸とは，一応独立である。つまり，論理的には2×2で4つの組み合わせができる。しかし，実績獲得の政治は一般市民に向けたコミュニケーション的言説に乗せて大声で語られることが多いだろうし，非難回避の政治は専門家の調整的言説に乗せて小声で語られることが多いだろう。台

湾ではグローバル経済のなかで福祉国家の拡充が進められたため、この2つのパターンが同時に表われることになったと考えられる。

ところで、台湾における高齢者福祉の言説政治を分析するうえでは、社会運動団体の言説に注目することが有効だと思われる。社会運動団体はオルタナティブな言説の発信源であり、その振幅を測定することで台湾社会における言説空間の大きさを推測できると考えられるからである。本章ではこのような分析方法を採用する結果、政策過程に登場する他の重要なアクター（例えば議員や官僚）は焦点の外に置かれることになる。その意味で、政策過程の全体像を示してはいない。しかし、ここでの分析の目的は、オルタナティブな言説がいかに発信され、いかに収束していったかを解明することにある。そのように焦点を絞った分析を通じて、台湾における高齢者福祉政治の決定的な特徴を明らかにできると考える。

台湾では政治と社会の民主化にともなって、各種の社会運動団体が重要な役割を果たすようになった。むしろ、社会運動団体が政治と社会の実質的民主化を推進してきたと言えるかもしれない。代表的な団体として、福祉分野では中華民国老人福利推動聯盟（老盟）、中華民国残障聯盟（障害者聯盟）、中華民国智障者家長総会（知的障害者の親の会）などがあり、労働分野では台湾労工陣線（労工陣線）がある。本章では、主に老盟と労工陣線に焦点をあてる。

老盟は1993年に設立された。設立の経緯は、初代秘書長（事務局長）を務めた王増勇（2000）の記述に詳しい。当時、政府公認の高齢者団体は中華民国老人福利協進会のみだった。老人福利協進会は政府の補助を受けており、主なメンバーは大陸出身の元公務員や元教員だった（王 2000：274）。つまり、民主化以前の国家コーポラティズム体制（第4章参照）に組み込まれた団体である。これに対して老盟の設立は、民主化にともなう団体多元化の一例と考えられる。なお、老盟の会員団体110のうち、8割は各地の老人会であり、2割は高齢者福祉（施設や在宅サービス）を担う社会福祉団体や社会福祉法人とのことである。後者の担い手はソーシャルワーカーであり、高齢者福祉政策に強い関心をもっているという[1]。

現在の呉玉琴秘書長は、国立政治大学社会学系卒業であり、東海大学社会工

作系で修士号を取得したソーシャルワーカーである。当初は青少年福祉，次に台湾東部の原住民福祉に携わったが，1996 年，老盟に秘書長として就職した。当初から高齢者福祉に詳しかったわけではないという[2]。

一方，労工陣線の前身は，1984 年に設立された「台湾労工法律支援会」である。これは反国民党の法律家が集まり，法律相談によって自主工会運動を後方支援することを意図した団体だった。自主工会運動とは，国家コーポラティズム体制に組み込まれた中華民国全国総工会と距離を置く労働運動のことである。1992 年には現在の名称となり，全民健康保険や国民年金の推進，国営企業民営化反対などに取り組む社会運動団体として活動の幅を広げていった。2000 年に法認された全国産業総工会のリーダーの多くは，労工陣線出身である（第 4 章参照）。

現在の孫友聯秘書長はマレーシア出身の華人であり，国立台湾大学でソーシャルワークを学んでいた 1994 年に労工陣線で実習を経験したことから，1995 年に労工陣線に就職することになったという（林 2008）。

4 国民年金をめぐる政策過程

1987 年の民主化以降，台湾では高齢者福祉が政治的議題となった。議題の中心は，国民年金と高齢者介護である。国民年金制度については，1993 年に初めて政治的議題とされてから 2007 年 8 月に国民年金法が成立するまで，じつに 14 年の歳月が費やされた（施行は 2008 年 10 月）。一方，高齢者介護制度に関する議論は 2004 年に始まり（蘇・黄 2005：13），現在もなお進行中である。ここでは，国民年金に焦点を絞って検討する。

国民年金をめぐる政策過程を，第一期（1992～1999 年），第二期（2000～2005 年），第三期（2005～2007 年）に分けて追いかけてみたい。王（2000），曾・姚・鄭（2007），蔡（2008）などの研究から得た情報を整理する。特に蔡（2008）は，国民年金制度の形成に参与した当事者への聞き取りを行なうなど，このテーマ

---

1) 2009 年 9 月 2 日，呉玉琴秘書長からの聞き取りによる。
2) 同上。

に関する貴重な資料を用意してくれている。

1）第一期（1992〜1999年）

　年金問題は，この時期に初めて政治的議題として浮上した。1992年12月の立法委員選挙（初の全面改選）で台南県から立候補した蘇煥智が敬老手当（毎月5000元）の実現の公約を掲げて当選したことから，公約合戦が始まったのである。1993年12月の県市長選挙では，多くの候補が老人年金の実現を公約に掲げて戦った。その結果，多くの県市で内容の異なる老人年金が導入されたが，大部分の県市では間もなく財政難のために中止された（上村 2002a：156）。

　ただし，老盟や労工陣線など，のちに年金論議の中心的当事者となる社会運動団体は，この時期には目立った活動をしていない。老盟は，県市長選挙のさなかの1993年10月に設立された。当時，老盟の秘書長を務めていた王増勇によれば，老盟は年金論議に主体的に参加することはなかった。同じ10月には「敬老年金行動聯盟」が設立されたが，王に言わせれば，これは形式的には社会運動団体でも，実質的には民進党新潮流系に属する政治団体だった（王2000：278）。敬老年金行動聯盟は，数万人の高齢者を動員してデモ行進を行なった。老盟も参加したが，実際には民進党が中心だったという（同：278）。

　老盟は1993年11月に「老人福利十大共同政見」を発表している。そのうち，「政見一」と「政見二」が所得保障に関する提案だった（同：278）。いわく，1994年末までに国民年金法を完成させ，実施スケジュールを確定すること（政見一）。また，生活水準を維持するに足る中低所得高齢者生活手当を支給すること（政見二）。しかし，起草者の王増勇によれば，これは民進党や敬老年金行動聯盟の考え方とは一線を画するものだという。

> この2つの政見は，高齢者の所得保障は社会保険と社会扶助の二階建てであるべきだという考えに基づいている。敬老手当をむやみに要求する民進党のやり方を老盟が避けた理由は，普遍的敬老手当〔ママ〕は国民年金の施行当初に保険料を納付できなかった高齢者に限って支給する経過措置とすべきものだからである。また，年金論議の結論が国民年金保険のほうに

回帰することを願ってのことである。(同 : 278)

　老人年金の公約合戦と並行して，国民党政府によって国民年金制度導入の検討が進められた。1993 年 11 月には行政院経済建設委員会（経建会）に専門チームが設けられたが，これは 12 月の県市長選挙の直前だった。経建会は 1995 年 5 月には第一草案を完成させたが，全民健康保険の実施（同年 3 月）と時期が重なったため，負担増を避けるという理由で延期された。1996 年 11 月，再び経建会で検討が始まり，1998 年 6 月には第二草案が完成された。この草案では 2000 年末に社会保険方式の国民年金制度を実施することになっていたが，草案を各方面に周知させつつあった 1999 年 9 月 21 日に台湾大地震が発生したため，震災復興を優先するとして再び延期された（上村 2002a : 158）。

　この動きに対して，各種の社会運動団体は連合して「搶救国民年金聯盟」（国民年金を救う聯盟）を結成した。その構成団体は，老盟と労工陣線のほか，社会立法運動聯盟，台湾人権促進会，残障聯盟（障害者聯盟），現代婦女基金会，社会工作専業人員協会をはじめとする 364 団体である（台湾労工陣線 2000）。彼らは，「国民年金の実施を遅らせれば，政府の財政負担はいっそう重くなる」「地震はかえって社会保障制度整備の重要性と緊急性をいっそうはっきりさせた」と主張した（蔡 2008 : 96）。社会運動団体が団結して共通の敵に対抗した経験は，以後数年間の活動の出発点になったという（同 : 97）。

　この時期の特徴をまとめておこう。県市長選挙の候補者たちや，敬老年金行動聯盟を組織した民進党新潮流系の政治家たちは，有権者にわかりやすいコミュニケーション的言説で実績獲得に向けた政治を語っていた。一方，老盟に代表される社会運動団体は，当時は公式に発言しなかったにせよ，国民年金は拠出制の社会保険であるべきだと考えていた。地震後の搶救国民年金聯盟にしても，政府に対して福祉拡大を要求するというより，自らも負担するから一日も早く社会保険を実施すべきだと主張していたように読める。つまり，社会運動団体は，言説の振幅を増大させるのではなく，むしろ専門家の調整的言説に沿って自らの主張を展開していたのである。

2）第二期（2000～2005年）

　この時期は，初の政権交代によって始まる。2000年3月の総統選挙で初めて民進党の陳水扁候補が当選し，年金問題をめぐる政治も新しい展開を見せた。陳水扁総統は「三三三安家福利方案」という公約を掲げて当選したが，その内容は，①65歳以上の高齢者に対して毎月「3」000元の老人手当を支給する，②「3」歳以下の幼児の医療費を無料にする，③青年層（20～40歳）が初めて住宅を購入する際に「3」％の低利ローンを提供する，というものだった（上村 2002a：158）。このうち老人手当は2002年1月に「敬老福利生活手当」として実現したが，この制度は国民年金制度が実施されるまでの暫定措置とされた（事実，2008年9月に廃止された）。

　民進党政権は国民年金の実施方式の再検討に着手し，2002年には国民年金案を，①儲蓄保険制度案，②平衡基金制度案，③社会保険制度案の3つに整理した（曾・姚・鄭 2007：18，蔡 2008：107）。①儲蓄保険制度案は，個人口座方式8割と保険方式2割を組み合わせたものである。現役世代の国民が毎月600元の保険料を払い（低所得者や障害者には補助がある），政府補助150元と合わせて750元とし，そのうち600元を個人口座に，150元を保険口座に払い込む。65歳になると自分の個人口座から毎月7500元を受け取ることができ，個人口座が底をついたら保険口座から少なくとも3000元を受け取ることができるというものである（上村 2002a：159）。②平衡基金制度案は，保険料を徴収するのではなく，「平衡基金」を設けて消費税増税（現行5％から1％増税）などで財源を賄う。国民は65歳になると毎月3000元の年金を受け取ることができるというものである（同：159）。一方，③社会保険制度案は，1990年代に国民党政権の下で作成された社会保険方式の国民年金制度案と同じ内容である（蔡 2008：107）。

　これらの案を検討するために，2002年5月，行政院は「第三次全国社会福利会議」を招集した。会議の参加者は，社会福祉の研究者や専門家が50名，中央と地方の議員が50名，社会福祉機構と民間団体の代表が120名，政府の官僚が80名だった（行政院新聞局 2002）。行政院の意図は①の儲蓄保険制度案，すなわち個人口座方式案へのお墨付きを得ることにあったが，社会運動団体は

これに反対し，③の社会保険制度案を支持した（蔡 2008：108）。

全国社会福利会議に備えて，老盟，残障聯盟，智障者家長総会などの社会福祉団体が「民間社会福利推進小委員会」を組織し，林萬億・国立台湾大学教授らとともに国民年金制度のモデルについて討論した。この過程で，年金に関する社会福祉団体の政策知識が大幅に拡充されたという（同：108）。社会福祉団体は，税方式では財政規律を重視する官僚の賛成を得られないと考え，次善の策として社会保険制度案に賛成した（同：109）。その結果，全国社会福利会議では社会保険制度案を採用することが合意された（曾・姚・鄭 2007：18）。

一方，2003年8月には，社会運動団体を糾合して泛紫聯盟が設立された（2006年6月解散）。これは民進党新潮流系の簡錫堦立法委員を中心として，民進党のネオリベラリズムへの傾斜に批判的な中道左派勢力の結集を企図したものである。泛紫聯盟には，老人福利推動聯盟，残障聯盟，智障者家長総会，婦女新知基金会，伊甸社会福利基金会，台湾労工陣線，台湾促進和平文教基金会，全国教師会，銀行員工会全聯会などの団体が加盟した（『聯合報』2003年8月11日）。泛紫聯盟は所得再分配を重視し，税方式を柱とする二階建て年金案を提出した。これは主に労工陣線が中心になって作った案で，税方式の普遍的基礎年金（毎月5000元）と，既存の労工保険を拡大した付加年金を組み合わせたものである（蔡 2008：123）。しかし，すべての参加団体がこの案に賛成していたわけではなく，特に老盟は2003年末には泛紫聯盟を脱退している（同：122）。

この時期の立法院では，全国社会福利会議で支持された行政院の社会保険制度案，国民党の社会保険制度案，民進党の沈富雄立法委員による税方式と個人口座方式を組み合わせた案の3つの案が審議されたが，第5期立法委員（任期は2001年12月から2004年12月まで）が任期満了を迎えたため，審議未了に終わった（曾・姚・鄭 2007：20）。蔡宜縉によれば，2002年に敬老福利生活手当制度が施行されたことで，国民年金実現の政治的切迫性が失われたことが原因だという（蔡 2008：126）。

この時期の特徴として重要なのは，全国社会福利会議が招集され，それに応じて民間社会福利推進小委員会が組織された結果として，社会福祉団体が年金に関する専門的知識を蓄えたことである。その結果，議論は精緻になったが，

1990年代の公約合戦のようなわかりやすいコミュニケーション的言説は排除されるようになった。泛紫聯盟は税方式を主張して実績獲得に向けた政治に動いたが，それに対する社会運動団体の反応には温度差があった。調整的言説による思考法を身につけた社会運動団体は，福祉拡大を語るにも調整的言説で語らなければ満足できなくなっていたのである。

3）第三期（2005〜2007年）

　この時期には，民進党に近い社会福祉学者が無任所大臣（政務委員）として入閣し，社会運動団体と協議を重ねながら国民年金制度の案を練った。政務委員として年金問題を最初に担当したのは国立政治大学副教授の傅立葉（1959年生まれ。在任は2004〜2006年）であり，2006年からは国立台湾大学教授の林萬億（1952年生まれ。在任は2006〜2007年）がこれを継いだ。二人ともカリフォルニア大学バークレー校で博士号を取得した学者である。特に林萬億教授は，大著『台湾的社会福利』（林 2006）の著者として，また多くの研究者を育てたことでも知られている。彼らは社会福祉団体の指導者たちと親しく，これまでさまざまな機会に協働してきた。

　ここでは林萬億が政務委員に就任した2006年以降に限って，政府と社会福祉団体がどのように協働したのか検討したい。林萬億政務委員と社会福祉団体の指導者たちは，上述のように，すでに民間社会福利推進小委員会での討論を通じて考え方を共有してきていた。財政制約を考慮すれば税方式の普遍的基礎年金は望ましくなく，スウェーデンの最低保証年金の考え方を取り入れて既存の労工保険を拡大した社会保険方式こそが適当だとする考え方である（蔡 2008: 151）。残障聯盟の前秘書長で第6期立法委員になった王栄璋は，この考え方に基づく法案を立法院に提出した（同: 151）。一方，労工陣線はこの案に不満を感じていた。労働者の多くは最低保証年金以上の労工保険を受給できるので，労工保険を拡大して国民年金とする案では労働者の得にならないからである（同: 154）。しかし，社会福祉団体との協力関係をふまえて，あえて積極的な反対には転じなかった（同: 154）。

　そうしたなか，2006年7月には台湾経済永続発展会議が開催された。これ

は行政院主催の超党派会議であり，「社会保障体系の完成」「産業競争力の向上」「財政金融改革」「グローバル構造と両岸経済貿易」「政府の能率向上」の5つのテーマについて議論した（第4章参照）。そのうち社会保障分科会では，①高齢化と長期介護制度，②少子化と育児休業制度，③国民年金，④全民健康保険，⑤軍人・公務員・教員の退職金の削減，に関する討論が行なわれた（台湾経済永続発展会議 2006）。社会保障分科会を主導したのは林萬億政務委員であり，参加者名簿には上記の王栄璋，呉玉琴（老盟），孫友聯（労工陣線）ら29名の名前が見える（台湾経済永続発展会議のホームページ）。

同会議の報告書は，国民年金を実現しなければならない理由として以下の4つを挙げている。①「現行の社会保障体系は国民全体をカバーしていない。25〜64歳の国民のうち，約353万人（30％）が高齢期の経済保障を享受していない」（台湾経済永続発展会議 2006：80）。②「各保険の保障水準には明白な格差がある。軍人・公務員・教員の所得代替率は平均70％であるのに対して，多くの労働者のそれは20％未満である」（同：80）。③「各種の高齢者手当の支給によって財政負担が重くなっている。2004年の高齢化率は9.39％で手当支給額は839億5000万元だったが，20年後には高齢化率は倍の18.83％になり，支給額は1679億元になる」（同：81）。④「手当は政治的要因で選挙のたびに変動する。例えば高齢農民手当は2004年から2006年にかけて2回も増額され，政府支出を140億元増加させた」（同：81）。ここには，格差を是正して全国民をカバーする国民年金制度を作るべきだとする考えと，無拠出の高齢者手当を増やして財政規律を損なうのは無責任だとする考えが含まれている。

さて，上述のように，林萬億政務委員の考え方を反映したのは王栄璋立法委員の提出した法案だったが，これには行政院労工委員会（労働省）が反対した。政務委員としての林は官僚と妥協せざるを得ず，行政院提出の国民年金法案は，労工保険とは独立の制度を作る案となった。こうして，2007年8月に成立した国民年金法では，労工保険・農民保険・公務員教員保険・軍人保険に加入していない25歳以上65歳未満の国民が適用対象とされた。給付内容は，老齢年金・心身障害年金・遺族年金および葬祭給付である。当初の案では農民も国民年金に加入する予定だったが，農民保険および高齢農民福利手当のほうが有利

なので，農民については引き続きこれらの制度を選択できることになった。つまり，他の制度が適用されない人々のみを国民年金でカバーすることによって，ようやく国民皆年金が実現されたのである（第6章参照）。

　この時期を支配したのも，やはり専門家の調整的言説である。その傾向は林萬億教授の政務委員就任によっていっそう顕著になり，ほとんどの社会運動団体はスウェーデン方式の最低保証年金を含む社会保険方式に賛成した。一方，労工陣線にとっては，これが自らの利益に反するにもかかわらず，専門家を向こうにまわして対案を出すことはできなかった。台湾の国民年金をめぐる政策過程では，いまだ福祉拡大の途上にもかかわらず，財政規律を重視する非難回避の政治が作動した。このような言説空間の限定は，一方ではグローバル経済のなかで福祉国家の拡充を進める困難に由来するが，他方では専門家支配による超党派的合意形成の伝統とも関連しているように思われる。

　産業構造の急激な変化を経験しつつある台湾では，高齢者の置かれた状況もまた大きく変化しつつある。そのなかで，所得とサービスの両面における高齢者福祉の改革は焦眉の急の課題だったが，それは順調に進捗したとは言いがたい。ともあれ，2008年10月には国民年金法が施行され，既存の制度と合わせて，日本流に言えば国民皆年金が実現した。

　本章では，制度の整理紹介を目的とせず，社会運動団体の言説に注目することで，台湾における高齢者福祉をめぐる政治の言説空間の大きさを測定することをめざした。分析から見えてきたのは，専門家の調整的言説が社会運動団体にまで浸透していたことであり，その結果，超党派的合意形成が可能になったことである。福祉国家の拡大局面にもかかわらず，コミュニケーション的言説ではなく調整的言説が基調となったことは，この時期の台湾の高齢者福祉政治の特徴であり，ある程度までは後発福祉国家の特徴とも言えるかもしれない。安易なポピュリズムに流されることなく財政制約をふまえた制度が導入されたことは，見方によっては大いに評価すべきことであるが，別の立場からは福祉の拡充が抑制されたと見ることもできる。こうして実現した改革が高齢社会の到来に対応できる水準に達しているか否かが，これから問われることになる。

第6章

    # 台湾の社会保障と企業福祉

    ## 1 はじめに

    　台湾の社会保障制度の歴史は古く（本章末尾の年表参照），その淵源は1943年に中国大陸で実施された「川北区塩田労働者保険」にさかのぼる（林 2006：160）。また，1947年公布の中華民国憲法には以下の条文がある。

    　　第152条「国家は労働能力をもつ人民に適当な就業機会を与えなければならない。」

    　　第155条「国家は社会福祉を図るため，社会保険制度を実施しなければならない。高齢者，障害者，生活能力を欠く者，および大災害の被災者に対して，国家は適当な扶助と救済を与えなければならない。」

    　つまり，完全雇用（第152条）と社会保障（社会保険と公的扶助，第155条）の実現を規定している点で，憲法上はすでに福祉国家の要件を満たしていたことになる。しかし，当初から全国民に社会保障が行き渡っていたわけではない。大陸反攻を国是とする国民党政権のもとで，社会保障の適用範囲は当初，軍人，公務員，公営企業労働者などに限られていた。後述するように，社会保障が全国民に行き渡ったのは近年のことである。

    　一方，憲法第154条には，「労使双方は協調協力の原則に基づいて生産事業

を発展させなければならない」とも定められており,協調的な企業内労使関係をめざしていたことがわかる。

当初は大陸反攻の基礎固めのため,のちには生産性向上のために,国民党政権は労使双方に協調を求め,企業福祉を奨励した。企業福祉は社会保障の不備を補った側面があるが,近年ではその役割に変化も見られる。本章では,2006年8月に行なった調査[1]の結果を制度資料と突き合わせることで,台湾の企業福祉と社会保障の関係を明らかにしたい。第2節では,台湾の企業福祉を理解するための前提条件として,企業を取り巻く社会保障制度の歴史的展開を概観する。また,企業福祉を支える台湾独自の企業内労使関係のあり方について述べる。第3節では2006年調査の回答企業の特徴と企業福祉観を分析し,第4節では企業福祉の具体的内容について検討する。さらに,第5節では経営者への聞き取り調査によって,企業にとっての企業福祉の意味を浮き彫りにする。第6節ではこれらの分析をふまえて,後発福祉国家の典型としての台湾の福祉レジームが岐路に立っている様子を描き出してみたい。

2 企業を取り巻く社会保障制度

1) 民主化以前からの制度

台湾の社会保障の仕組みは複雑である。表6-1は,職域によって加入する制度が異なることを表わしている。すべての国民が必ず加入するのは,全民健康保険だけである。老齢年金や障害給付については,公務員・教員,軍人,被用者,自営業者など,職域ごとに異なる制度が対応している。また,農民には農民保険がある。さらに,高齢農民福利手当や中低所得高齢者生活手当などの社会手当もある。こうした複雑な仕組みは,台湾の社会保障制度の歴史に由来している。ここではまず,民主化以前から継続している制度について説明したい。

最初に導入されたのは,労働者を対象とする「労工保険」(1950年実施) で

---

[1]「東アジア7カ国・地域の企業アンケート調査」(主査・末廣昭教授) の一環として行なった。調査票は筆者オリジナルではなく,プロジェクト全体に共通のものである。プロジェクト全体の成果は末廣編 (2010) として公刊されている。

表 6-1 職種別に見た台湾の社会保障制度

職種	労災補償	出産給付	障害給付	老齢年金	退職金	医療保険	失業保険	社会手当	公的扶助
公務員・教員			公務員教員保険		公務員退職金	全民健康保険			
軍人			軍人保険						
労働者		労工保険			労工退職金		就業保険		
自営業者	労工保険（同業組合を通じた任意加入）								
農業者		農民保険		国民年金				高齢農民福利手当	
無職				国民年金				中低所得高齢者生活手当	社会救助

出所）筆者作成。

ある。発足当初，労工保険は傷害・障害・出産・死亡・老齢の5種類の給付を包括していた。1956年には疾病入院給付が開始され，1970年には疾病外来給付が追加された。1979年には疾病給付が傷病給付となり，職業傷病補償費と普通傷病補助費に分けられた。1999年には労工保険失業給付が追加された。2003年の就業保険法の実施により，失業給付は労工保険から分離された。さらに2009年には，従来の各種現金給付が障害・老齢・遺族年金からなる労工保険年金に再編された。普通事故保険料率は基準賃金の7.5％であり，そのうち20％を本人が負担し，使用者が70％，政府が10％を負担する。職業災害保険料率は産業別に定められており，使用者のみが負担する。なお，保険料の計算対象となる賃金は月額4万3900元までであり，それ以上の賃金については対象外である（労工保険局 2008a）。2007年の時点で労工保険の加入者は879万9405人であり，これは労働力人口の82.1％にあたる（行政院主計処 2008）。

労工保険と同じ1950年に「軍人保険」が実施され，やや遅れて1958年に「公務員保険」が実施された。後者は，1999年に私立学校教職員保険と合併して「公務員教員保険」となった。全民健康保険の発足（1995年）以前は年金給付と医療給付を行なっていたが，以後，医療給付業務は中央健康保険局が行な

表6-2 各社会保険の加入率の推移（対全人口比）
(%)

	労工保険	公務員保険	農民保険
1971年	6.7	2.1	
1981年	15.3	2.4	
1991年	35.3	2.7	8.0
2001年	34.7	2.8	7.9
2007年	38.3	2.6	7.0

データ出所）行政院主計処『97年版中華民国統計年鑑』。

うことになった（台湾銀行，発行年不明）。2007年の時点で公務員教員保険の加入者は59万808人であり，これは労働力人口の5.5％にあたる（行政院主計処2008）。

さて，労働者を対象とする労工保険が早期に導入されたものの，当初，その適用範囲は公営企業などに限られていた。表6-2のように，1970年代になっても労工保険の加入率はそれほど拡大していなかった。大部分の労働者に労工保険が適用されるようになるのは，むしろ1980年代になってからである。さらに，権威主義体制の末期には，労働者や農民への社会保障制度の適用が進んだ。次に述べる農民保険もこの時代に登場した。

「農民保険」（1985年実施）は発足当初，傷害・疾病・出産・障害・死亡の5種類の給付を包括していた（老齢給付は含まれていない）。全民健康保険の発足後は傷害・疾病給付が全民健康保険に移管された。農民保険の保険料は，前年の労工保険の基準賃金の加重平均（2008年は1万200元）に2.55％（全民健康保険の実施以前は6.8％）を掛けた額である。そのうち70％は政府が補助するので，実際には月額78.03元ということになる（労工保険局 2008b）。2007年の時点で農民保険の加入者は160万1000人であり，農林漁業就業人口54万3051人を大幅に上回っている（行政院主計処 2008）。これは，すでに農業から引退した元農民が引き続き加入しているためと考えられる。

2）民主化以後の展開

1987年に始まる民主化は，権威主義体制の下で作られた台湾の社会保障制度に改革を迫った。従来の制度は職域別に形成されていたため，全国民をカバ

表 6-3　全民健康保険の保険料負担率

(％)

加入者種別			負担率		
			被保険者	雇用主	政府
第1類	公務員・職業軍人	本人と家族	30	70	0
	私立学校教職員	本人と家族	30	35	35
	一般被用者	本人と家族	30	60	10
	自営業主	本人と家族	100	0	0
第2類	職業組合会員・船員	本人と家族	60	0	40
第3類	農民・漁民・水利会会員	本人と家族	30	0	70
第4類	兵役・兵役代用奉仕・軍校給費生	本人	0	0	100
第5類	低所得世帯	家族全員	0	0	100
第6類	栄民とその家族	本人	0	0	100
		家族	30	0	70
	その他	本人と家族	60	0	40

出所）中央健康保険局「98年全民健康保険簡介」。

ーしていなかったからである。所得保障と医療保障の両方が改革の対象となったが，改革が順調に進んだのは医療のほうである。

　医療については，従来，労工保険・公務員教員保険・農民保険がそれぞれ医療給付を実施していたが，国民の40％が無保険のままだった（林 2003：73）。1995年に実施された「全民健康保険」は，全国民を一括して対象とすることで無保険問題を解消した[2]。全民健康保険の2009年時点の保険料率は4.55％である。ただし，基準賃金×保険料率×負担率×（1＋扶養家族数）を支払う。民間企業被用者の負担率は30％である。したがって，扶養家族が2名の場合は，基準賃金×4.55×0.3×3，つまり基準賃金×4.095％を支払うことになる（中央健康保険局 2009）。表6-3は，職域による保険料負担率の違いを表わしたものである。既存の医療保険を統合するために，職域ごとに異なる取り扱いを引き継いできたことがわかる。2007年の時点で全民健康保険の加入者は2262万9635人であり，これは全人口の98.6％にあたる（行政院主計処 2008）。

　なお，全民健康保険には低所得者に対する減免制度がある。特に高齢者には

---

[2] 台湾の医療保険の歴史的展開については李（2011）が詳しい。

「中低所得高齢者医療費補助」が設けられており，これは低所得世帯の高齢者が医療を受ける場合，全民健康保険の保険料と医療費を政府が補助するものである。また，70歳以上の中低所得高齢者については，全民健康保険の保険料を政府が全額負担している。また，「中低所得高齢者重病入院看護費補助」は，高齢者が重病で入院する場合に看護費用を政府が補助するものである。中低所得高齢者の場合は日額750元，低所得世帯の高齢者の場合は日額1500元を補助する（内政部社会司 2007）。

一方，高齢期の所得保障について見ると，労工保険・公務員教員保険・軍人保険には老齢給付があったが，すべての国民をカバーしているわけではなかった。しかし医療の場合とは異なり，国民年金の導入は順調には進まず，2008年になってようやく実現した（第5章参照）。国民年金の導入が遅れるなか，国民党と民進党の選挙公約合戦によって，65歳以上の高齢者のための各種手当の拡充が進んだ。それには以下のようなものがある。

まず，低所得高齢者には，社会救助法の最低生活費標準に従って「低所得世帯高齢者生活補助」が支給される。2007年度の最低生活費標準（月額）は，台北市で1万4881元，高雄市で1万708元，台湾省で9509元，金門・連江県で6500元となっている（内政部社会司 2007）。

次に，「中低所得」の高齢者のためには「中低所得高齢者生活手当」（1993年施行）がある。これは，扶養能力のある子女がおらず，しかも世帯所得が上記の最低生活費標準の1.5～2.5倍である場合に一人月額3000元，同標準の1.5倍以下である場合には一人月額6000元を給付するものである（同）。

このほか，高齢農民を対象とする「高齢農民福利手当」（1995年施行）がある。高齢の農漁民に対して，一人月額6000元を給付している（労工保険局 2009）。

さらに，2000年に発足した民進党政権は「敬老福利生活手当」を導入した。これは，軍人や公務員の退職金や，上述の諸手当を受給していないことを条件に，一人月額3000元の手当を給付するものだった。ただしこの制度は，次節に述べる国民年金法の施行にともなって廃止された。これら一連の手当は，国民年金の導入をさらに遅らせる原因となったが，ある程度までは国民年金導入

の代替策でもあったと言えよう。

　最後に，2003年には失業保険として「就業保険」が実施された（曽 2003：107）。就業保険の目的は，非自発的失業に遭遇した労働者に失業給付を提供することのほか，職業訓練中の失業者に職業訓練生活手当と健康保険料補助を給付して生活を安定させ，再就職を促進することにある。保険料は基準賃金の1％であるが，政労使の負担割合は労工保険と同じく本人20％，使用者70％，政府10％である（労工保険局 2008c）。

3）2000年代の退職金・年金改革

　2000年代後半になって高齢期の所得保障に関する改革が相次ぎ，ここによ うやく全国民をカバーする社会保障制度が完成された。具体的には，①労働者 退職金条例の施行（2005年7月），②国民年金制度の実施（2008年10月），③労 工保険の各種給付の労工保険年金への再編（2009年1月）の3つの改革による。

　第一に，法定退職金制度は，もともと1984年制定の労働基準法に規定され たものである。同一企業に15年以上勤続することが受給要件とされたため， 転職の盛んな台湾の実情に合わなかった。事実，1999年の時点で，法定退職 金制度に拠出していた企業は全体の8％に過ぎず，実際に退職金を受け取った 退職者は全体の18％に過ぎなかったという（林 2006：180）。そこで，新しい 労働者退職金条例では，転職しても退職金を保持できる個人口座制に移行す ることが可能とされたのである（労工保険局 2008d）。これは，旧制度に比べて受 給額は減少するが，転職志向の労働者にとっては望ましい。一方，転職するつ もりのない労働者は旧制度に残ることも可能である。表6-4は新旧の制度を比 較したものである。なお，筆者の2006年調査で，何パーセントの従業員が新 制度を選択したかを訊ねたところ，平均で61.8％の従業員が新制度に移行し たことが判明した（回答企業は177社）。

　第二に，国民年金制度が，十数年の議論を経てようやく実施された（第5章 参照）。全民健康保険による国民皆保険の実現から，じつに13年後のことであ る。

　第三に，労工保険の各種現金給付が障害・老齢・遺族年金からなる労工保険

表 6-4 退職金の新旧制度比較

	旧制度	新制度
根拠法	労働基準法	労働者退職金条例(労工退休金条例)
概要	確定給付制を採用。雇用主が拠出する労働者退職準備金を,企業の労働者退職準備金監督委員会の名義で積み立てる。	確定拠出制を採用。雇用主は被用者のために退職金ないし保険料を拠出する。個人口座制を主とし,年金保険を副とする。
対象	労働基準法が適用される労働者。	労働基準法が適用される台湾国籍の労働者。ただし,私立学校法に定める退職金を積み立てている者には適用されない。
受給資格	同一企業に勤めた年数のみが加入年数として計算されるので,離職や倒産によって再就職した場合,加入年数がリセットされてしまう。同一企業に15年以上勤続して55歳になった者,または同一企業に25年以上勤続した労働者が受給できる。	退職条件を満たした人は雇用主に退職金を請求できる。満60歳以上で新制度に15年加入した人は労工保険局で月ごとの退職金を請求することができる。加入期間が15年未満の人は一時金で受け取り,年金保険を購入する。
受給方式	一時金	毎月または一時金
計算方式	勤続年数にしたがって,毎年2基数を加算する。ただし,勤続15年以上の場合は毎年1基数を加算する。45基数を上限とする。	個人退職金口座制:労働者個人の退職金口座の元本および利子を,年金生命表に基づいて平均余命や利率などを計算したうえで年金または一時金として受け取る。年金保険:受給金額は保険契約によって定める。
雇用主負担	柔軟な料率。労働者の毎月労働費用総額の2〜15%を拠出する。どれだけ拠出すべきか計算しにくい。	固定料率。雇用主の負担するコストが明確。6%以上を拠出する。
被用者負担	労働者は拠出の必要なし。	労働者は6%の範囲内で任意に拠出することができる。これは優遇税制の対象となる。
実施時期	1984年8月1日	2005年7月1日
利点	①労働者の勤続を奨励する。②単一制度なので比較的理解しやすい。	①加入年数の計算が同一企業に限定されない。②固定料率なので経営の不確実性を回避できる。③公平な就業機会を促進する。
欠点	①退職金受給要件を満たすのが難しい。②柔軟な料率なので雇用主の費用負担が不確定。③中高年労働者の就業を妨げる。	①どちらかの制度を選ぶ必要がある。

出所)黃于玲・苗坤齡・張一穂・許汶鎂・楊嘉琳・邱淑美『労退新制対労動供需影響之研究』(行政院主計処,2008年)表 2-1 より要約作成。

表 6-5 退職後の生活費の見込み（2008 年，複数回答）

(%)

	財産収入	貯蓄	労工保険老年給付	退職金（旧制度）	退職金（新制度）	子どもからの仕送り	わからない
年齢							
25〜34 歳	22.4	84.5	41.1	29.9	55.8	5.0	5.5
35〜44 歳	17.5	78.9	56.1	34.6	45.4	5.9	5.0
45〜54 歳	12.1	68.6	62.9	39.2	33.7	9.3	5.1
55〜64 歳	8.4	57.2	59.2	39.6	27.5	16.3	5.4
企業規模							
29 人以下	15.5	74.4	51.1	23.3	42.5	8.2	6.9
30〜49 人	17.3	75.0	49.0	28.3	45.5	9.5	6.1
50〜199 人	17.9	76.8	50.0	36.3	51.0	7.4	5.5
200〜499 人	20.7	76.5	48.3	39.4	48.3	6.0	6.8
500 人以上	22.3	83.6	51.5	48.6	43.2	5.9	3.0

データ出所）行政院労工委員会『97 年労工生活及就業状況調査』。

年金に再編されたことは，前節でも述べた通りである。

これらの改革によって，退職金・年金制度に対する国民の信頼度は格段に向上したと思われる。表 6-5 は上記②③の改革以前の調査であるが，①の法定退職金改革の効果は読み取れる。若い世代ほど，また中小零細企業に勤める人ほど，新しい法定退職金制度に対する期待が大きいことがわかる。

3　2006 年調査の回答企業の特徴と企業福祉観

1) 調査の方法

筆者が 2006 年に行なった調査では，以下の 5 つの方法で対象企業を選定した。①中華徴信所という民間の調査会社発行の『台湾地区大型企業排名 TOP5000（2006 年版）』に掲載されている売上高上位 1500 社。②中華民国全国工業総会の業種別工業会の代表になっている企業 374 社のうち，①に含まれていない 259 社。③東洋経済新報社編『海外進出企業総覧 2006（国別編）』に掲載されている台湾の従業員 100 人以上の日系企業 184 社のうち，①に含まれていない 122 社。④中華民国中小企業協会が主催した各種セミナー（2006 年 8〜9 月に台北・台中・新竹で開催）で同協会の協力依頼に応じた 35 社。⑤個人的な

紹介を通して訪問した企業5社。以上，計1921社に対して調査を実施した。

①②③については，2006年8月21日に調査票を郵送した[3]。郵送調査の回収票数と回収率は，①のTOP5000が112票（7.5％），②の工業総会が20票（7.7％），③の日系企業が27票（22.1％）だった。④の35票，⑤の5票，および①②③のいずれとも判別できない1票と合計して，ちょうど200票の有効回答を得た。

以上のような方法をとったのは，大企業と中小企業，地場系企業と外資系企業など，対象企業の多様性を確保するためである。いわば，社会調査法で言う割当法を採用したことになるが，サンプル数は母集団における各カテゴリーの比率を反映しているわけではない。また，各カテゴリーにおける対象はランダムサンプリングで選んだわけではなく，①は売上高上位1500社，②は業種別工業会代表企業，③は従業員100人以上というように，それぞれのリストにふさわしい方法で選んでいる。このような方法をとった結果として，全体の平均値の意味は解釈しにくい。また，調査対象が好業績（売上高上位）の企業や模範的（業種別工業会代表）な企業に偏っていることも否めない。そうした限界はあるが，以下では企業属性別の値を比較するなどして，台湾の企業福祉の特徴にアプローチしていきたい。

2）回答企業の特徴

有効回答を提供してくれた200社の属性について，簡単に紹介しておきたい。第一に業種別に見ると，製造業が56.0％を占めており，なかでも基礎金属（10.0％），電気電子機器（11.0％），自動車（10.0％）などが目立っている。製造業以外では，金融・保険業（10.0％）やサービス業（11.0％）が多い。

第二に従業員規模を見ると，従業員200人以上の企業が48.5％，200人未満の企業が44.0％となっている。つまり，大企業と中小企業がほぼ半数ずつと

---

3) 調査票の発送にあたっては国立台湾大学社会学系の孫中興教授に御協力いただき，調査票の返送先としては国立中正大学労工関係学系の周玟琪教授に御協力いただいた。周教授には，調査票の中国語訳や調査設計についても御助言いただいた。また，④については，中小企業協会の徐友彬氏に御協力いただいた。

いうことになる。なお，台湾における中小企業の定義は，中小企業発展条例における中小企業認定基準として定められている。①製造業・建設業・鉱業・土石採取業では資本金8000万元以下，それ以外の産業では前年の営業額が1億元以下の企業。②製造業・建設業・鉱業・土石採取業では従業員200人未満，それ以外の産業では従業員50人未満。①②のいずれかを満たせば中小企業として認定される。つまり，製造業や建設業の場合は200人未満の企業が中小企業とされる。本章では簡略化のために，業種によらず200人未満の企業を中小企業として扱う。

第三に資本金額を見ると，資本金8000万元以上の企業が70.0％，8000万元未満の企業が16.0％となっている。上記のように，資本金額で見た場合の中小企業認定基準は8000万元未満であるが，この基準をとると中小企業はずっと少なくなることがわかる。今回の調査では売上高上位1500社や工業総会代表企業など，優良企業を多く取り上げたため，従業員規模は小さくても資本金額は大きな企業が多くなったものと考えられる。

第四に所有形態を見ると，地場系企業（国営・公営企業，100％地場企業，地場優位合弁企業）が75.5％，外資系企業（外資優位合弁企業，100％外資企業）が18.5％となっている。これは台湾における地場系企業と外資系企業の割合を反映したものではないことに注意すべきである。つまり，『海外進出企業総覧』による日系企業27社が入っているので，いわば外資系企業が多くなるようにサンプルを割り当てたことになる。

第五に創業年代を見ると，1970年代以前に創業された伝統企業が47.5％，1980年代以降に創業された新興企業が44.5％となっている。

第六に，労働組合がある企業は34.5％にとどまっている。しかし前述のように，台湾では組合のない企業にも法定の労使協議制度が設けられている場合が多い。回答企業についても，組合のない企業のうち38.3％には労資会議が設けられており，79.1％には職工福利委員会が設けられていた[4]。回答企業のうち，工会・労資会議・職工福利委員会のいずれもない企業は19社（9.5％）

---

4) 労資会議および職工福利委員会については第4章の説明を参照されたい。

にとどまっている。

3）企業福祉観

　台湾には企業福祉を「特に重視している」という企業が少なくない。その割合は，同時に調査を行なった6カ国[5]のうち中国に次いで多い（中国が64.3％，台湾が52.6％）（末廣編 2010：47）。ここでは，台湾企業の企業福祉観の特徴を探ってみたい。

　まず，ほとんどの企業が，「企業が従業員の面倒を見るのは当然の義務である」（98.4％）と答えており，企業福祉の意義について肯定的に評価している（「よりよい企業福祉はより優秀な従業員の確保に必要である」98.5％，「よりよい企業福祉は従業員の定着率の向上に貢献する」98.4％，「よりよい企業福祉は従業員の仕事に対する意欲を高める」92.2％，「よりよい企業福祉は良好な労使関係の維持に貢献する」98.4％）。

　一方，「企業福祉の費用はできるだけ抑制し，その代わりに賃金・ボーナスの支給を重視したい」と答えた企業はわずか15.2％であり，「他社よりも高い水準の企業福祉を提供していきたい」と答えた企業が84.6％を占める。企業福祉に独自の意義を認める企業が多いことが窺われる。その配分原理については，77.4％の企業が「会社により多く貢献した人に手厚く配分すべきである」と答えている。肯定的な企業福祉観の背景には，成果や貢献に応じて支給される年末ボーナスや分紅（自社株で支給するボーナス）も企業福祉に含めて考える，台湾独特の捉え方があるのかもしれない。

　「従業員の生活保障は，企業よりも政府が責任をもつべきである」と答えた企業は9.6％にとどまった。これは6カ国のなかで例外的に低い値である（末廣編 2010：48）。台湾では政府が協調的な企業内労使関係を奨励してきた（第4章参照）が，少なくともイデオロギーのレベルでは労使協調主義が深く根づいていると見てよいだろう。

5）韓国，中国，台湾，タイ，シンガポール，インドネシアの6カ国である。

4) 企業福祉の決定方法

　台湾の企業は，企業福祉の内容や水準をどのように決めているのだろうか。この点についても，他の国々と比較することで台湾の特徴が浮かび上がってくる（末廣編 2010：46）。

　台湾では「労使協議に基づいて決める」という企業が 83.2％にのぼっており，これはインドネシア（65.9％），韓国（54.1％），中国（52.7％），タイ（47.7％），シンガポール（26.3％）などを大きく引き離している。しかし，これには理由がある。第 4 章で述べたように，台湾では労働組合のほかに，法定の労資会議や職工福利委員会が重要な役割を果たしている。そこで，「労使協議」の相手を区別して訊ねたところ（複数回答），「労働組合との協議」が 21.2％，「労資会議における協議」が 46.7％，「職工福利委員会における協議」が 70.7％という結果になった。つまり，企業福祉の決定においては，労働組合よりも法定の労使協議制度のほうが大きな役割を果たしているのである。

　このほか，「他社と情報交換」したうえで決めていると回答した企業が 34.8％，「人事コンサルタント会社の助言」を参考にして決めていると回答した企業が 32.1％，「経営独自の判断」で決めていると回答した企業が 35.9％だった（いずれも複数回答）。国際比較で見ると，「経営独自の判断」で決めていると回答した企業は中国（33.0％）に次いで少ない。それだけ企業福祉が社会的に重視されている証拠だろう。一方，他の国々に比べて，「人事コンサルタント会社の助言」を参考にすると回答した企業も多かった。とりわけ，地場企業（28.0％）に比べて合弁・外資企業（43.3％）で，組合のある企業（23.9％）に比べて組合のない企業（39.4％）で，その傾向が著しい。

4　企業福祉の内容

1) 休暇制度

　台湾の企業においては，法定の休暇制度は概ねきちんと導入されていると見てよい。労働基準法第 38 条規定の有給休暇である「特別休暇」（年間 7～30 日。勤続年数による）について訊ねたところ，そのような制度はないと回答した企

業は3社のみだった。これも回答者の勘違いである可能性が高い。また，特別休暇の日数については，多くの企業が法律どおり7〜30日と回答した。

　特別休暇のほか，台湾には以下のような法定の休暇制度がある。

　①公用休暇（公假）。兵役など，法令によって定められた目的のための有給休暇。日数は実際の必要による（労働者休暇申請規則（労工請假規則）第8条）。

　②労災休暇（公傷病假）。労災の治療・休養期間に適用される有給休暇（労働者休暇申請規則第6条，労働基準法第59条第2項）。

　③病気休暇（普通傷病假）。労災以外の治療・休養について，以下の期間内で適用される。1）入院を要しない者については年間合計30日以内，2）入院を要する者については2年間合計1年以内，3）1と2を合わせて2年間合計1年以内。なお，休暇期間の賃金補償は年間合計30日以内の部分に限られており，労工保険傷病給付が従前賃金の50％に達しない場合に限り，使用者がこれを補塡することになっている（労働者休暇申請規則第4条）。

　④私用休暇（事假）。労働者が何らかの事故を自分で処理しなければならない場合に，年間14日以内に限って取得できる無給休暇（労働者休暇申請規則第7条）。

　⑤結婚休暇（婚假）。労働者本人が結婚する場合に取得できる8日間の有給休暇（労働者休暇申請規則第2条）。

　⑥出産休暇（産假）。労働者本人が出産する場合に取得できる8週間の有給休暇。6カ月以上在職した者には賃金全額が支払われ，6カ月以下の場合は半額が支払われる（労働基準法第50条）。

　⑦葬式休暇（喪假）。以下の期間について取得できる有給休暇。1）父母・養父母・継父母・配偶者が死亡した場合は8日，2）祖父母・外祖父母・

表 6-6 休暇制度

休暇の種類	日数 最少	日数 最多	政府の規定どおり提供	政府の規定よりも多い	政府の規定はないが自主的に提供	休暇期間の賃金支払 あり	休暇期間の賃金支払 なし
①公用休暇	空欄〔187〕	空欄〔191〕	153	9	12	183	1
②労災休暇	空欄〔184〕	空欄〔165〕	159	5	8	176	4
③病気休暇	空欄〔176〕	30日〔54〕	155	14	6	160	19
④私用休暇	空欄〔178〕	14日〔68〕	166	4	6	39	139
⑤結婚休暇	空欄〔181〕	8日〔73〕	170	6	3	179	5
⑥出産休暇	5日〔20〕	56日〔74〕	173	3	2	179	3
⑦葬式休暇	3日〔45〕	8日〔68〕	164	13	2	178	3
⑧育児休業	空欄〔181〕	730日〔34〕	134	2	3	32	123

註）日数を除く表中の数字は回答企業数。
出所）調査結果より筆者作成。

子女・配偶者の祖父母・配偶者の父母・配偶者の養父母または継父母が死亡した場合は6日，3）兄弟姉妹が死亡した場合は3日（労働者休暇申請規則第3条）。

⑧育児休業（育嬰留職停薪）。1年以上在職した被用者は，子どもが満3歳になるまで育児休業を取得できる。ただし，期間は2年以内とされる。同時に2人以上の子どもを養育する場合には休業期間を合算することができるが，末子の養育期間は2年以内とされる。休業期間中の社会保険料のうち，使用者負担は免除され，本人負担は3年間の延滞が認められる（男女労働平等法第16条，育児休業実施方法）。なお，育児休業は無給であるが，2009年5月からは就業保険制度から育児休業給付が支払われることになった。育児休業給付は，子ども一人につき6カ月まで，基準賃金の60％を給付するものである。父母が同時に受給することはできないが，別々の期間に受給することは可能である（就業保険法第19条2項）。

これらのほか，男女労働平等法には，生理休暇（毎月1日，病気休暇に算入。男女労働平等法第14条），出産立会休暇（3日間，有給。男女労働平等法第15条），家族ケア休暇（年間7日以内，私用休暇に算入。男女労働平等法第20条）などが定められている。

以上の制度をふまえたうえで，表6-6を見ると，回答企業のほとんどが大部分の項目で法律どおりの回答をしていることがわかる。①公用休暇，②労災休暇，⑤結婚休暇，⑥出産休暇，⑦葬式休暇などについて，「賃金支払なし」と回答した少数の企業はいずれも中小企業である。また，③病気休暇について「賃金支払なし」と回答した企業はやや多い（19社。うち従業員200名以上の大企業は3社のみ）が，これは労工保険傷病給付の適用が基本なのでそのように回答したのかもしれない。一方，「育嬰留職停薪」（無給の育児休業制度）は，他の項目に比べて日数の回答率がやや低いが，これは2002年に施行された新しい制度なので，2006年の調査時点ではまだ実際に適用されたケースがない企業も少なくなかったためだと思われる。

2）法定福利と労働費用の構成

　法定福利（労工保険・就業保険・全民健康保険）については，ほぼすべての企業が加入していると考えられる。しかし，実際に法律どおりの保険料を払っているかどうか，調査データからは確言しにくい。ここでは第2節で述べた各社会保険制度の保険料率を整理したうえで，法定福利の内訳について金額を詳しく記入してくれた55社のデータと突き合わせて検討する。

　第一に，労工保険の保険料は賃金（正確には基準賃金）の7.5％であり，そのうち70％（すなわち賃金の5.25％にあたる額）を使用者が負担することになる。また，就業保険の保険料は賃金の1％であり，使用者負担分は同じく70％で，すなわち賃金の0.7％となる。両者を合わせると，8.2％ということになる。

　第二に，全民健康保険の保険料は扶養家族数によって異なるが，扶養家族を2名とすると賃金の13.65％となり，そのうち60％（すなわち賃金の8.19％にあたる額）を使用者が負担することになる。あくまで扶養家族を2名とした場合であるが，使用者が負担すべき保険料は，労工保険とほぼ同額となる。

　以上をふまえたうえで55社の平均を見ると，労工保険料（就業保険も合算）は給与総額（ただしボーナスを含む）の3.44％，全民健康保険料は3.77％を占めていた。上記の労工保険8.2％，全民健康保険8.19％よりも大幅に低いのは，給与総額にボーナスを含んでいるからである。給与総額のうち，かなりの部分

第6章　台湾の社会保障と企業福祉

表6-7　労働費用の構成（単純平均）

(％)

	合計 (N=50)	従業員数		産業部門		所有形態		創業年代	
		200人 以上 (N=36)	200人 未満 (N=14)	製造業 (N=28)	非製造業 (N=22)	100％ 地場企業 (N=32)	合弁・ 外資企業 (N=17)	1979年 以前 (N=24)	1980年 以降 (N=26)
現金給与	83.60	83.34	84.28	83.39	83.87	83.15	84.26	81.73	85.33
法定福利	5.86	5.83	5.94	5.92	5.79	5.74	6.18	5.83	5.89
法定外福利	2.63	2.25	3.58	2.18	3.19	3.17	1.61	3.29	2.01
退職金	5.51	6.09	4.01	6.27	4.55	5.46	5.72	7.00	4.13

出所）調査結果より筆者作成。

がボーナスとして支払われていることが窺われる。なお，外れ値を除くと，労工保険料，全民健康保険料とも2～6％の間でばらついている。企業属性による違いはほとんど見られない。

次に，労働費用の構成について検討したい。表6-7は，概数ではなく詳しい金額を記入してくれた50社のデータに絞り，企業属性別に労働費用の構成を計算したものである。最も大きな違いは創業年代別に見られる。1979年以前に創業された伝統企業では，退職金の積立不足を補填するための支出が大きな割合を占めている。大企業・製造業で退職金支出が大きいのも，それらの区分に伝統企業が多いことで説明がつく。退職金支出の大きさは法定退職金改革の余波と考えられるので，本来は企業属性別の違いはそれほど大きくなかったと考えてよいだろう。

3）法定外福利

休暇制度や法定福利については，大多数の企業が一様に法令を遵守している。したがって，企業ごとの特徴が表われるのは法定外福利のほうである。

どのような企業が法定外福利の整備に熱心なのだろうか。従業員200人以上の大企業では正規従業員に対する法定外福利制度を平均10.4個設けているのに対して，従業員200人未満の中小企業では平均8.1個にとどまっている。また，製造業では平均10.1個であるのに対して，非製造業では平均8.3個となっている。しかし最大の違いは，企業福祉を重視している企業とそれほどでもない企業との間に見られる。前者の平均11個に対して，後者では平均7.5個に

とどまっている。企業規模や業種といった客観的変数とは独立に，企業福祉を重視するかどうかという意識変数が強く関連しているのは興味深い。

ところで，台湾企業の法定外福利を考えるうえで，職工福利委員会の存在を見落とすわけにはいかない。第4章で述べたように，職工福利委員会は労使の代表によって運営され，各種の福利厚生（つまり法定外福利）を供給している。

職工福利委員会は，どのような福利厚生を供給しているのだろうか。中華民国職工福利発展協会（2008）は，職工福利委員会が供給すべき福利厚生の参考例として以下の項目を列挙している。①福利補助項目：誕生日補助，結婚補助，結婚記念日補助，育児補助，従業員・家族医療補助，急難救助，葬儀補助，祝儀・香典補助。②教育奨励項目：子女奨学金，学位補助，書籍代補助，自己啓発費用補助，在職 MBA 受講補助。③レクリエーション項目：スポーツ補助，団体旅行補助，芸術鑑賞補助，グループ活動補助，試合・コンテスト補助。④その他：新年商品券，保険料補助，託児補助，託老補助，家賃補助，退職補助，離職慰問金。

職工福利委員会は労働側代表が3分の2を占めるので，経営側の言いなりになる存在ではない。したがって，職工福利委員会が供給する法定外福利と会社が直接供給する法定外福利は分けて考える必要がある。表6-8は，両者がそれぞれどのような項目の福利厚生を供給しているかを表わしたものである。これを見ると，両者は項目によって役割分担しているようである。職工福利委員会が主な供給主体となっているのは，⑫社員旅行への補助，⑲従業員の子女の学費補助，⑳葬式代の補助，㉑結婚式の補助，などである。これらの項目は，上記の中華民国職工福利発展協会が掲げた参考例にも含まれている。一方，会社が主な供給主体となっているのは，②企業独自の医療保険制度，③定期健康診断，⑦社宅・寮の提供，⑬忘年会への補助，⑭社員食堂の設置・運営，⑮食費補助，⑯交通費支援，⑱従業員の自己啓発的学費補助，㉓分紅（株式ボーナス），㉕団体傷害保険，などである。

なお，表6-8には，正規従業員と非正規従業員で利用できる法定外福利の違いも示してある。⑤民間医療保険料の補助，⑧住宅手当の支給，⑨住宅資金貸付，⑩従業員の財形貯蓄への補助，⑱従業員の自己啓発的学費補助など，従業

表6-8　法定外福利の供給主体と対象

(%)

	会社からのみ	職工福利委員会からのみ	両方から	正規従業員(一九四社)	非正規従業員(一四〇社)
①企業独自の年金制度	11.9	0.5	0.0	12.4	6.4
②企業独自の医療保険制度	34.0	5.2	4.1	43.3	17.9
③定期健康診断	70.1	7.7	1.5	79.3	45.0
④社会保険料の補助	11.9	0.5	0.5	12.9	5.7
⑤民間医療保険料の補助	14.4	1.0	2.1	17.5	5.0
⑥医療費補助	9.8	9.3	1.5	20.6	10.0
⑦社宅・寮の提供	23.2	1.0	0.5	24.7	12.1
⑧住宅手当の支給	10.8	1.0	0.0	11.8	2.1
⑨住宅資金貸付	3.6	3.1	0.5	7.2	2.1
⑩従業員の財形貯蓄への補助	5.2	0.5	0.0	5.7	0.7
⑪文化・体育・レク施設	19.6	16.0	8.2	43.8	30.0
⑫社員旅行への補助	22.7	50.0	13.9	86.6	42.9
⑬忘年会への補助	57.2	17.0	14.4	88.6	65.7
⑭社員食堂の設置・運営	39.7	3.6	3.6	46.9	37.1
⑮食費補助	75.3	2.1	0.5	77.9	47.1
⑯交通費支援	46.4	0.5	0.0	46.9	16.4
⑰送迎バスの提供	19.1	0.0	0.0	19.1	7.9
⑱従業員の自己啓発的学費補助	46.9	11.3	2.6	60.8	17.1
⑲従業員の子女の学費補助	5.2	28.4	2.1	35.7	12.1
⑳葬式代の補助	29.9	35.6	19.1	84.6	42.9
㉑結婚式の補助	29.4	34.5	17.0	80.9	39.3
㉒保育費の支援	4.6	2.6	0.0	7.2	1.4
㉓分紅（株式ボーナス）	35.1	1.5	0.0	36.6	6.4
㉔三節金一封または粗品	33.5	33.5	24.2	91.2	53.6
㉕団体傷害保険	60.3	9.8	7.2	77.3	51.4

出所）調査結果より筆者作成。

員本人に資金を給付する項目では，正規と非正規の差が大きい。一方，⑪文化・体育・レク施設，⑫社員旅行への補助，⑬忘年会への補助，⑭社員食堂の設置・運営，⑮食費補助，㉕団体傷害保険などでは，正規と非正規の差はそれほど大きくない。これらの項目については，非正規従業員も含む形で企業コミュニティが成立していると見ることができるかもしれない。

5　企業福祉重視の内実——経営者への聞き取り調査から

　台湾には企業福祉重視の企業が多いことをアンケート調査の結果は示しているが，その内実はどのようなものだろうか。ここでは，アンケート調査と同じ時期に行なった聞き取り調査の記録からヒントを探ってみたい。聞き取りに応じてくれたのは中小企業の社長が多く，アンケート調査のサンプル分布とは一致していないが，かえってこちらのほうが典型的な台湾企業のイメージに近いかもしれない。

　T 工業株式会社[6]は，レインコートや学生服などを生産する老舗で，本社は台中の工業団地にある。1980 年代には国内に 3000 名の従業員がいたが，工場の海外移転により現在は 400 名程度である。北米向け製品は中国やベトナムで作るが，国内向けは台湾で作っている。同社は売上高上位 1000 社以内に入っているが，創業者の息子の A 社長に言わせれば「中小企業」である。

　A 社長は，従業員に長く勤めてもらいたいと考えている。同社の平均勤続年数は 13 年であり，台湾では長いほうである（アンケート調査の平均は 9.3 年）。労働組合には課長以下の全員が加入しており，40 名ほどいる代表のほとんどは課長が務めている。労資会議では経営側と組合の代表が話し合うが，賃金交渉はしないとのことである。

　職工福利委員会は社長も含めて全員参加だそうで，社員旅行を企画する社内旅行会社みたいなものだという。いくつか旅行プランを作って参加者を募集する。行きたくない人や行けない人は，代わりにお金をもらえる。海外旅行はリスクが大きいのでやめている。飛行機の欠航で帰ってこられなくなったら生産ラインが止まってしまうからである。

　次の事例，M 工業有限会社[7]は，選挙用の T シャツや帽子，旗などを生産する正真正銘の中小企業で，本社は台北市内にある。従業員は事務部門が 40 名，製造部門が 100 名である。選挙前の繁忙期には臨時工を数十名雇う。彼らは従業員の家族や近所の人で，高齢者や失業者，学生アルバイトなどである。彼ら

---

6) 2006 年 9 月 7 日訪問。
7) 2006 年 8 月 25 日訪問。

には社会保障や企業福祉は適用されない。

　創業者であるB社長によると，従業員は社長を父や兄のように思っている。会社の近くに社宅を用意するなどして面倒を見ているので，転職を考える従業員は少ない。家族的経営を旨としているので，労働組合はもちろん，労資会議も職工福利委員会も設けていない。福利厚生は委員会で決めるのではなく，あくまで社長自身が決めるべきだという。

　例えば，従業員の子どもが難病にかかれば，知り合いの名医を紹介したうえで見舞金を払う。また，従業員が交通事故を起こしたときには，知り合いの警察幹部に頼んで円滑に処理してもらったこともある。もちろん，売上げが伸びたときにはボーナスを奮発している。こうしたことの積み重ねが家族的経営につながっている，とB社長は言う。

　最後の事例，H科技株式会社[8]は，プリント基板の残余部を切り落とす自動化機械を生産するハイテク企業で，本社は台北郊外の科学工業園区にある。創業者であるC社長によると，技術部門と製造部門を強化するため，数年前に従業員を60名から100名に増やしたが，技術部門にはオックスフォード大学で博士号を取ってきた人もいるという。

　人事管理担当のDさんによると，同社はハイテク企業にしては**離職率が低く**，平均勤続年数は6年である（アンケート調査では，社名に「科技」が含まれる企業9社の平均勤続年数は5.0年）。若い従業員はC社長を父親のように思っている。一方，C社長に言わせれば，会社には**新鮮な血**が必要であり，**離職率**の上昇はむしろ望ましいくらいだという。

　同社には労働組合や労資会議はないが，上場企業なので職工福利委員会はある。しかし，委員会で決めるのは社員旅行の計画などであり，賃金やボーナスなどの労働条件は議題にならない。福利厚生は全従業員一律だが，賃金やボーナスは業績主義である。C社長によると，ハイテク企業では分紅（株式ボーナス）の役割が大きいという。

　以上の3社で台湾企業を代表させることはもちろんできないが，ここから3

8）2006年8月22日訪問。

つの理念型を想像することは不可能ではない。T工業は伝統的大企業タイプであり，その企業内労使関係は法律によって支えられている。しかし，労使関係や企業福祉に特別熱心というわけではない。M工業は伝統的中小企業タイプであり，法律よりも社長の方針によって家族的経営を行なっている。H科技はハイテク企業タイプであり，家族主義の外皮を纏いつつも，じつは短期主義に傾いている。つまり，伝統的な福利厚生よりも従業員個人の短期的な業績に応じた分紅（株式ボーナス）のほうを重視する傾向である。台湾の産業構造の急速な変化をふまえれば，伝統的大企業タイプが縮小し，ハイテク企業タイプが増加しつつあることは明らかである。その結果，同じく企業福祉重視と言っても，社員旅行重視ではなく分紅重視の企業が増加しつつあるのではないだろうか。

6 福祉レジームの再編と市場化の進展

1947年公布の中華民国憲法には社会保障整備のプログラムが書き込まれていたが，それが国民皆保険・皆年金という形で実現したのは2008年のことである。その間，一方では労使協調イデオロギーによる企業福祉が社会保障（国家福祉）の不備を補った側面があり，他方，近年では民間保険（伝統的な家族福祉の一部が市場化されたものと位置づけることができる）の役割も増してきている。表6-9は，こうした事情を統計数字で追跡したものである。国家福祉（②〜⑦），企業福祉（⑧〜⑩），家族福祉（⑪〜⑭）の割合は，1991年の段階で1.68対0.23対1.10だった。それが2007年には，5.36対0.29対6.70となった。民主化以後の台湾では社会保障がそれなりの成長を見せたが，年金制度の導入が遅れたことで民間保険の膨張も生じたことがわかる。

国民皆保険・皆年金の実現による社会保障の実質化にともなって，企業の福利厚生支出は法定福利中心にならざるを得ない。そのぶん，法定外福利に対する削減圧力は強まるものと予想される。しかし一方では，労資会議や職工福利委員会といった制度装置を通じて政府が企業福祉を奨励してきた歴史が消え去ってしまうわけではない。多くの企業は，今でも労使協議や企業福祉を重視し

表 6-9　台湾における国家福祉・企業福祉・家族福祉（給付総額の対 GDP 比）

(%)

	国家福祉							企業福祉			家族福祉			
	①政府社会福祉支出の総額	②全民健康保険	③労工保険	④農民保険	⑤公教人員保険	⑥就業保険	⑦公的扶助等	⑧拠出額職工福利金	⑨退休金（旧制度）	⑩退休金（新制度）	⑪生命保険	⑫傷害保険	⑬健康保険	⑭年金保険
1971	2.13		0.20		0.09									
1981	0.91		0.64		0.14						0.15	0.03	0.00	
1991	2.38		1.33	0.10	0.25				0.23		0.98	0.09	0.03	
1995		1.88					0.20	0.02	0.31		1.22	0.13	0.05	
1996	3.65	2.78	0.87	0.08	0.18		0.40	0.02	0.22		1.33	0.13	0.06	
1997	3.43						0.31	0.02	0.23					
1998	3.06	2.87	0.97	0.11	0.20		0.30	0.02	0.26		1.52	0.15	0.11	0.00
1999	2.91	3.02	1.06	0.12	0.21		0.62	0.04	0.28		1.70	0.17	0.16	0.00
2000	5.30	2.86	1.07	0.13	0.22		0.40	0.05	0.24		1.76	0.17	0.26	0.00
2001	4.03	2.99	1.32	0.13	0.31		0.39	0.02	0.38		2.06	0.17	0.26	0.00
2002	3.14	3.31	1.64	0.08	0.31		0.37	0.01	0.33		2.22	0.16	0.29	0.02
2003	3.28	3.25	1.33	0.08	0.28	0.06	0.37	0.01	0.26		3.09	0.15	0.29	0.06
2004	3.11	3.36	1.35	0.08	0.29	0.04	0.43	0.01	0.24		3.60	0.14	0.32	0.12
2005	3.09	2.97	1.64	0.08	0.34	0.05	0.42	0.01	0.31	0.00	3.53	0.14	0.33	0.22
2006	3.10	3.10	1.46	0.07	0.20	0.05	0.47	0.01	0.27	0.00	4.24	0.15	0.35	0.58
2007		3.06	1.53	0.07	0.17		0.48	0.01	0.27	0.01	5.06	0.12	0.37	1.15

データ出所）①行政院主計処『96 年中華民国統計年鑑』表 8-1，②同・表 8-9，③〜⑤同・表 8-11，公教人員保険は退休人員保険も含む，⑥労工保険局『95 年労工保険統計年報』，⑦生活扶助・医療補助・中低収入老人生活手当・老農手当・中低収入住院看護補助・災害救助・急難現金救助の合計。内政部統計処『中低収入老人生活津貼金額及受益人数統計』（2009 年），内政部社会司『生活扶助之統計』（2009 年），内政部社会司『医療救助金額及受益人数統計』（2009 年），⑧労工委員会『労働統計月報』（2009 年 3 月）表 5-3，⑨労工退休基金監理会『第 15 期労工退休基金統計月報』（2009 年 2 月）表 8，⑩同・表 17，⑪〜⑭行政院主計処『96 年中華民国統計年鑑』表 14-24。GDP は行政院主計処『96 年国民所得統計年報』第 1 表。

ている。労使協議や企業福祉によって培われた職場の連帯が，同時に社会保障を支える力にもなりうるのか。それとも，生活保障の市場化の波が，社会保障や企業福祉にも襲いかかることになるのか。国家福祉・企業福祉・家族福祉の役割分担の再編が進んでいるという意味で，台湾の福祉レジームは今，一つの岐路に立っているように見える。

年表　台湾の社会保障の歩み

1943 年	川北区塩田労働者保険。社会救済法。
1945 年	中国国民党第六次全国代表大会（重慶）において「四大社会政策綱領」（民族保育政策綱領，労工政策綱領，農民政策綱領，戦後社会安全初歩実施綱領）制定。
1949 年	軍人撫恤条例。
1950 年	台湾省労工保険辦法。軍人保険計画要綱。
1953 年	台湾省漁民保険辦法（労工保険の適用範囲拡大）。陸海空軍人保険条例。
1958 年	労工保険条例（各種の労工保険を統合）。公務員保険法。
1965 年	「民生主義現階段社会政策綱領」制定。社会福利基金設立。退職公務員保険辦法。
1968 年	台湾省社区発展八年計画。社区発展工作綱領（社区発展は community development の訳語）。
1970 年	台湾省社区発展十年計画。台北市社区発展四年計画。軍人保険条例。
1971 年	公務員撫恤法。
1973 年	安康計画を公表。児童福利法。
1974 年	労工安全衛生法。
1975 年	国民住宅条例。
1979 年	社会工作（social work）に関する当面の改革措置。農村医療保健強化四年計画。
1980 年	老人福利法。障害者福利法。社会救助法。私立学校教職員保険条例。
1981 年	中国国民党「復興基地民生主義経済建設貫徹方案」制定。公務員家族保険条例。
1982 年	高齢者・障害者福利強化専案計画を公表。
1983 年	民間力量の結合強化と社会福利の推進に関する実施計画。職業訓練法。
1984 年	労働基準法。私立学校退職教職員保険辦法。
1985 年	退職公務員および配偶者のための疾病保険条例。
1989 年	少年福利法。農民健康保険条例。
1993 年	就業サービス法。民間社会福利検討会。
1994 年	「社会福利政策綱領」を制定。第一次全国社会福利会議。全民健康保険法。
1995 年	児童少年売春防止条例。高齢農民福利手当暫定施行条例。公務員退職法。
1996 年	社会福利社区化実施推進要点。
1997 年	性侵害犯罪防止法。社会工作師法。身心障害者保護法。社会福利民営化実施推進要点。
1998 年	家庭内暴力防止法。第二次全国社会福利会議。行政院に社会福利推進小委員会設立。高齢農民福利手当暫定施行条例修正。高齢者長期ケア三年計画。
1999 年	公務員・教職員保険法（各種制度の統合）。
2000 年	内政部社会司が「社会福利白書」公布。特殊境遇婦女家庭扶助条例。
2001 年	職業災害労工保護法。ボランティアサービス法。原住民族労働権保護法。
2002 年	男女労働平等法。育児休業実施辦法。ケアサービス産業発展方案。第三次全国社会福利会議。就業保険法。中低所得高齢者生活手当発給辦法。
2003 年	大量解雇労働者保護法。敬老福利生活手当暫定施行条例。児童少年福利法。
2004 年	行政院婦女権益促進会が「婦女政策綱領」制定。行政院が「社会福利政策綱領」修正。行政院社会福利推進委員会が「家庭政策」制定。男女教育平等法。労働者退職金条例。
2005 年	「住宅整備政策」制定。青少年政策白書綱領。セクハラ防止法。
2006 年	「人口政策綱領」修正。「大温暖社会福利セット案」制定。
2007 年	国民年金法。
2008 年	男女労働平等法改正。
2009 年	特殊境遇婦女家庭扶助条例改正。
2010 年	社会救助法改正。
2011 年	児童少年福利権益保障法。「男女平等政策綱領」制定。

出所）以下の資料より筆者作成。林萬億『台湾的社会福利——歴史経験與制度分析』（五南図書出版，2006 年）。行政院労工委員会員工消費合作社編『労工法規輯要』（行政院労工委員会員工消費合作社，2004 年）。行政院内政部『社政年報』各年版。行政院衛生福利部総合企画司「衛生福利大事紀」（2014 年）。

第 III 部

複数の東アジア

第7章

社会福祉のなかの社会と国家
―― 台湾・シンガポールの比較 ――

1 はじめに

　新興福祉国家に関する研究が進展しつつあるなかで，とりわけ社会福祉に焦点をあてる意義は何か。一つには，社会福祉という領域が福祉国家と社会の接点になっており，それゆえ新興福祉国家の社会学的な特徴を捉えるために格好の対象だということがある。

　各国で社会福祉を担っているのは国家だけではない（第2章参照）。人々の通常の必要が市場や家族によって充たされているのは言うまでもないが，市場や家族がその役割を十分に果たせないとき，登場するのは国家とは限らない。伝統的には，親族集団や地域共同体，寺院や教会などの慈善活動が果たす役割も大きかった。今日では，これら民間の社会福祉の担い手の多くは福祉NPOという形をとるようになっている。そうした市民社会が担う社会福祉と，国家による社会福祉の関係はどうなっているのだろうか。その関係のあり方のなかに，新興福祉国家のいかなる特徴を見いだせるだろうか。

　本章では台湾とシンガポールの事例を取り上げて比較分析したい。その理由は，両事例が新興福祉国家の対照的な2つの進路を示しているからである。1980年代後半に民主化を経験した台湾と，経験しなかったシンガポールとでは，1990年代以降，社会福祉の分野でも対照的な道をたどることになったのである。両国の比較を通じて，単一の「東アジア型」福祉があるという幻想は

否定されるだろう。

　以下ではまず，市民社会における社会福祉の担い手である福祉NPOを捉える枠組を提示したうえで，福祉国家との関係に注目して両国の福祉NPOを比較する（第2節）。次に，国家による社会福祉について，両国の対照的なあり方を検討する（第3節）。最後に，社会福祉における市民社会と国家の関係が人々の暮らしに及ぼす効果について考察する（第4節）。

　なお，本章で「社会福祉」「福祉NPO」と言う場合，日本における用語法に沿っている。しかし，台湾やシンガポールにもそれぞれ独自の用語法があるので，ここで少し整理しておきたい。

　社会福祉に関連して，台湾では「社会福利」という言葉が使われるが，これはむしろ「福祉国家」に近い内容を含んでいる。すなわち社会福利には，社会保険，社会救助（生活保護），福利服務（福祉サービス），国民就業（雇用サービス），保健医療などが含まれる。これらについて，中央政府のなかでは内政部社会司（2013年7月以降は衛生福利部）のほか，労工委員会（2014年2月以降は労働部），衛生署（2013年7月以降は衛生福利部），国軍退除役官兵輔導委員会などが所管している。本章の対象として取り上げるのは，このうち社会救助と福利服務である。これらは内政部社会司の所管である。なお，福利服務には，老人福利，身心障害者福利，婦女福利，少年福利などが含まれる。

　一方，シンガポールには，台湾の「社会福利」にあたるような包括的な言葉はない。シンガポールの「社会サービス（social services）」は，児童ケアサービス，障害者サービス，高齢者ケアサービス，家族サービス，学童ケアサービス，貧困者のための資金援助などを含む概念である。このうち各種のケアサービスや家族サービスについては，全国社会サービス協議会（The National Council of Social Service, NCSS）に支援されたVWO（Voluntary Welfare Organization，民間非営利福祉組織）が担っている。資金援助については，全国に5つあるコミュニティ開発協議会（Community Development Councils, CDC．基礎自治体にあたる）が行なっている。なお，社会サービス政策全体の設計は，コミュニティ開発省（The Ministry of Community Development, Youth and Sports, MCYS．2012年11月以降は社会・家族開発省，The Ministry of Social and Family Development, MSF）が担ってい

る。

　福祉 NPO について見ると，台湾では近年，NPO という呼び方も一般的になりつつあるが，法的には，人民団体法に定められた「社会団体」と，民法に定められた「財団法人」（基金会）の一部がこれにあたる（寺尾 2001: 336）。これらの NPO のうち，本章では社会福祉に関わる活動を行なっている団体について考える。一方，シンガポールには上記の VWO があるので，本章ではこれを社会福祉に関わる NPO として取り上げる。

2　市民社会への注目

1）アドボカシー組織としての NPO

　NPO 研究の第一人者である L. サラモンによれば，アメリカにおける NPO の役割は次の4つであるという。すなわち，①個人のイニシアティブを尊ぶアメリカ的価値の具体化，②政府や市場によっては満たされにくいニーズに対するサービスの供給，③社会問題に対する人々の関心を喚起するアドボカシーの役割，④アメリカの市場システムと民主政治を効果的に機能させるための社会資本の創造，である（Salamon 1997, 邦訳 1999: 17）。NPO という組織形態がどの程度まで特殊アメリカ的価値を帯びているかは別に考察する必要があるが，ここではアメリカ的価値とは独立に機能しうる②と③の側面を取り上げる。まずアドボカシー組織としての NPO について論じ，次に福祉サービス供給組織としての NPO について考えたい。

　サラモンによれば，現代の複雑な社会では，表現の自由は，個々の声を集約して効果的なものにするための結社の自由と結びつかなければ実質的な意味をもたない。NPO のアドボカシー機能は，表現の自由を具体化するための重要な手段だという（同: 20）。こうした観点から見たとき，台湾やシンガポールの福祉 NPO はどの程度の役割を果たしていると考えられるだろうか。障害者福祉と高齢者福祉に関わる団体を取り上げて，両国の違いを明らかにしたい。

　台湾では，1989年1月の人民団体法改正によって，野党の存在が追認され，同時に社会団体の設立も自由化された（寺尾 2001: 335）。

同年には，障害者福利法の改正を求めて全国 70 あまりの障害者団体が結集し，「促進残障福利法修正行動委員会」を発足させた。これが母体となって，1990 年には「中華民国残障聯盟」（障害者聯盟）が結成された。同聯盟は，1995 年の障害者福利法第二次改正や 1997 年の身心障害者保護法制定でも指導的な役割を果たした（蕭・孫 2000 : 36）。

高齢者福祉の分野では，1993 年に「中華民国老人福利推動聯盟」が結成されている（第 5 章参照）。この組織は，老人福利法の改正をめざして，社会福祉研究者とソーシャルワーカーらが高齢者団体に呼びかけて設立したものである（蕭・孫 2000 : 47）。1997 年の改正老人福利法の内容にも大きな影響を与えたと言われる（王 2000 : 283）。

他方，シンガポールでは，1988 年に政府が設立した全国社会サービス協議会（NCSS）が VWO を統括している。多数の「政府系 NGO」（田中 2001 : 260）が，シンガポールの市民社会を特徴づけている。

シンガポールの障害者団体としては，「シンガポール障害者協会（The Disabled People's Association in Singapore, DPA）」がある。この団体の前史は，障害者運動の国際組織である障害者インターナショナルの設立大会が 1981 年にシンガポールで開催された際の準備作業に始まる。障害者インターナショナルの初代会長は，シンガポール出身のロン・チャンドラン - ダドリー氏である。DPA 自体の発足はやや遅れて 1986 年のことだったが，近年では政府の審議会にも積極的に参画している（同協会のホームページ）。

高齢者福祉の分野では，1977 年に「シンガポール高齢者活動グループ（The Singapore Action Group of Elders, SAGE）」が設立されている。この組織は，社会問題省（当時）政務次官チャン・チーセンの発案で発足した VWO である。高齢者に歌やスポーツ，旅行といったレクリエーションの機会を提供することを目的としており（同グループのホームページ），アドボカシー組織としての機能は弱い。

こうして見ると，両国の状況はかなり異なっている。台湾では，1980 年代後半の民主化以後，結社の自由が認められ，社会福祉に関わる団体も多数設立された。それらの団体は，1990 年代の立法運動を通じて社会福祉制度の拡充

をもたらした。つまり，台湾の福祉NPOはアドボカシーの役割を十分に担っていると考えられる。それに対して，シンガポールの福祉NPOには「政府系NGO」が多い。また，政府系とは言えない団体でも，社会福祉に関する立法運動を主導するといった，活発なアドボカシーの役割は果たしていないように思われる。同じく市民社会と言っても，その内実はそれぞれの国家のあり方によって強く規定されていると言えよう。

2) 福祉サービス供給組織としてのNPO

福祉サービス供給組織としてのNPOの役割も，政府との関係のあり方によって決まる。B. ギドロンらは，社会サービスの財源および供給主体の違いによって，政府とNPOの関係のあり方を4つの類型（下位類型まで入れると6つ）に分けている（Gidron, Kramer and Salamon 1992: 17）。

第一は「政府優位型」であり，財源と供給の両方で政府が主要な役割を担うモデルである。ギドロンらによれば，このモデルは不安定であり，言われているほど主流にはなっていないという。

第二は「NPO優位型」であり，財源と供給の両方でNPOが主要な役割を担うモデルである。ギドロンらによれば，このモデルは，イデオロギー的ないし党派的な理由から政府介入が嫌われているか，そもそもサービスへのニーズが顕著でない場合に見られる。

第三は「二重構造型」であり，政府とNPOがそれぞれ別個に財源と供給の両方を担うモデルである。その下位類型として，①追加モデル（NPOは政府と同種類のサービスを，政府のサービスが行き届かない人々に供給する）と，②補完モデル（NPOは政府が供給しない種類のサービスを供給する）がありうる。

第四は「協働型」であり，財源については政府が担い，供給についてはNPOが担うというモデルである。その下位類型として，①販売店モデル（NPOは政府機関の代理として機能するだけで，裁量や交渉能力をもたない）と，②事業提携モデル（NPOはサービス運営に裁量をもつだけでなく，制度形成に影響を与える政治力ももつ）がある。

さて，このような類型論に照らしたとき，台湾やシンガポールの福祉NPO

はどのように位置づけられるだろうか。

　台湾の福祉 NPO は，近年急増を続けている。2003 年の調査では，2 万 2470 ある社会団体のうち，「社会サービスおよび公益慈善団体」に分類される団体の数は 7300 である（内政部『93 年内政統計年報』）。また，台湾の NPO 支援組織であるヒマラヤ研究発展基金会の調査によれば，規模の大きな 300 の基金会（財団法人）のうち「社会慈善」に関する活動を行なっている団体は 113 あり，台湾の NPO 活動において福祉サービスが重要な位置を占めていることがわかる（喜瑪拉雅研究発展基金会 2002）。

　福祉 NPO と思われるこれらの団体に，台湾政府はどのような補助を行なっているのだろうか。内政部の資料によれば，サービス内容ごとに細かく補助基準が定められている。例えば，老人ホームを運営できるのは財団法人だけであり，建設費や人件費が補助されることになっている（内政部 2004：5）。他方，デイケアサービスなどについては，財団法人だけでなく社会団体も補助対象になってくる（同：7）。これらの補助は，内政部の予算から行なわれる。2004 年度に補助を受けた団体の数は延べ 6604 団体であり，その総額は 27 億 3980 万元に達する（内政部社会司 2004）。ただし，これは GDP の 0.03％に過ぎない。

　一方，シンガポールの福祉 NPO（すなわち VWO）については，団体数の年次推移を示す資料は見あたらない。表 7-1 は 2001/02 財政年度に補助金を受給した団体のリストであるが，ここには，慈善団体，宗教団体，民族別の自助団体，公設民営のコミュニティ組織などを含めて 60 団体が掲載されている。また，ある政府の報告書には，「シンガポールには 200 以上の VWO がある」と書かれている（Interministerial Committee 1999：108）。いずれにしても，人口あたりの福祉 NPO の数は台湾のほうが多いことになる（シンガポールは 200 団体とすれば，1 万人あたり 0.6 団体。台湾は 7300 団体とすれば，1 万人あたり 3.2 団体）。

　VWO に対する補助金の原資は，台湾の場合とは大きく違っている。シンガポールでは，全国社会サービス協議会のもとに設けられた共同募金会（Community Chest）が，2 つの制度を通じて国民からの寄付を募っている。一つは SHARE（Social Help and Assistance Raised by Employees）と呼ばれる制度で，被用者が自分の給料から毎月一定額を寄付すると，雇用主も同じだけの額を寄付す

表 7-1 シンガポール：共同募金会の寄付金の使途と受益者数（2001/02 財政年度）

	受益者数	金額（ドル）
児童・青年サービス		
ペルサトゥアン・ペルスラタン・ペムダ・ペムディ・メラユ（4-PM）	12,440	147,517
ラーマクリシュナ伝道団	5,464	219,830
学生ケアサービス	44,012	1,109,080
小計	61,916	1,476,427
コミュニティ保健サービス		
ケアコーナー・マンダリン・カウンセリングセンター	26,432	648,990
カウンセリング＆ケアセンター	2,495	635,432
ホスピスケア連合	8,463	697,243
シンガポール・サマリタンズ	46,855	608,650
シャンヨウ・カウンセリングセンター	2,300	79,483
シンガポール・アフターケア連合	1,465	126,159
アフターケア・ケースマネジメント（シンガポール反麻薬連合）	375	34,163
シンガポール・メンタルヘルス連合	21,527	552,583
TOUCH 介護者支援サービス	1,050	118,992
小計	110,962	3,501,695
障害者サービス		
アジア女性福祉連合（AWWA）	5,223	1,599,128
特別な必要をもつ人々の連合（APSN）	1,625	2,353,221
自閉症連合（シンガポール）	40	169,589
ビズリンクセンター・シンガポール有限会社	5,167	1,187,287
カノッサ修道女会慈善団	155	605,788
シンガポール知的障害者運動（MINDS）	2,669	7,516,045
全国社会サービス協議会・障害者のための交通基金	561	96,870
レインボーセンター	698	1,406,429
シンガポール聴覚障害者連合（SADeaf）	1,512	1,026,440
シンガポール視覚障害者連合（SAVH）	2,515	2,024,220
シンガポール・チェシャーホーム（SCH）	117	730,156
身体障害者協会（SPD）	1,148	825,784
シンガポール脳性麻痺児連合（SCAS）	2,179	2,710,739
SUN-DAC 障害者センター	85	372,828
TOUCH コミュニティサービス	68	94,791
Very Special Arts シンガポール・有限会社	610	100,000
小計	24,372	22,819,315

	受益者数	金額（ドル）
高齢者サービス		
アジア女性福祉連合・高齢市民のためのコミュニティホーム	183	225,273
アジア女性福祉連合レディケアセンター	56	65,017
ブライトヒル不老長寿ホーム	176	236,419
ライオンズ支援サービス連合（シンガポール）	2,955	304,045
徳教太和観ホームヘルプサービス	100	79,011
徳教太和観ケースマネジメントサービス	300	140,567
ウェズリーホーム歓喜サービス（メソジスト福祉サービス）	100	68,200
PERTAPIS 高齢市民共同ホーム	40	21,587
ドーカス・ホームケアサービス（長老教会コミュニティサービス）	155	117,488
シンガポール高齢者行動グループ	6,700	202,532
シンガポール・ハンセン病救済連合ホーム	104	273,683
スリー・ナラヤナ伝道団	195	25,000
知的障害者のための陽だまり荘・有限会社	148	106,985
日光福祉行動伝道団ホーム	680	479,973
新地平センター（トアパヨ）	166	24,984
ツァオ財団・有限会社	300	140,567
TOUCH ホームケア	250	208,665
小計	12,608	2,719,996
家族サービス		
アンモキオ家族サービスセンター	5,850	664,273
AWWA 家族サービスセンター	1,910	209,931
超社会サービス	3,550	257,276
ケアコーナー家族サービスセンター（トアパヨ）	3,200	250,899
ケアコーナー家族サービスセンター（クイーンズタウン）	3,850	232,653
ケアコーナー家族サービスセンター（ウッドランズ）	4,000	109,969
ケアコーナー家族サービスセンター（アドミラルティ）	3,550	109,969
フェイユエ家族サービスセンター	20,800	421,464
HELP 家族サービスセンター	5,600	533,646
タンピンズ家族サービスセンター（メソジスト福祉サービス）	13,120	231,710
マクファーソン徳教太和観・家族サービスセンター	3,550	112,095
TRANS センター	7,240	459,051
アッサラーム女子青年ムスリム連合（YWMA）家族サービスセンター	5,380	453,535
タンジュンパガー家族サービスセンター	3,360	109,969
全国家族サービスセンター電話相談	6,000	18,491
小計	90,960	4,174,931
合計	300,818	34,692,364

出所）全国社会サービス協議会のホームページ。

ることになっている。もう一つは CCIP（Corporate Community Involvement Programme）と呼ばれる制度で，企業が共同募金会に直接寄付するものである。寄付による福祉資金は政府予算からの支出よりも少ないが，それでもかなりの割合を担っているという。なお，共同募金会などからの公的な補助金は，VWO の運営費の半額までと定められている（Jones 2002：64, 65, 67）。共同募金会から VWO に配分される補助金の合計は，表 7-1 にある通り，3500 万シンガポールドル（以下，単にドルとする）弱である。これは，GDP の 0.02％にあたる。

前節で検討したアドボカシーの役割も考え合わせると，台湾とシンガポールの福祉 NPO は次のように特徴づけることができるだろう。

台湾の福祉 NPO は，かなりの政府補助を受けているが，立法運動を通じて制度形成にも大きな影響を及ぼしてきた。ギドロンらの類型論に沿って言えば，「事業提携モデルの協働型」ということになるだろう。もちろん，①政府がすべての財源を負担しているわけではないこと，②NPO がすべての供給を担っているわけではないことなど，モデルと完全に一致するわけではないが，モデルによって大体の特徴を把握することはできる。これは第 2 章で整理したように，国家福祉とボランタリー福祉が互いに強化しあっているという意味で，「協働型」と呼ぶことができるだろう。

一方，シンガポールの福祉 NPO は，実質的な政府補助に大きく依存しているが，理念においては「寄付」によって成り立っている。しかし，その政治的自律性には疑問符が付くし，台湾のような立法活動も見られない。ギドロンらの類型論に照らせば，理念においては NPO 優位型を志向しているとも考えられるが，実際には「販売店モデルの協働型」ということになるだろう。これは第 2 章で述べたように，ある意味では官製ボランタリズムであり，「ボランタリー福祉の国家化」が生じているとも考えられる。

以上の分析から，台湾は「事業提携モデルの協働型」，シンガポールは「販売店モデルの協働型」という違いがあることが明らかになった。ただ，両国政府の NPO への補助金（対 GDP 比）を比較すると，台湾が 0.03％，シンガポールが 0.02％で大差はない。両国の違いは，福祉 NPO の裁量や政治的影響力の大きさということだけに限られるのだろうか。おそらくそうではあるまい。市

民社会の表面的な類似の背後には，福祉国家の決定的な相違がある。次節では福祉国家のほうに目を転じることにしたい。

3　福祉国家の相違

　社会福祉における市民社会の役割だけに注目すれば，両国の違いは表面的にはそれほど目立たないものである。しかし福祉国家に目を転じると，台湾とシンガポールの違いは大きい。したがって，福祉国家と市民社会の両方を分析しなければ，それぞれの国の社会福祉の全体像を捉えることはできないだろう。この節では，①所得保障，②福祉サービス，③社会福祉支出，の3点について，社会福祉において国家が果たしている役割の違いを検討する。なお，②と③については前節と一部重複するところがあるが，この節では改めて福祉国家の側から見ていくことにしたい。

1）所得保障の比較

　まず，高齢者・障害者・低所得者に対する所得保障制度を取り上げて，台湾とシンガポールを比較してみたい。

(1) 台湾
〈高齢者〉
　高齢者の所得保障としては，退職時に支給される労工保険老年給付（日本の厚生年金部分にあたるが，一時金として支払われてきた。2009年には労工保険老年年金となった）がある。それに加えて，日本の基礎年金にあたる国民年金の導入が議論されてきたが，順調には進まず，2008年になってようやく実現した（第5章参照）。その間，国民年金に代わるものとして，65歳以上の高齢者のために「低所得世帯高齢者生活補助」「中低所得高齢者生活手当」「高齢農民福利手当」「敬老福利生活手当」などの各種手当が拡充されてきた（第6章参照）。

表 7-2　台湾：社会救助の支給額（2004 年度）

	低収入世帯類型	家庭生活補助費	児童生活補助費	就学生活補助
台湾省	第 1 款 第 2 款 第 3 款	（最低生活費標準 8,529 元/人/月） 7,100 元/人/月 4,000 元/世帯/月	（15 歳以下） 1,800 元/人/月 1,800 元/人/月	（高中職以上在学） 4,000 元/人/月 4,000 元/人/月
台北市	第 0 類（消費性支出 0 %） 第 1 類（≦ 10 %） 第 2 類（≦ 40 %） 第 3 類（≦ 55 %） 第 4 類（≦ 60 %）	（最低生活費標準 13,797 元/人/月） 11,625 元/人/月，3 人目以降 8,719 元 8,950 元/人/月 4,813 元/世帯/月	（18 歳以下の児童・青少年） 5,813 元/人/月 5,258 元/人/月 1,000 元/人/月 （6 歳以下 1 人 2,500 元）	（18 歳以上在学） 4,000 元/人/月 4,000 元/人/月 4,000 元/人/月
高雄市	第 1 類 第 2 類 第 3 類	（最低生活費標準 9,102 元/人/月） 8,828 元/人/月 4,000 元/世帯/月	（15 歳以下孤苦児童） 1,800 元/人/月 1,800 元/人/月	（高中職以上在学） 4,000 元/人/月 4,000 元/人/月
福建省	第 1 款 第 2 款 第 3 款	（最低生活費標準 6,300 元/人/月） 金門 5,900 元，連江 6,000 元/人/月 （3 人目以降 4,425 元） 4,200 元/世帯/月	 金門県：中学 500 元/人/月 小学 300 元/人/月	（高中職以上在学） 4,000 元/人/月 4,000 元/人/月

出所）内政部社会司ホームページ。

〈障害者〉

　「中低所得」の障害者のためには「中低所得生活補助」がある。世帯所得が最低生活費標準の 2.5 倍未満である場合，障害の等級によって 4000〜7000 元が給付される。また，全民健康保険の保険料の減免制度があり，極重度および重度障害者の場合は全額補助される。以下，中度障害者については 2 分の 1，軽度障害者については 4 分の 1 が補助される。さらに，重度障害児の教育費については，社会福祉施設の特殊教育を受ける場合は一人月額 6000 元，自宅学習を選択する場合には一人月額 3500 元が給付される（内政部のホームページ）。

〈低所得者〉

　低所得者のためには「社会救助」がある。給付基準は省・特別市ごとに異なっており，受給者は収入によって以下のように分類される（このほか資産に関する制限もある）。給付額は表 7-2 の通りである。

台湾省・福建省——第 1 款：世帯全員が労働能力・収入・資産に欠け，救助に頼らなければ生活できない場合。第 2 款：労働能力を有する者が世帯の 3 分の 1 以下で，世帯収入を世帯人数で割った額が最低生活費の 3 分の 2 以下である場合。第 3 款：世帯収入を世帯人数で割った額が最低生活費以下である場合。

台北市——第 0 類：世帯全員が無収入である場合。第 1 類：「0 元＜世帯全員の平均月収 ≦ 1938 元」である場合。第 2 類：「1938 元＜世帯全員の平均月収 ≦ 7750 元」である場合。第 3 類：「7750 元＜世帯全員の平均月収 ≦ 10656 元」である場合。第 4 類：「10656 元＜世帯全員の平均月収 ≦ 13797 元」である場合。

高雄市——第 1 類：世帯全員が労働能力・収入・資産に欠け，救助に頼らなければ生活できない場合。第 2 類：労働能力を有する者が世帯の 3 分の 1 以下で，世帯収入を世帯人数で割った額が最低生活費の 3 分の 2 以下である場合。第 3 類：労働能力を有する者が世帯の 3 分の 1 以下で，世帯収入を世帯人数で割った額が最低生活費以下である場合。

(2) シンガポール
〈高齢者〉
　高齢者の所得保障については，CPF（Central Provident Fund，中央積立基金）という個人口座別の強制貯蓄制度があるだけで，基本的に自助努力に任されている。1999 年に発表された「人口高齢化に関する省庁間委員会」の報告書でも，CPF 制度の改善については議論されているが，CPF 以外の基礎年金制度などを導入する動きは全く見られない（Interministerial Committee 1999）。
　一方，高齢者の医療費については，保健省がミーンズテスト付きの補助を行なっている。一カ月の所得が 300 ドル以下の場合，医療費の 75 ％が補助される。以下，301～700 ドルまでが 50 ％，701～1000 ドルまでが 25 ％となっている（保健省のホームページ）。

表 7-3 シンガポール：公的扶助支給額

世帯類型	月額（ドル）
一人世帯	
大人1人	260
子ども1人	260
二人世帯	
大人2人	445
大人1人，子ども1人	535
子ども2人	535
三人世帯	
大人3人	510
大人2人，子ども1人	600
大人1人，子ども2人	675
子ども3人	675
四人世帯	
大人4人	590
大人3人，子ども1人	680
大人2人，子ども2人	755
大人1人，子ども3人	825
子ども4人	825
五人以上世帯	825（最高額）

出所）コミュニティ開発省のホームページ。

〈障害者〉

　障害者に対する年金や手当はない。しかし，政府はいくつかのルートを通じて障害者とその家族を支援している。低所得世帯の障害者に対しては，全国社会サービス協議会の特別援助基金から，移動やリハビリに用いる各種の器具などを購入するための援助がなされている。また，民間福祉組織もさまざまな援助を行なっている（コミュニティ開発省のホームページ）。

〈低所得者〉

　低所得者のためには「公的扶助（Public Assistance, PA）」がある。高齢・疾病・障害・家庭環境などのために働くことができず，財産も扶養者もない場合に受給できる。なお，公的扶助の対象はシンガポール市民権所持者に限られるが，市民権をもたない永住者には同内容の「特別補助金（Special Grant, SG）」が給付される。公的扶助ならびに特別補助金の支給額は表7-3の通りである（コミュニティ開発省のホームページ）。

　上記2つの制度とは別に，短期的に生活費に困窮した者には，公的扶助と同内容の「短期資金援助（Interim Financial Assistance Scheme, IFAS. 受給資格は3カ月ごとに見直される）」が給付されてきた。2002年度には，IFASを通じて1万人を援助するために，330万ドルの予算が使われたとのことである（労働省のホームページ）。この制度は，2003年10月に「労働支援プログラム（Work Assistance Programme, WAP）」に改編され，職業紹介カウンセリングや職業訓練への参加が義務づけられることになった。

　このほか，2人以下の子どもをもつ低所得家族に対して「小家族改善手当

図 7-1　生活保護率の推移

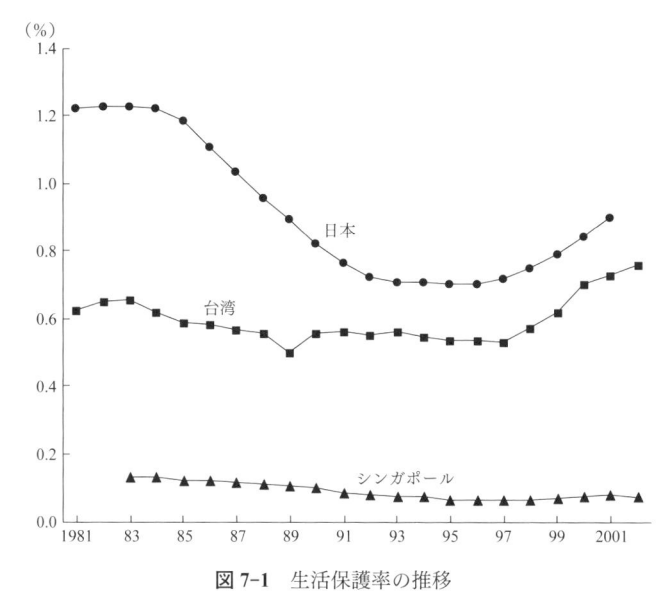

データ出所）日本：国立社会保障・人口問題研究所編『生活保護に関する公的統計データ一覧』。台湾：行政院主計処『91年社会指標統計』。シンガポール：*Yearbook of Statistics Singapore* 各年版。

(Small Families Improvement Scheme, SFIS. 1994年施行)」が給付されていたが，これは2004年1月に「持ち家と教育手当（Home Ownership Plus Education Scheme, HOPE)」に改編された。HOPE は，世帯月収が1500ドル以下の家族に対して，子どもが2人以下であることを条件に，奨学金や住宅ローン補助，職業訓練手当などを給付するものである。政府は2004年からの5年間に，1000世帯に対して2760万ドルの支出を見込んでいるという（コミュニティ開発省のホームページ）。

以上のような制度のもとで，実際にどのくらいの人が給付を受けているのだろうか。台湾の社会救助とシンガポールの公的扶助，日本で言えば生活保護制度の保護率について比較してみよう。図7-1を見ると，台湾は日本の水準に近づいてきていることがわかる。もっとも，日本は先進諸国のなかで最も保護率

図 7-2　65 歳以上高齢者の施設入所率

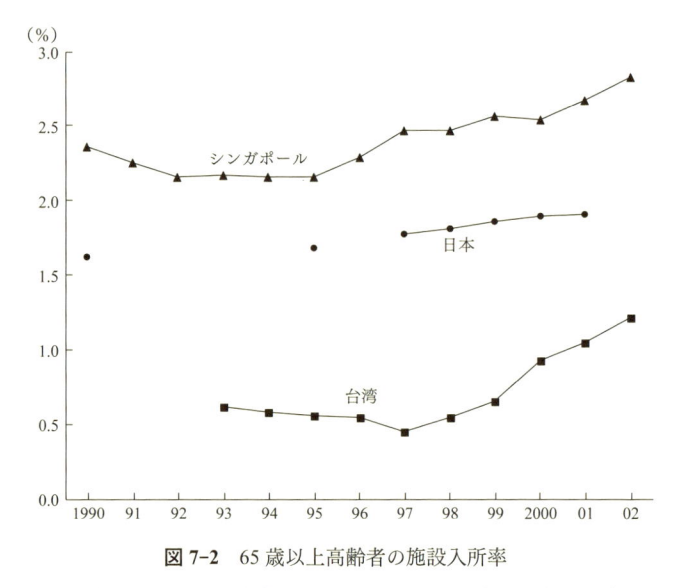

データ出所）日本：厚生労働省『平成 13 年社会福祉施設等調査』。台湾：行政院主計処『91 年社会指標統計』。シンガポール：*Yearbook of Statistics Singapore* 各年版。

が低い国の一つであることが知られている（Immervoll, Jenkins and Königs 2015：18）。それを考えると，シンガポールの保護率の異常な低さが際立つ。

　以上を要約すれば，台湾では 1990 年代以降，高齢者や障害者に対する所得保障が拡充されてきており，低所得者に対する公的扶助もそれなりに寛大である。一方，シンガポールでは高齢者や障害者を対象とする所得保障制度が存在せず，低所得者に対する公的扶助も日本や台湾に比べて一桁小さいことがわかる。

2）福祉サービスの比較

　次に，やや断片的なデータからではあるが，福祉サービスの比較を試みたい。図 7-2 は，65 歳以上高齢者の施設入所率を比較したものである。意外なことに，施設入所率が最も高いのはシンガポールで，日本よりも高くなっている。シンガポールでは家族による老親扶養が奨励されているが，扶養する家族がい

表 7-4　台湾：老人養護施設の概況（2003 年）

	施設数	入所者数	職員数
公立	34	4,813	1,298
私立	789	21,758	9,125
計	823	26,571	10,423

データ出所）内政部『92 年内政統計年報』。

表 7-5　台北市：老人養護施設の概況（2003 年）

	平均設立年	平均床数	合計床数
市立施設（3 カ所）	1979	685	2,056
財団法人施設（22 カ所）	1995	37	818
私立施設（176 カ所）	1999	19	3,256

データ出所）内政部社会司ホームページに掲載のデータより計算。

表 7-6　台湾：障害者福祉施設の内訳（2003 年）

計	公立	公設民営	私立
236	14	50	172

データ出所）内政部『92 年内政統計年報』。

ない高齢者や，自分で費用を賄える高齢者については，施設入所も少なくないようである。一方，台湾では，1990 年代末から施設入所率が急上昇してきている。

　台湾においても，公的部門だけが福祉サービス供給を担っているわけではない。表 7-4 に見られるように，台湾の老人養護施設は公立と私立（財団法人を含む）に分かれる。近年多くなったのは私立の施設であり，表 7-5 の台北市の事例でもわかるように，市街地にある私立の小規模施設が増加してきている。また，表 7-6 の障害者福祉施設を見ても，公立はわずかであり，中心になっているのは私立や公設民営の施設である。

　一方，シンガポールでは，福祉サービス供給における民間部門の役割がさらに大きい。表 7-7 に見られるように，高齢者施設のなかには政府の運営する福祉ホームもあるが，対象は極貧者に限られている。公立施設入所者の割合は，

表 7-7 シンガポール：高齢者施設の入所者数（2002 年）

政府の福祉ホーム	917
シェルタードハウジング／コミュニティホーム	602
民間非営利ナーシングホーム	4,275
民間営利ナーシングホーム	1,360
総計	7,145

データ出所）*Yearbook of Statistics Singapore 2003.*

表 7-8 シンガポール：共同募金会の寄付金使途（2001/02 財政年度）
（ドル）

児童・青年サービス	1,476,427
コミュニティ保健サービス	3,501,695
障害者サービス	22,819,315
高齢者サービス	2,719,996
家族サービス	4,174,931
合計（GDP 比％）	34,692,364（0.02％）

データ出所）全国社会サービス協議会のホームページ。

　台湾では 18％であるのに対して，シンガポールでは 13％といっそう低くなっている。さらに，高齢者以外に対するサービスについても，シンガポールでは政府が直接供給することはほとんどない。前節で述べたように，全国社会サービス協議会のなかにある共同募金会が集めた寄付金を VWO に分配して，福祉サービス供給を委託している。

3）社会福祉支出の比較

　最後に，台湾とシンガポールの社会福祉支出の比較を試みたい。ところが，この比較にも難しさがある。シンガポールについては，公的扶助や福祉サービスに関わる政府支出の統計が公表されていないからである。しかし福祉サービスについては，前述のように共同募金会を経由した支出がほとんどだと思われるので，これを比較対象として取り上げることにする（表 7-8。これは表 7-1 を要約したものである）。台湾については，表 7-9 のように包括的な統計がある。
　台湾の統計には，社会保険支出や医療保健支出など，多くの費目が含まれている。これに対してシンガポールの統計は，福祉サービスに関する支出しか含

第 7 章　社会福祉のなかの社会と国家　163

表 7-9　台湾：社会福祉支出と受益者数（2000 年度）

	受益者数（万人）	金額（億元）
社会保険支出		1604.0
全民健康保険	2140.1	911.0
労工保険	791.6	288.0
公教人員保険	63.0	130.0
農民健康保険	178.0	126.0
軍人保険		119.0
社会救助支出		641.0
中低所得高齢者生活手当	20.5	105.0
6000 元受給	10.6	80.0
3000 元受給	9.9	25.0
低所得世帯生活扶助		39.6
家庭生活補助	5.0	25.5
就学生活補助	1.1	5.6
以工代賑（簡単な仕事の斡旋）	5.2	6.0
子女教育補助	0.1	0.8
祝日慰問	8.4	1.8
福祉サービス支出		1050.0
退役軍人ホーム	12.0	220.0
障害者・高齢者・児童施設の改善		169.0
高齢農民福利手当	63.6	270.0
心身障害者生活扶助		114.0
教養および養護補助		12.0
生活補助		97.0
補助器具補助		6.0
敬老福祉手当	30.0	54.0
国民就業支出		23.0
医療保健支出		267.0
政府社会福祉支出		3583.0

データ出所）行政院主計処『89 年社会指標統計』。

んでいない。そこで，台湾の統計のなかの，社会救助支出と福祉サービス支出だけを取り出してみると，1691 億元（GDP 比 1.75％）となる。しかし，これもシンガポールの統計と単純に比較することは難しいので，試みに，そのなかの「障害者・高齢者・児童施設の改善」という費目だけを取り出して比較することにしたい。この費目に対する支出は，169 億元（GDP 比 0.17％）である。一

方，シンガポールの支出総額は，前述のように，GDP比でわずか0.02％に過ぎない。単純な比較はできないが，わずかな支出でVWOに依存するシンガポールの社会福祉には，かなり無理があるように思われる。

4 福祉レジームの効果

　市民社会と福祉国家が社会福祉において果たす役割を，台湾とシンガポールについて比較してきた。それでは，両国における社会福祉のあり方の違いは，それぞれの社会に暮らす人々にいかなる影響を及ぼしているだろうか。ここでは，①高齢者の居住形態，②障害者数，③所得格差，に関するデータから，福祉レジームの効果を読み取ってみたい。

　まず表7-10は，高齢者の居住形態を比較したものである。シンガポールでは，台湾に比べて「子どもと同居」の割合が高い。一方，台湾では一人暮らしの高齢者も多くなっている。シンガポールで同居率が高いのは，同居を促進する公営住宅政策や，税制上の優遇，1995年に制定された老親扶養法など（アン 1997: 22），福祉レジームの効果による部分も大きいと考えられる。ちなみに，同時期の日本の65歳以上高齢者の居住形態（2002年）を見ると，一人暮らしが14.2％，夫婦二人暮らしが35.1％，子どもと同居が47.0％，その他が3.6％となっている[1]。

　次に表7-11は，台湾とシンガポールの障害者数を表わしている。台湾については時系列データをとることができる。1990年と2002年の数字を比べると，人口に占める障害者の割合は5倍近くになっている。これは，高齢化による障害者の増加だけでなく，政府の障害者政策の改善によって，障害を認定される人が増えていることが理由である。この間，障害者福利法（1980年制定）に代えて1997年には身心障害者保護法が制定されるなど，障害者政策に著しい発展が見られた。第2節で述べたように，その背景には残障聯盟などによる立法運動がある。つまり，これも福祉レジームの効果と言えるだろう。数字を見る

---

1) 厚生労働省『平成14年国民生活基礎調査』による。

表7-10 65歳以上高齢者の居住形態（％）

台湾（1996年）

	計	男性	女性	65～74歳	75歳以上	台北市
一人暮らし	12.3	14.1	10.1	11.4	14.3	10.5
夫婦二人暮らし	20.6	23.1	17.6	23.0	15.3	17.8
子どもと同居	64.3	59.8	69.7	63.2	66.8	68.6
その他	2.8	3.0	2.6	2.5	3.5	3.1

シンガポール（2000年）

	計	男性	女性	65～74歳	75歳以上
一人暮らし	6.6	5.8	7.3	6.5	6.9
夫婦二人暮らし	13.9	19.7	9.3	15.8	10.3
子どもと同居	73.8	69.2	77.4	72.6	76.0
その他	5.7	5.3	6.0	5.2	6.8

データ出所）台湾：内政部統計処『85年老人状況調査報告』。シンガポール：Singapore Department of Statistics, *Census of Population 2000 : Advanced Data Release*.

表7-11 心身障害者数

	シンガポール 1987年 人	%	台湾 1990年 人	%	台湾 2002年 人	%
全人口	2,550,000		20,401,305		22,520,776	
心身障害者総数	12,343	0.5	153,824	0.8	831,266	3.7
視覚障害者	1,212	9.8	17,191	11.2	44,889	5.4
聴覚障害者	2,970	24.1	3,848	2.5	89,129	10.7
平衡機能障害者					934	0.1
声音・言語機能障害者			4,389	2.9	10,582	1.3
肢体障害者	2,364	14.4	77,881	50.6	354,903	42.7
知的障害者	4,549	36.9	26,166	17.0	76,976	9.3
多重障害者	326	2.6	24,349	15.8	81,667	9.1
重要器官喪失者					75,323	0.4
顔面損傷者					2,983	0.6
植物状態者					4,631	1.7
痴呆症患者					13,996	0.4
自閉症患者					3,135	8.3
慢性精神病患者	911	7.4			68,763	9.8
その他の障害者	11	0.1			3,020	0.4
難治性てんかん症患者					282	0.0
難病患者					53	0.0

データ出所）台湾：内政部社会司ホームページ。シンガポール：Tan and Mehta eds.（2002：156）。

と，肢体障害や聴覚障害が大幅に増加したほか，重要器官喪失や慢性精神病などの新たな項目が障害として認められたことがわかる。一方，シンガポールでは1987年を境に，「〔障害者統計が〕障害者の人数や必要を正確に捕捉していないと障害者政策審議会が答申したために」(Tan and Mehta eds. 2002 : 155) 障害者統計は作成されなくなってしまった。前掲の表7-1に見られるように，シンガポールの共同募金会から寄付金を受ける障害者団体の受益者数は2万4372人 (2001/02年度) となっており，1987年の数字に比べて倍増している。しかし，台湾のような劇的な変化ではない。ちなみに，日本の障害者数 (2001年) を見ると，身体障害者が324万5000人[2]，精神障害者が21万3573人[3]となっていて，合わせて総人口の2.7%である。台湾は，日本よりも寛大な障害者認定を行なっていることがわかる。

表7-12は，所得格差の推移を比較したものである。一見してシンガポールで不平等度が高いが，とりわけ1997年のアジア経済危機以降，急速に不平等化が進んだことがわかる。シンガポールの国勢調査報告書は，不平等化の原因として高齢化を強調しているが (Singapore Department of Statistics 2001 : 84)，もちろんそれだけでは説明できない。一方，台湾では不平等化はそれほど進まなかった。経済構造の違いなどの要因もあるにせよ，福祉レジームの効果も大きいと思われる。この点に関連して，台湾については所得再分配効果を測定したデータがある (表7-13)。Aは所得移転前の格差を表わしており，Bは社会福祉や年金などの給付を行なった後の格差，Cは課税後の格差を表わしている。したがって，A－Bは福祉制度の効果，B－Cは税制の効果の大きさを示していることになる。これを見ると，①シンガポールに比べて，台湾ではもともと所得格差が小さいこと，②しかし1990年代以降，福祉制度による再分配効果は顕著に増大してきていること，③それに比べて，税制による再分配効果には著しい変化が見られないこと，などがわかる。福祉レジームの効果は，台湾の所得格差が抑制されている原因のすべてではない。とはいえ，このデータからは，それが小さくない要因の一つになったことも読み取れるのである。

---

2) 厚生労働省『平成13年身体障害児・者実態調査』による。
3) 厚生労働省『平成13年度衛生行政報告例』による。

表 7-12 世帯所得格差の推移

	台湾		シンガポール	
	上位20％世帯と下位20％世帯の格差（倍）	ジニ係数	上位20％世帯と下位20％世帯の格差（倍）	ジニ係数
1990	5.2	0.312	11.4	0.436
1991	5.0	0.308		
1992	5.2	0.312		
1993	5.4	0.316		
1994	5.4	0.318		
1995	5.3	0.317	13.8	0.443
1996	5.4	0.317		
1997	5.4	0.320	13.6	0.444
1998	5.5	0.324	14.6	0.446
1999	5.5	0.325	17.9	0.467
2000	5.6	0.326	20.9	0.481
2001	6.4	0.350		
2002	6.2	0.345		

データ出所）台湾：行政院主計処『91年社会指標統計』。シンガポール：Singapore Department of Statistics, *Census of Population 2000 : Advanced Data Release*.

　本章では，台湾とシンガポールの社会福祉を取り上げ，そこに表われている市民社会と福祉国家の関係について考察した。まず，社会福祉における市民社会の役割に注目するにしても，福祉国家との組み合わせで捉える必要があると論じた。台湾とシンガポールでは福祉 NPO の性格が異なっており，それぞれ「事業提携モデルの協働型」（台湾）と「販売店モデルの協働型」（シンガポール）として特徴づけられる。事業提携モデルにおける福祉 NPO は裁量と政治的自律性を保持しているのに対して，販売店モデルではそれが疑わしくなってくる。

　次に，社会福祉において国家が果たす役割を見ると，分岐はさらに大きくなる。台湾では民主化を契機として，高齢者や障害者に対する各種手当が拡充され，公的扶助もそれなりに充実してきた。一方，シンガポール政府は，経済不況や迫りくる高齢化にもかかわらず，基本的には従来の限定的な制度を維持しようとしている。

　さらに，市民社会と福祉国家のこうした違いが，人々の日々の暮らしにいか

表 7-13　台湾：所得再分配効果

年	上位20%世帯と下位20%世帯の格差（倍）			所得再分配効果		
	所得移転前(A)	政府からの所得移転後(B)	政府への所得移転後(C)	A－B	B－C	A－C
1980	4.31	4.27	4.17	0.04	0.09	0.13
1981	4.33	4.30	4.21	0.02	0.09	0.12
1982	4.41	4.38	4.29	0.03	0.10	0.12
1983	4.51	4.47	4.36	0.04	0.11	0.15
1984	4.54	4.49	4.40	0.05	0.09	0.14
1985	4.64	4.59	4.50	0.04	0.10	0.14
1986	4.78	4.71	4.60	0.08	0.11	0.19
1987	4.88	4.80	4.69	0.08	0.11	0.19
1988	5.05	4.95	4.85	0.11	0.10	0.20
1989	5.18	5.03	4.94	0.15	0.09	0.24
1990	5.53	5.30	5.18	0.23	0.12	0.34
1991	5.32	5.07	4.98	0.24	0.10	0.34
1992	5.57	5.34	5.25	0.23	0.10	0.32
1993	5.76	5.51	5.43	0.26	0.08	0.34
1994	5.79	5.49	5.38	0.31	0.11	0.41
1995	5.93	5.43	5.34	0.50	0.09	0.59
1996	6.19	5.49	5.39	0.70	0.11	0.81
1997	6.25	5.53	5.41	0.72	0.12	0.84
1998	6.49	5.66	5.51	0.84	0.14	0.98
1999	6.47	5.65	5.50	0.82	0.15	0.97
2000	6.57	5.69	5.55	0.88	0.14	1.02
2001	7.67	6.54	6.39	1.13	0.15	1.28
2002	7.47	6.29	6.16	1.18	0.13	1.31
2003	7.32	6.20	6.07	1.12	0.13	1.25

データ出所）内政部『91年台湾地区社会発展趨勢調査』。

に投影されるのかを探った。高齢者の居住形態や障害者の認定数，所得格差の程度といった点に，福祉レジームの違いは具体的に表われ始めている。台湾ではより多くの障害者が認定される一方，所得格差はそれほど広がっていない。他方，シンガポールでは，明らかに所得格差が拡大してきているのである。

第8章

雇用構造と若者の就業
―― 日本・韓国・台湾の比較 ――

1 はじめに

　日本では若者の雇用問題がクローズアップされて久しいが，同じ東アジアの韓国や台湾でも同様の問題が生じているだろうか。もし生じているとすれば，韓国や台湾ではこの問題に対してどのような取り組みがなされているのか。それを探れば，日本の若年雇用政策を考えるうえでも参考になるかもしれない。ところが，分析を進めてみると，問題はそれぞれの国で少しずつ異なることがわかってきた。確かに，失業したり，不安定な仕事に就いたりする若者が少なくないのはどの国も同じだが，彼らの置かれた状況は同じとは言えない。本章では，日韓台の若者の置かれた問題状況の違いとその原因を明らかにしたうえで，それぞれの国のとるべき政策を考えてみたい[1]。

　さて，日韓両国の若者の雇用問題については OECD が報告書を出している（日本は OECD 2009c, 韓国は OECD 2007b）。OECD は *Jobs for Youth* と題する報告書シリーズを 16 カ国[2]について刊行しているので，他の国と比べて日韓の問題点がどう位置づけられているか，興味深いところである。OECD によれば，日本の若年労働市場は 1990 年代初頭まで，「学校卒業者が安定的雇用にすぐに移行できること，低い失業率，低い転職率などによって特徴づけられていた」

---

1) 有田（2011），樋口（2011），金（2011）もあわせて参照されたい。

(OECD 2009c : 9)。しかし今では，以下のような問題が生じているという（同：10）。

①終身雇用と企業内訓練の重要性の低下にともなって，既存の教育訓練システムの弱点が目立つようになった。学校は一般教育に偏っていて，労働市場の求めに応じることができないこと。労働市場に参入する前の学生の就労経験が限られていること。職業訓練の仕組みが未発達であること，などである。

②終身雇用に適合的な雇用保護法制が正規と非正規の壁を作り出している。また，年齢や性別に基づく雇用慣行が若年労働市場の硬直性を強めている。

③学校から仕事への移行期にある多くの若者は，積極的労働市場政策や所得保障などの十分な公的支援を受けていない。

一方，韓国については，以下のような問題点が指摘されている（OECD 2007b : 9）。

①教育システムの問題。高等教育の急激な量的拡大にともなって，学校が提供するスキルと企業が求めるものとのミスマッチが広がった。

②需要側の問題。強い雇用規制が労働市場の二重構造を強化しており，若者が非正規雇用から正規雇用へ移行することを難しくしている。

③とりわけ学歴の低い若者が求職する場合，十分な支援を受けられないという問題。

どちらの報告書も，①教育システムの問題，②雇用規制の問題，③支援策の

---

2) ベルギー（OECD 2007a），韓国（OECD 2007b），スロバキア（OECD 2007c），スペイン（OECD 2007d），カナダ（OECD 2008a），オランダ（OECD 2008b），ニュージーランド（OECD 2008c），ノルウェー（OECD 2008d），イギリス（OECD 2008e），オーストラリア（OECD 2009a），フランス（OECD 2009b），日本（OECD 2009c），ポーランド（OECD 2009d），アメリカ（OECD 2009e），デンマーク（OECD 2010a），ギリシア（OECD 2010b）の 16 カ国。

不備，の3点を指摘しているところは共通である。しかし，これは日韓両国の問題点が共通だというより，OECDの報告書のスタイルがこのように決まっているということだろう。ただし，日本については日本型雇用慣行の問題，韓国については高学歴化とミスマッチの問題が指摘されていることには注目すべきである。

OECDの報告書は国際比較データを多く掲載していて参考になるが，以上の要約では何が日韓の問題の核心なのかはっきりしない。そこで本章では，日韓および台湾の若者の雇用問題を国際比較の座標軸のなかに位置づけて理解したい。以下，第2節では，若年労働市場の国際比較を試みた先行研究を紹介する。第3節では，いくつかの統計から日韓台の若者の置かれた状況を描き出す。第4節では，現在の問題が何に由来するのかを考える。具体的には，社会経済的要因（脱工業化と女性の役割の変化）と制度的要因（労働法や企業の雇用慣行）のどちらが決定的かに注目する。第5節では，分析をふまえて各国のとるべき政策を考察する。

2　福祉レジームと若年労働市場

ここでは，日韓台を比較するための補助線として，先進諸国における若者の雇用問題を国際比較の観点から検討したS. ブッフホルツらの研究（Buchholz et al. 2009）とR. ブリーンの研究（Breen 2005，太郎丸 2009：161 も参照）を紹介したい。

ブッフホルツらは，グローバル化が個人のライフコースと職業キャリアに及ぼす影響を明らかにするため，欧州17カ国を対象とした比較研究プロジェクトを展開した。その焦点の一つは若者であるが，労働市場において若者がどのような状況に置かれているかは各国の福祉レジームによって異なるという。グローバル化という共通の圧力が各国の制度に媒介されて異なる結果をもたらすとする見方は，エスピン - アンデルセンの福祉レジーム論（Esping-Andersen 1990, 1999）に由来する。ブッフホルツらの整理によれば，各レジームの若者は以下のような状況に置かれているという（Buchholz et al. 2009：58）。

①南欧と保守主義諸国。若者は労働市場のアウトサイダーとして周辺化されている。そのことが，未婚化と少子化につながっている。

②ポスト社会主義諸国。雇用の不安定性はいっそう著しい。劇的な未婚化が進んでいる。

③社民主義諸国。他の類型と比べると，若者と家族は雇用の不確実性から保護されている。

④自由主義諸国。雇用の不確実性は，開かれた労働市場構造によって埋め合わされている。人々の主観的不確実性はそれほど変化していないので，未婚化はあまり進んでいない。

　この整理を東アジアの状況と引き比べてみると，未婚化と少子化が進んでいる点で日韓台は①の保守主義諸国に近いと思われる。しかし，若者が労働市場で周辺化されている度合いについては，調べてみなければわからない。
　一方，ブリーンは，国によって若年失業率が大きく異なる理由を突き止めようとする。もちろん，全体の失業率が高い国では若年失業率も高くなる。そこで彼は，相対的若年失業率（25〜54歳の失業率に対する15〜24歳の失業率の比率）を労働市場における若者の不利の度合いを表わす指標として比較したところ，これも国によって大きく異なることが判明した（1990年代後半のデータで，1.14倍のドイツから3.80倍のギリシアまで）。ブリーンによれば，これは各国の制度の違いによって説明できるという。具体的には，「雇用保護の強さ」（OECDの雇用規制指標を利用）と「学歴シグナルの明瞭さ」（高校レベルで職業学校に通う生徒の割合により測定）の2つの制度的要因を取り上げる。雇用保護が強いほど，雇用主は解雇できなくなることをおそれて若者を雇い入れるのをためらう。一方，学歴シグナルとは，求職者がどのような技能を身につけているかを雇用主に伝える情報のことである。雇用主にとっては，普通高校よりも職業高校の卒業生のほうが技能レベルを見分けやすいので，安心して雇い入れることができる。仮に雇用保護が強くて解雇が容易にできない場合でも，技能レベルが最初からわかっていれば，期待外れになるリスクが低いので雇い入れ

る気になるわけである。

　ブリーンによれば，上記の2つの変数の組み合わせによって，OECD諸国を以下のように分類できるという[3]（Breen 2005：130）。

　①弱い雇用保護かつ弱い学歴シグナル（オーストラリア，ベルギー，カナダ，ニュージーランド，アイルランド，イギリス，アメリカ）：雇用規制指標の平均1.1，職業高校比率の平均3.2％，相対的若年失業率の平均2.28倍。

　②強い雇用保護かつ強い学歴シグナル（ドイツ，オーストリア，チェコ，ポーランド，オランダ，ハンガリー）：雇用規制指標の平均2.6，職業高校比率の平均41.8％，相対的若年失業率の平均1.92倍。

　③強い雇用保護かつ弱い学歴シグナル（ポルトガル，イタリア，スペイン，ギリシア，フランス，スウェーデン，ノルウェー，フィンランド，日本，韓国，メキシコ，トルコ）：雇用規制指標の平均2.7，職業高校比率の平均1.6％，相対的若年失業率の平均2.76倍。

　この結果からわかるのは，②の類型の国々，つまり雇用保護と学歴シグナルの両方とも強い国々で，若者は比較的有利な位置を占めていることである。学歴シグナルが明瞭であれば，雇用保護が強くても若者の雇用の妨げにはならないということになる。一方，③の類型の国々，つまり雇用保護が強く学歴シグナルが弱い国々では，相対的若年失業率が最も高い。ブリーンによれば，日本と韓国はここに含まれるという。

　ところが，日本と韓国の相対的若年失業率には大差がある。図8-1は，日韓台の相対的若年失業率（ただしブリーン論文とは異なり，30～59歳の失業率に対する20～29歳の失業率の比率）の推移を表わしたものである。日本の相対的若年失業率は一貫して2倍前後（ブリーンの②の類型の国々と同程度）と低く安定しているのに対して，韓台のそれは高く，しかも大きく揺れ動いている（2000年前後に低下しているのは，経済危機で壮年層の失業率が上昇したからである）。

3）弱い雇用保護と強い学歴シグナルの組み合わせもありうるが，このタイプに近いのはデンマークとスイスのみだという。ここでは省略する。

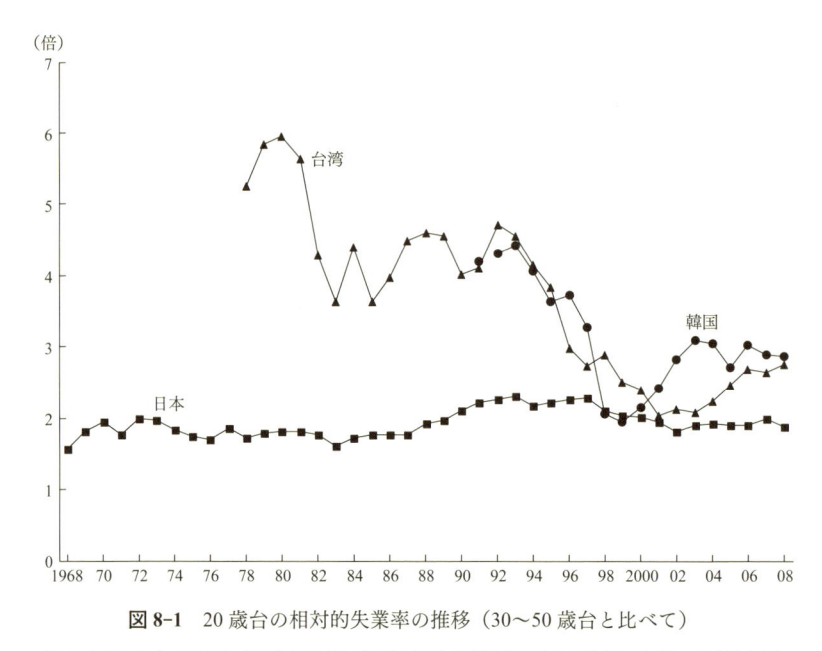

図8-1 20歳台の相対的失業率の推移（30～50歳台と比べて）

データ出所）日本は総務省『労働力調査』，韓国は統計庁『経済活動人口調査』，台湾は行政院主計処『人力資源調査統計年報』。

　これはブリーンの枠組では説明できない。雇用保護については，2008年のOECD雇用規制指標を参照すると，韓国が2.29，日本が2.05となっており，それほど大きな差はない（OECD, *OECD Indicators of Employment Protection 2008*）。台湾に関するデータはないが，おそらく雇用規制は日韓より弱いだろう（第4章第6節参照）。一方，高校レベルでの専門学校比率を見ると，日本が23.7％，韓国が27.8％であるのに対して，台湾では47.9％となっている[4]。これは厳密にはブリーン論文の指標とは異なっているが，大体において日韓より台湾のほうが学歴シグナルは明瞭だと言える[5]。つまり，日韓は強い雇用保護かつ弱い

---

4) 日韓についてはOECD, *Education at a Glance 2008*，台湾については教育部「各級学校概況簡表」による。いずれも2006年の数字である。
5) ただし，有田（2011：7）が示しているように，韓国や台湾では専門学校卒業者の大学進学率が急上昇しており，専門学校比率が学歴シグナルの明瞭さと同義とは言えなくなりつつあるかもしれない。

学歴シグナルのタイプであり，台湾は弱い雇用保護かつ強い学歴シグナルのタイプである。しかし，上述のように，相対的若年失業率は日本で低く，韓台で高いのである。ブリーン説の通りなら日韓の相対的若年失業率が似ているはずだが，そうはなっていないのである。

　日本の相対的若年失業率の低さは，普通科も含めて高校が就職斡旋に熱心に取り組んできた結果として説明できるかもしれない。日本には，高校と企業の間で生徒の就職を毎年継続的に斡旋する「実績関係」の慣行があった（本田 2005：79）。その慣行は崩れてきているとも言われるが，それでもなお，ブリーンの言う学歴シグナルと等価の機能を果たしていると考えられる。一方，韓台の状況は学歴シグナルでは説明しにくい。韓国と台湾は日本以上に急速な社会変化を経験しつつあり，若者の雇用を考えるうえでも，産業構造の転換や女性の役割の変化といった社会経済的要因に注目する必要がありそうである。しかしその前に，次節では日韓台の若者の雇用問題の特徴を概観しよう。

3　日韓台の若者問題は同じではない

　前節で紹介したブリーンの研究ではもっぱら相対的若年失業率によって若者問題が代表されていたが，若者の雇用問題はそれにとどまるものではない。失業と言っても失業期間の長さや失業の理由が問題になるし，フリーターやニートなど，必ずしも失業者ではないが労働市場において周辺化され排除されている若者にも注目すべきだろう。ここでは，こうした点について日韓台の状況を比較してみたい。

　なお，本章で論じる「若者」の範囲について一言述べておきたい。日本では，フリーターの定義に「15～34歳」という項目があり（厚生労働省編 2008：20），これが若者問題を論じる際の若者の範囲として受け入れられてきた（玄田 2001：11）。一方，OECDの報告書シリーズ *Jobs for Youth* では，"youth"を15～29歳と定義しており，その下位区分として teenagers（15～19歳）と young adults（20～29歳）を置いている（OECD 2007b：3, OECD 2009c：3）。どちらが正解というわけではないが，本章では OECD の言う young adults に焦点を絞り

表 8-1　若年失業者の失業期間（2008 年）

(%)

	失業率	3 カ月未満	3～6 カ月未満	6 カ月以上
日本　25～34 歳	5.2	38.9	15.3	43.1
韓国　20～29 歳	7.0	61.8	28.3	9.6
台湾　20～29 歳	5.7	49.6	20.4	30.0

データ出所）日本は総務省『平成 20 年労働力調査』，韓国は統計庁『2008 年経済活動人口調査』，台湾は行政院主計処『97 年人力資源調査統計年報』。

表 8-2　20 歳台失業者の失業理由（2008 年）

(%)

	日本 男性	日本 女性	韓国 男性	韓国 女性	台湾 男性	台湾 女性
自発的な離職	42.9	53.1	50.0	52.0	33.8	43.1
非自発的な離職	19.0	15.6	13.5	11.4	23.4	20.6
学卒未就職	11.9	6.3	10.6	9.8	41.1	35.7
その他	23.8	21.9	26.5	27.6	1.7	0.7

データ出所）日本は総務省『平成 20 年労働力調査』，韓国は統計庁『2008 年経済活動人口調査』，台湾は行政院主計処『97 年人力資源調査統計年報』。

たい。以下，特に断わらない限り，若者とは 20 歳台の若者のことである。

　さて，各国の失業の特徴について見よう。表 8-1 は，若年失業率と失業期間を比較したものである（日本だけは 25～34 歳のデータである）。失業率はそれほど違わないが，失業期間には大差がある。半年以上の失業は，日本では 4 割以上にのぼるのに対して，韓国では 1 割以下である。一方，表 8-2 は，失業理由を表わしている。国ごとに異なる分類を無理に集約したので比較しにくいが，学卒未就職の割合の違いには注目すべきである。日韓では学卒未就職が少ないのに対して，台湾では失業者に占める学卒未就職者が 4 割を占める。これは，台湾では学校から仕事への移行が日本ほど制度化されていないこと，つまり「実績関係」のような仕組みが未発達であることを示していると思われる。いずれにしても，日韓台の若者の失業率はそれほど高くなく，しかも韓国や台湾では一時的な失業がほとんどである。日韓台の若者問題の核心は失業問題にはないことがわかる。

　それでは，日本でフリーターやニートと呼ばれるような若者は，韓国や台湾にはどのくらいいるのだろうか。表 8-3 は，20 歳台の全人口のなかで，就業

表 8-3　20 歳台男女の人口構成 (2008 年)

(%)

	男性						女性					
	(万人人口)	労働力人口		非労働力人口			(万人人口)	労働力人口		非労働力人口		
		就業者	失業者	家事	通学	その他		就業者	失業者	家事	通学	その他
日本	757	76.6	5.5	0.3	14.7	2.9	723	68.6	4.4	14.4	10.9	1.7
韓国	312	59.1	5.5	0.1	22.6	12.7	347	59.1	3.5	13.5	16.2	7.6
台湾	167	64.9	6.3	0.0	23.7	5.0	178	64.5	5.3	7.1	19.8	3.3

データ出所) 日本は総務省『平成 20 年労働力調査』, 韓国は統計庁『2008 年経済活動人口調査』, 台湾は行政院主計処『97 年人力資源調査統計年報』。なお, 日本の『労働力調査』が全人口を対象としているのに対して, 韓国の『経済活動人口調査』は兵役に就いている者と受刑者を除外しており, 台湾の『人力資源調査統計年報』も軍人を除外している。

表 8-4　被用者に占める非正規従業員の割合 (2008 年)

(%)

	日本		韓国		台湾	
	男性	女性	男性	女性	男性	女性
年齢計	19.2	53.6	35.2	57.0	4.4	5.2
15〜19 歳	44.4	48.3	93.6	90.7	27.1	31.7
20〜24 歳			40.8	40.6	11.8	12.0
25〜29 歳	14.2	41.2			4.4	3.4
30〜34 歳			27.5	46.4	3.7	1.9
35〜39 歳	8.2	55.0			2.6	3.6
40〜44 歳			30.2	66.4	4.1	4.9
45〜49 歳	8.0	57.5			3.7	5.4
50〜54 歳			36.9	73.3	4.1	5.8
55〜59 歳	27.6	64.0			4.4	5.4
60〜64 歳			67.0	90.7	4.4	7.0
65 歳以上	67.9	70.1			1.7	6.0

データ出所) 日本：総務省『平成 20 年労働力調査詳細集計』「非正規の職員・従業員」。韓国：統計庁『2008 年経済活動人口調査』「임시, 일용-」(Temporary employees, Daily workers), 年齢区分は「15〜19 歳, 20〜29 歳, 30〜39 歳, 40〜49 歳, 50〜59 歳, 60 歳以上」。台湾：行政院主計処『97 年人力運用調査報告』「臨時性或人力派遣工作」(Temporary or dispatched workers)。

者, 失業者, 家事従事者, 学校に通っている人,「その他」, の割合を男女別に見たものである。「その他」は, 就業も通学もしていないという意味であり,

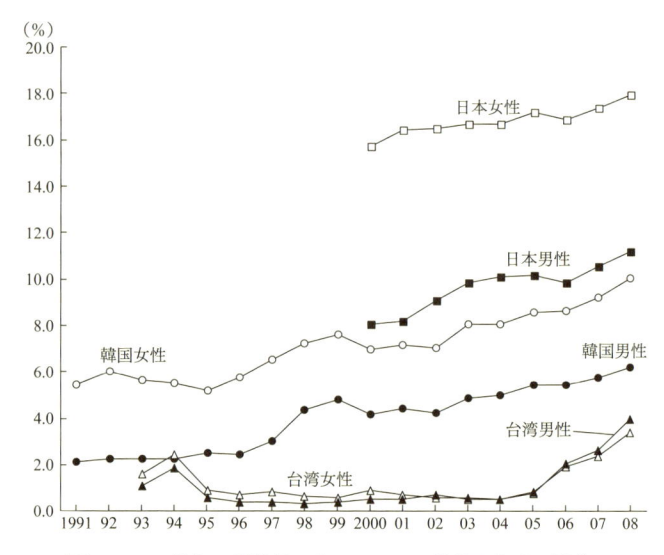

図 8-2 20歳台の従業者に占めるパート労働者比率の推移

データ出所）日本は総務省『労働力調査』，韓国は OECD, *StatExtracts*，台湾は行政院主計処『人力資源調査統計年報』。

日本で言うニートの概念と重なる。まず気づくのは，韓国で「その他」すなわちニートの割合が高いことである。特に男性で 12.7％ と高く，これは日本の 4 倍以上である。日本ではニートが話題にのぼっているが，じつは韓国や台湾に比べてその割合は低い。日本の若者はよく働いているのである。一方，台湾や韓国では，ニートだけでなく学生も多い。日本よりも高学歴化が進んでいることがわかる。

　表 8-4 と図 8-2 は，日本で言うフリーターに関連している。表 8-4 は，非正規従業員の割合を表わしている。非正規従業員の定義は国ごとに異なっており，単純に比較することは難しい。しかし，年齢や性別ごとの分布を見ることで，その国の非正規雇用の特徴を推し量ることはできる。特に注目されるのは，韓国で男女を問わず非正規割合が高いことである。20歳台では，男女とも 40％ が非正規である。日本も 15〜24 歳では男女とも非正規が 40％ を上回っているが，25〜34 歳になると，女性は 41％，男性は 14％ と男女差が開く。一方，台

湾は非正規割合が低く，男女差もほとんどない。図8-2は，パート労働者の割合を表わしている。こちらは日本が韓国を上回っている。つまり，韓国では非正規であってもフルタイムで働いている人が多いことになる。台湾では近年パートが増加しているが，日韓の水準には達していない。また，ここでも男女差は見られない。

　以上を総合して，各国の特徴を要約しておこう。まず，日本の若者は韓台に比べて就業率が高い。しかし，特に女性は非正規やパートの仕事に就いている人が多い。韓国の若者は就業率が低く，男女とも非正規の仕事に就いている人が多い。また，特に男性でニートが多い。台湾の若者の就業率も高くはないが，ニートや非正規は少ない。一方，進学率は台湾が最も高い。要するに，日韓台の若者問題は決して同じではないのである。

4　社会経済的要因か，それとも制度的要因か

　こうした違いは何に由来するのだろうか。以下では，社会経済的要因（脱工業化と女性の役割の変化）と制度的要因（労働法や企業の雇用慣行）に注目し，どちらの要因が各国の問題状況を規定しているか検討したい。その際，各国の若者問題のうち，特にいわゆるニートと非正規雇用の問題に焦点を絞りたい。前述のように，日韓台の若者問題を考えるうえでは，失業問題よりもニートやフリーターの問題のほうが重要と思われるからである。

　ここで社会経済的要因として取り上げる，脱工業化と女性の役割の変化とは何か。まず，脱工業化とは，工業人口の割合が低下し，サービス産業人口の割合が上昇することをさす。工業部門の生産性向上や海外移転にともなって，国内のサービス産業部門の比率が上昇することからこうした変化が生じる。一方，女性の役割の変化とは，仕事に就かず家事に専念する女性が減り，労働市場に進出する女性が増えることをさす。こうした変化は，一方では高学歴化した女性の就業意欲の高まりの結果であり，他方では女性が就業しやすいサービス産業部門が拡大しつつあることと関連する。

　それでは，脱工業化と女性の役割の変化は，若者の雇用問題とどう結びつく

図 8-3 脱工業化の進み方の違い

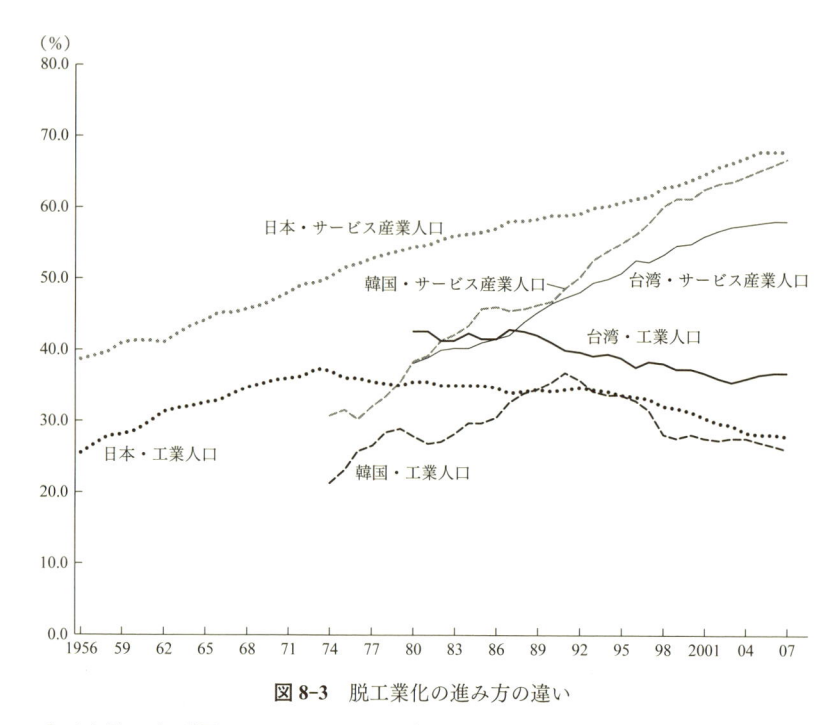

データ出所）日本と韓国は OECD, StatExtracts, 台湾は行政院主計処『人力資源調査統計年報』。

のか。脱工業化は，これまで男性が多く就業してきた工業部門の縮小と，女性が就業しやすいサービス産業部門の拡大を意味するから，同じ若者でも男性と女性では異なる影響を受けるはずである。また，女性の役割の変化は，スムーズに進めばよいが，女性の就業意欲の高まりと就業機会の拡大がつねに釣り合うとは限らない。いずれにしても，分析は男女別に行なう必要がある。さらに，女性の進出にともなって一部の男性が労働市場から押し出される場合もありうる。とはいえ，労働市場から押し出された若者がニート化するか，それとも大学院に進学して高学歴化するかは，理論的に一概に予想できるものではない。具体的に，データに即して比較検討していく必要がある。

　脱工業化の進み方は国ごとに異なる。図 8-3 は，若者だけでなく，就業者全体に占める工業人口とサービス産業人口の割合を表わしたものである（農業人

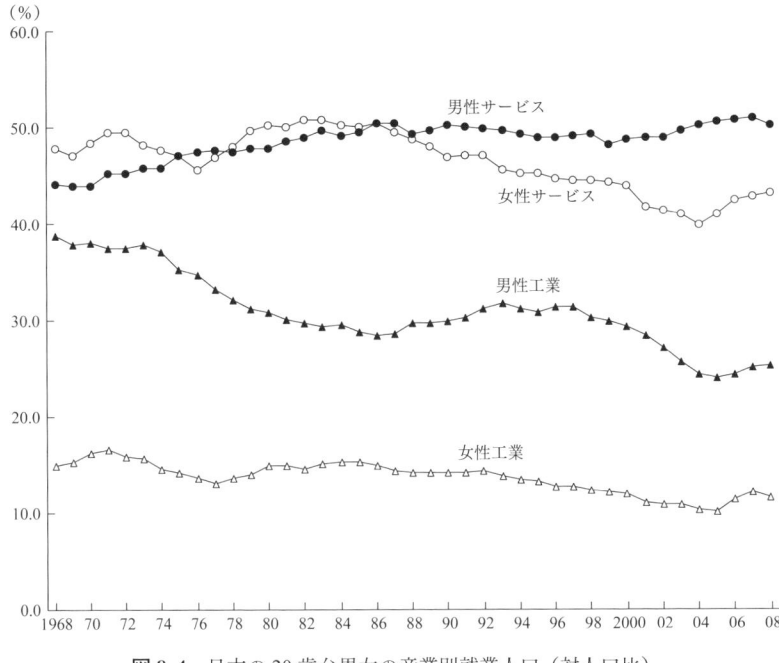

図 8-4　日本の 20 歳台男女の産業別就業人口（対人口比）

データ出所）総務省『労働力調査』。

口は省略してある）。日本の脱工業化は比較的緩やかであるのに対して，韓国のそれは急速である。一方，台湾は，日韓に比べると大きな工業部門を維持している。工業人口に対するサービス産業人口の比率を計算し，その 1988 年から 2008 年までの変化を見ると，日台が 1.5 倍にとどまっているのに対して，韓国は 2.0 倍であり，脱工業化のスピードが急激であることがわかる。

　図 8-4〜8-6 は，日韓台の 20 歳台の産業別就業人口割合（対人口比）を表わしたものである。20 歳台だけを取り上げると，やや違った様相が見えてくる。1990 年代以降について言えば，日本（図 8-4）では，男性の工業人口が下降するとともに，女性のサービス産業人口も低下している。これは，女性の進学率の上昇と関連していると思われる。韓国（図 8-5）では，男性の工業人口の低下と，女性のサービス産業人口の上昇が対照的である。台湾（図 8-6）では，

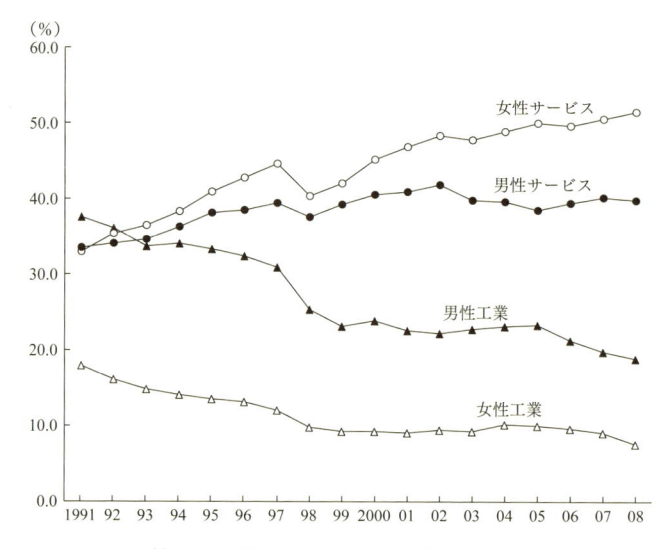

182　第Ⅲ部　複数の東アジア

図 8-5　韓国の 20 歳台男女の産業別就業人口（対人口比）

データ出所）統計庁『経済活動人口調査』。

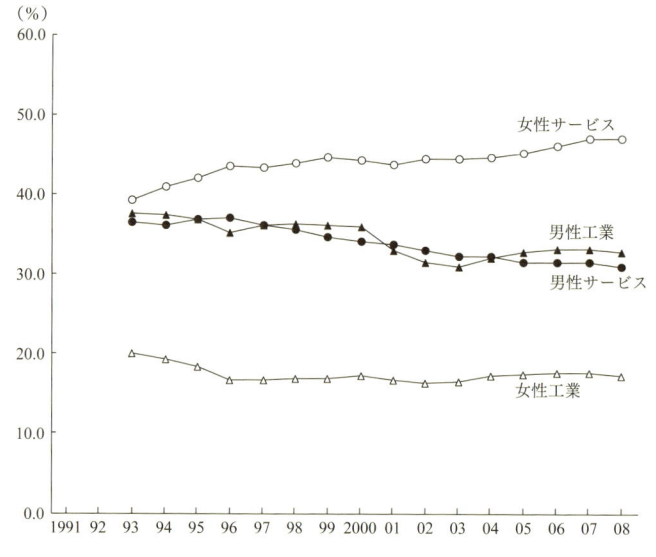

図 8-6　台湾の 20 歳台男女の産業別就業人口（対人口比）

データ出所）行政院主計処『人力資源調査統計年報』。

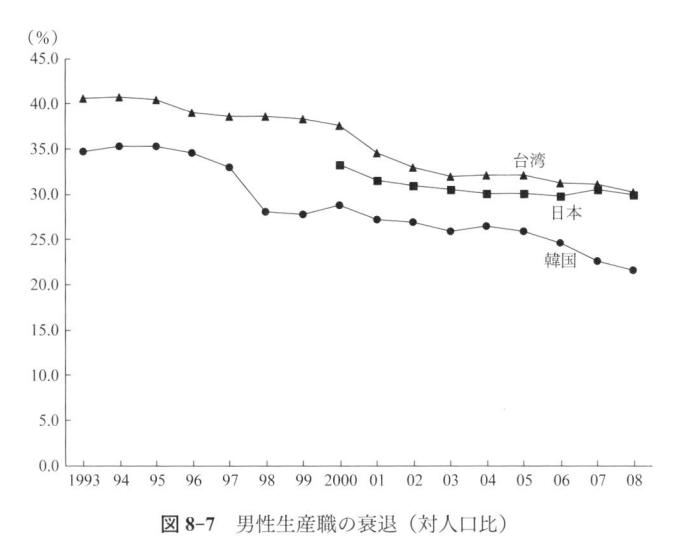

図 8-7　男性生産職の衰退（対人口比）

データ出所）日本は総務省『労働力調査』，韓国は統計庁『経済活動人口調査』，台湾は行政院主計処『人力資源調査統計年報』。

韓国よりは緩やかに，男性の就業人口割合の低下と，女性のサービス産業人口の上昇が見られる。さらに，図 8-7 は，職業別人口のうち，生産職に就く男性の割合（対人口比）を表わしたものである。ここでも，韓国の男性の工業離れが見て取れる。

　脱工業化が進むなかで，労働市場の周辺では何が起こっているのだろうか。図 8-8〜8-10 は，日韓台の 20 歳台の非就業者の割合（対人口比）を表わしたものである。ここで注目したいのは，女性の役割の変化を示す「家事」と，ニートを表わす「その他」，および高学歴化を表わす「通学」の推移である。日本（図 8-8）については，2000 年以降のデータしかとれないが，全体に変化は緩やかであること，特に男女ともニートは少なく，しかもほとんど増加していないことは確認できる。韓国（図 8-9）については，女性の家事割合の急速な低下が見られることと，1997 年の経済危機以降，男性のニートが急増していることに注目すべきである。高学歴化は男女とも緩やかに進んでいる。台湾（図 8-10）については，女性の家事割合の低下は韓国ほど急速ではなく，ニー

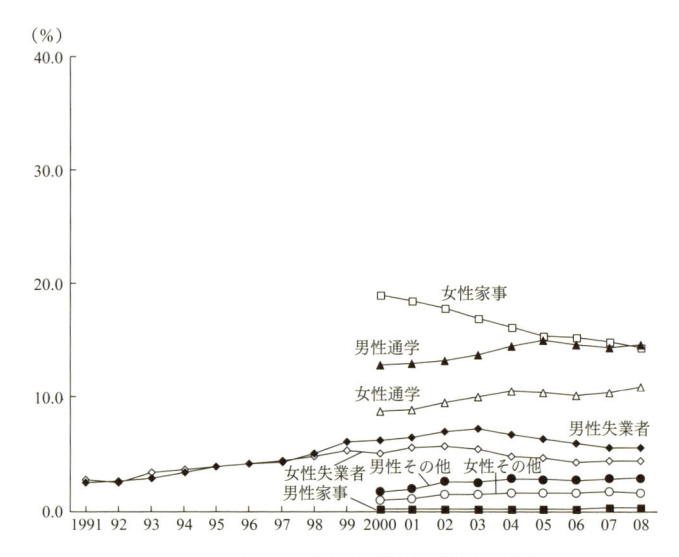

184　第 III 部　複数の東アジア

図 8-8　日本の 20 歳台非就業者（対人口比）

データ出所）総務省『労働力調査』。

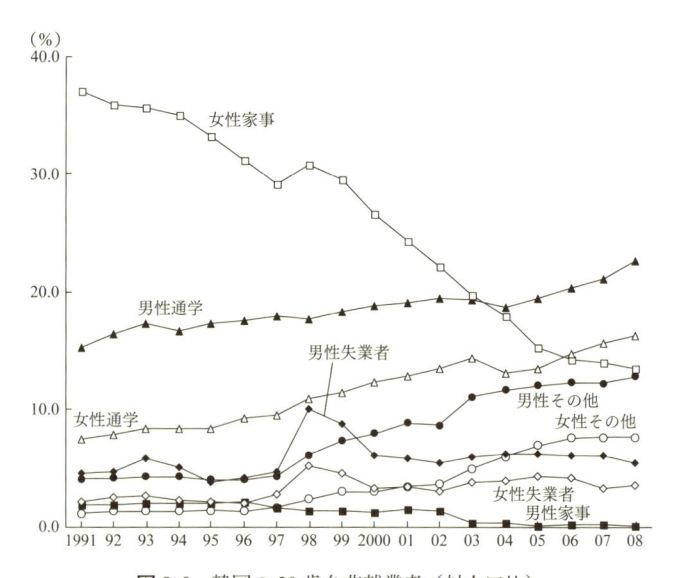

図 8-9　韓国の 20 歳台非就業者（対人口比）

データ出所）統計庁『経済活動人口調査』。

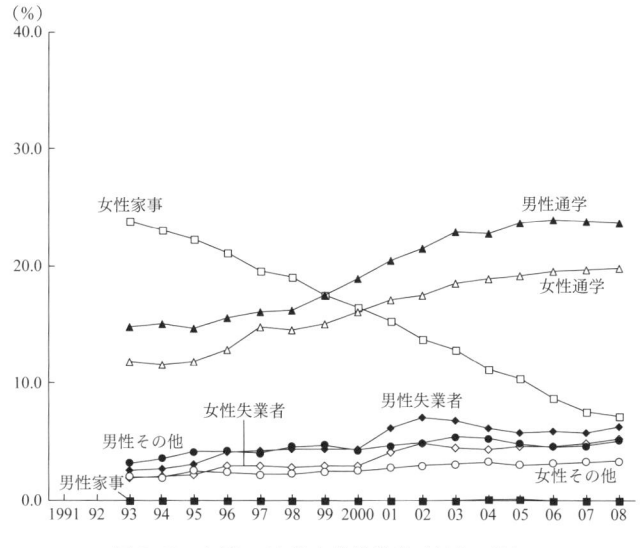

図 8-10 台湾の 20 歳台非就業者（対人口比）

データ出所）行政院主計処『人力資源調査統計年報』。

　トもそれほど増えていない。その代わり，男女とも高学歴化が韓国より急速に進んでいる。
　1990 年以降の 20 年間に，若者の何が変化したのだろうか。変化の緩やかな日本は除き，韓国と台湾について分析を進めたい。上記の諸要素のうち大きく変化したのは，男性では「工業人口」「通学」「その他」であり，女性では「家事」「通学」「サービス産業人口」である。これらの要素のみを取り出したのが，図 8-11〜8-14 である。韓国の男性（図 8-11）について見ると，工業における就業機会の急激な減少に見合うほどには高学歴化が進まなかったのでニートが増加した，というストーリーが見えてくる。韓国の女性（図 8-12）については，家事割合の低下とサービス産業人口の上昇が釣り合っている。一方，台湾の男性（図 8-13）について見ると，工業における就業機会の減少は緩やかであり，工業の減少分は高学歴化で相殺されているため，ニートの増加は見られない。台湾の女性（図 8-14）については，韓国とは異なって，家事割合の低下と高学

第 III 部　複数の東アジア

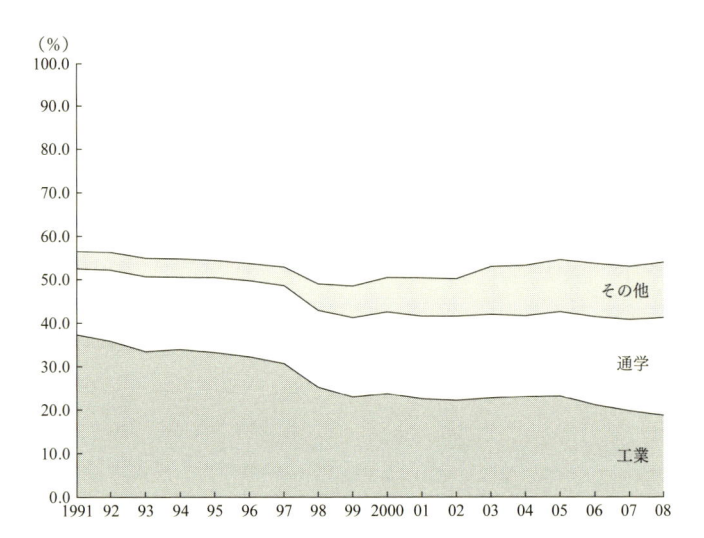

図 8-11　韓国男性：急激な脱工業化を高学歴化で相殺できず

データ出所）統計庁『経済活動人口調査』。

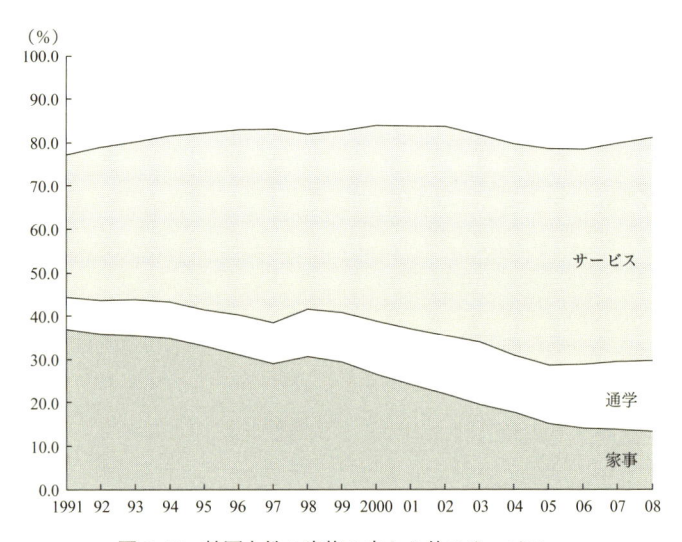

図 8-12　韓国女性：家族の中から外のサービスへ

データ出所）統計庁『経済活動人口調査』。

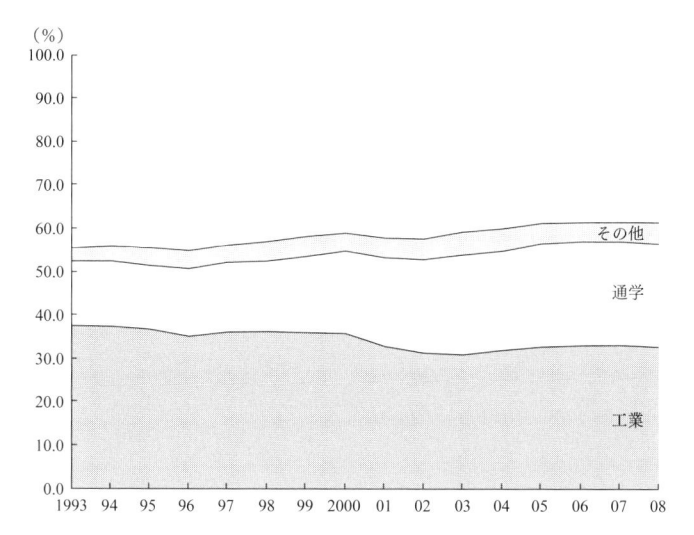

第 8 章 雇用構造と若者の就業　187

図 8-13　台湾男性：緩やかな脱工業化を高学歴化で相殺

データ出所）行政院主計処『人力資源調査統計年報』。

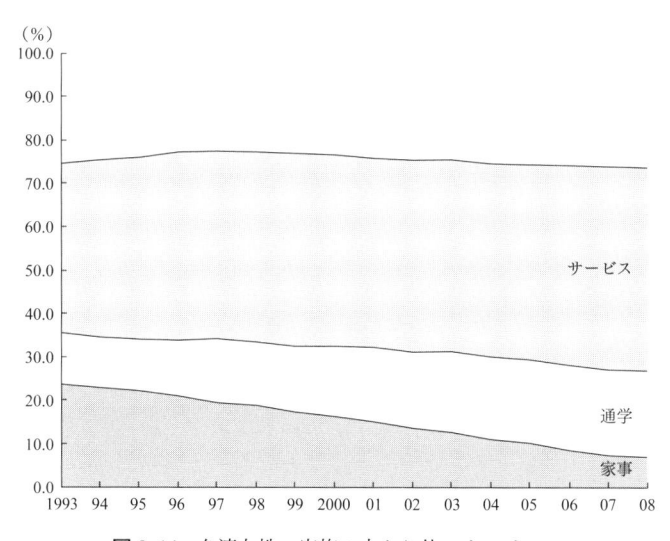

図 8-14　台湾女性：家族の中から外のサービスへ

データ出所）行政院主計処『人力資源調査統計年報』。

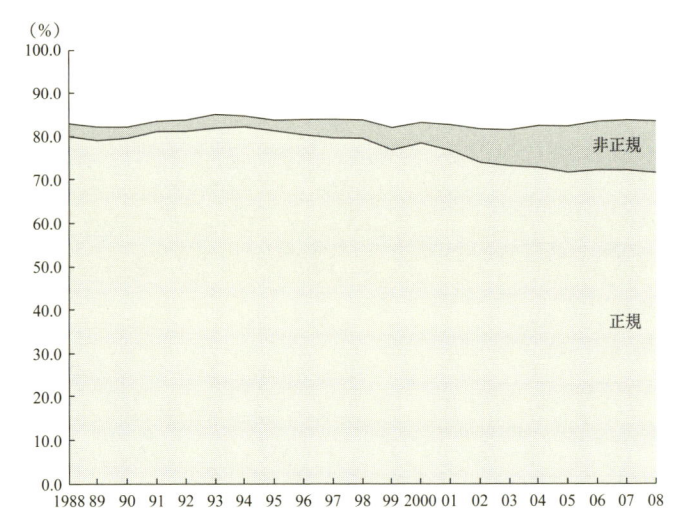

図 8-15　日本男性：雇用の非正規化

データ出所）総務省『労働力調査』。

歴化が釣り合っているように見える。要するに，最も深刻なのは韓国の男性ニートの増加であり，それは急激な脱工業化という社会経済的要因と関連しているように思われる。一方，台湾では，高学歴化によって問題が先送りされていると言えるかもしれない。

　非正規雇用については，よく言われるような増加が見られるだろうか。非正規雇用割合の低い台湾は除き，日本と韓国について分析したい。図 8-15～8-18 は，日韓の正規従業員と非正規従業員の割合（対人口比）を男女別に表わしたものである。日本の男性（図 8-15）について見ると，就業率はこの 20 年間ほぼ一定であるが，非正規従業員は 1990 年代末から顕著に増加している。ただし，それは人口の 1 割程度にとどまっている。日本の女性（図 8-16）について見ると，様相は異なる。就業人口が増加したのに対して，正規従業員の割合は一定である。増加分はほとんど非正規が吸収したことになる。これに対して，韓国の男女の働き方はどうか。韓国の男性（図 8-17）について見ると，1997 年の経済危機以後，正規従業員の割合は減少しているが，非正規従業員

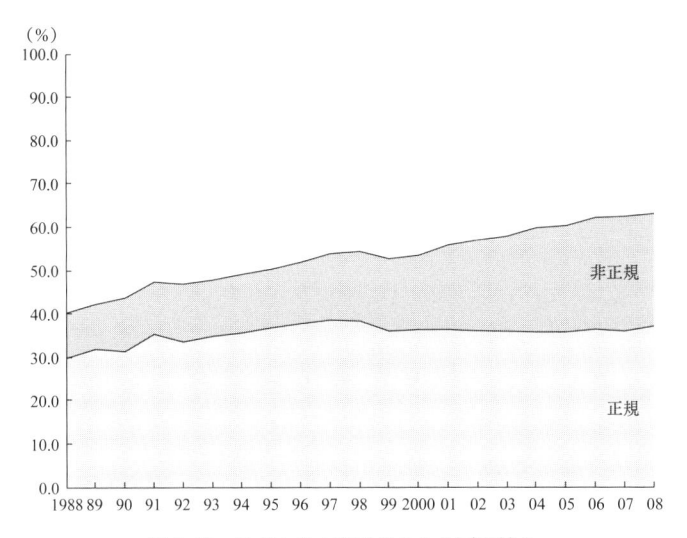

図 8-16　日本女性：非正規による雇用拡大

データ出所）総務省『労働力調査』。

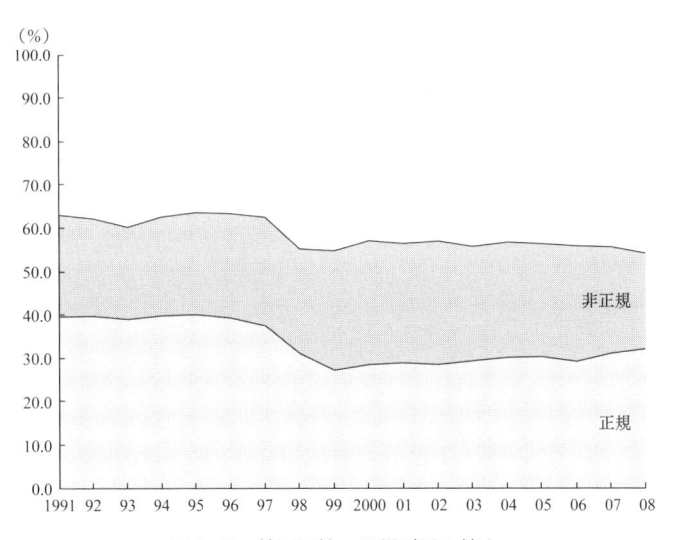

図 8-17　韓国男性：正規雇用の縮小

データ出所）統計庁『経済活動人口調査』。

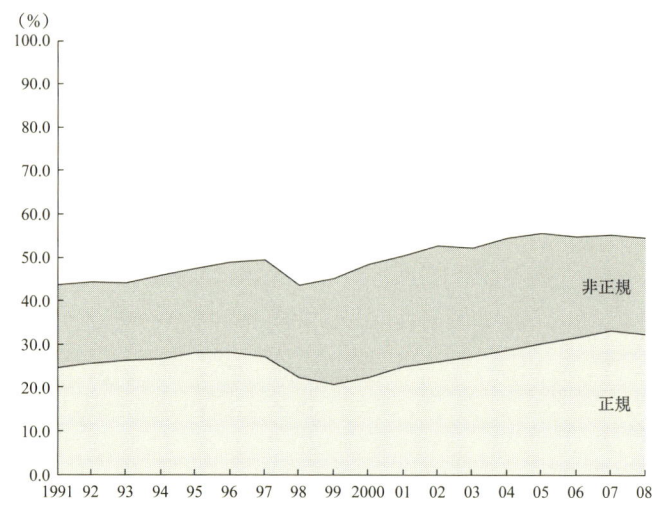

図 8-18 韓国女性：正規雇用の拡大

データ出所）統計庁『経済活動人口調査』。

についてはそれほど変化していない。韓国の女性（図 8-18）について見ると，逆に正規従業員の割合は増加しているが，非正規従業員についてはそれほど変化していない。つまり，韓国では，脱工業化にともなって女性正社員が男性正社員の雇用を奪ったのであり，雇用の非正規化が進んだわけではない。非正規従業員の割合は，韓国ではもともと高かったのである。韓国と比べると，日本では確かに雇用の非正規化が進んでおり，しかも非正規雇用は男女間で不平等に配分されていることがわかる。これは社会経済的要因によるのではなく，労働法や企業の雇用慣行といった制度的要因と関連しているように思われる。

5　構造変化にどう対応するか

　脱工業化や女性の役割の変化といった社会経済的な構造変化は，政策の力で押しとどめられるものではない。政策にできるのは，構造変化がもたらす社会問題を緩和することくらいである。一方，労働法や企業の雇用慣行といった制

度的要因は，もちろんそれなりの経緯があって今ある形になったのだから簡単には変えられないが，絶対に変えられないわけではない。そうしたことを念頭に置きながら，日韓台の若者の置かれた問題状況とその原因を要約し，それぞれの国のとるべき政策を考えて本章の結びとしたい。

日本の若者問題の核心は，失業やニートではなく，非正規雇用の拡大にある。相対的若年失業率の低さを見れば，学校から仕事への移行を支える制度は崩壊したとは言えない。問題は，女性の役割の変化に対して，労働法や企業の雇用慣行が性差別的に作用したことである。非正規雇用の拡大は男性でも生じたが，それはOECDの平均をずっと下回っている（OECD 2009c: 57）。にもかかわらずそれが社会問題化したのは，新卒採用と企業内訓練の慣行があまりにも強固だったせいだろう。今後は非正規の労働条件を改善するとともに，新卒採用から漏れた若者が企業の外で教育訓練を受ける機会を増やしていくべきである。

韓国の若者問題の核心は，明らかに男性ニートの増加にある。彼らは，急激な脱工業化と女性の役割の変化によって労働市場から押し出されたのである。彼らに適切なキャリアガイダンスと職業訓練の機会を提供する必要がある。一方，韓国の非正規雇用は日本と違って女性差別的に配分されてはおらず，しかも近年急増したのでもない。とはいえ問題がないわけではない。それがいかなる意味で正規雇用と異なる条件のもとに置かれているのか，さらなる研究が必要であるが，その労働条件の改善に努めるべきだろう。

台湾では，社会経済的な構造変化が韓国に比べて緩やかであり，若者問題も韓国ほど顕在化していない。高学歴化によって，問題は先送りされているとも言える。しかし，高学歴化の一方で，学校教育から早期にこぼれ落ちる層との格差の問題も生じている。また，非正規雇用の割合は小さいが，それは正規雇用の安定性を意味するわけではない。台湾では日韓と比べて雇用慣行が柔軟なので，企業も若者も新卒採用にこだわりをもっていない。そのぶん教育訓練は個人の責任とされるが，機会の格差を縮小する支援も必要だろう。

第 IV 部

比較から構想へ

第9章

東アジア社会政策を構想する
——失業保険制度を例に——

1 はじめに

　東アジア諸国は，急速な経済発展とともに急速な高齢化を経験しつつある。これから数十年の間，所得とサービスの両面における社会保障の必要が高まることが予想される。ところが，これらの国々の多くは人々の福祉への要求を抑制してきた歴史をもっている。それは特に，権威主義体制のもとで経済発展を進めた国で顕著である。先進諸国は市場経済（経済的不平等をもたらす）と民主主義（社会的平等を要請する）を調停する制度として福祉国家を発達させたが，東アジアにはそのような制度が未確立の国も少なくない。東アジアでは民主主義の水準も一様ではないが，市場経済とともに民主主義をさらに深化させるには社会保障制度の拡充が不可欠である。さもなければ不平等と社会的排除が進み，人々の生活の質を低下させるだけでなく，一国の社会統合を危うくすることも懸念される。そのような課題に立ち向かうとき，日本の社会保障制度は，国内的に見れば種々の問題も抱えているが，東アジア諸国にとっては問題点も含めて参考になるはずである。日本・韓国・台湾などの経験を比較検討し，他の東アジア諸国が参照できる形で情報発信していくべきである。
　もう一つ考えなければならないのは，東アジアにおける各国経済の相互依存の深まりである。近年話題にのぼっているさまざまな枠組での自由貿易協定や経済連携協定は，すでに実質的に進みつつある経済統合を追認しようとするも

のにほかならない。貿易や投資の自由化はいっそうの経済発展と生活水準の上昇をもたらすかもしれないが，一方では失業や社会不安のリスクも増大させる。また，経済の相互依存が深まっている以上，一国の失業問題は国内社会にとどまることなく，国際関係の緊張に転化していく危険性がある。ポランニによれば，「弱小国の場合，失業の重圧はときにその国の国際的な立場に重大な結果をもたらした。その地位は下がり，権益は無視され，外国の管理が押しつけられ，国民の士気はくじかれた。一方，強国の場合，圧力は海外市場や植民地，勢力圏の争奪その他の帝国主義的抗争に転じていくことになるだろう」(Polanyi 1944 : 220)。これは金本位制時代の話であるが，行き過ぎたグローバル化の行く末を暗示しているようでもある。経済統合を持続的に発展させるには，統合がもたらす社会的リスクに国を超えて注意を払う必要がある。これこそ，地域統合に社会政策の次元を追加しなければならない所以である。

　こうした状況をふまえると，東アジアのなかで日本の研究者が果たす役割は小さくないはずである。欧州の研究者がEU社会政策やグローバル社会政策を論じ始めているように，私たちも，国内社会政策だけでなく東アジア社会政策の構想について大いに論じるべきである。ところが現状では，国際比較は日本の政策を考えるための参照枠という位置づけであり，東アジアの事例を研究する場合にもそうした姿勢が継続しているように思われる。一方，国際援助の世界では日本も社会保障に関する実務的な支援を行なっており，これはこれで重要なことであるが，社会政策の大きな構想を提案するには至っていない。私たちは今，これまでに蓄積してきた理論的・実証的知見を活かしつつ，一国社会を超えた地域規模の社会政策を構想することが期待されている。これは日本の研究者にとって一つの試金石であり，本章に続く第IV部はささやかな一歩を踏み出そうとするものである。

　さて，東アジア社会政策として考えるべき課題は多いが，本章では失業保険制度に例を絞って検討してみたい。上述の通り，失業は経済発展の副産物であり，しかも地域統合の行く末を左右しかねない問題である。したがって，失業保険の拡充は優先度の高い政策課題なのである。以下，第2節では，東アジアが新たな失業問題を経験しつつあることを概観する。しかし，言うまでもなく

東アジアは多様であり，各国の失業問題の多様性も認識しなければならない。第3節では，大河内一男の失業論をふまえて，途上国における失業保険の役割について考察する。そのうえで，一部の国が失業保険を導入していないのは，社会経済的理由ではなくもっぱら政治的理由によることを明らかにする。第4節では，すでに失業保険を導入している国の制度も問題を抱えていることを論じる。第5節では，こうした状況をふまえて失業保険の導入と拡充を提案し，EUの経験を参照しつつ地域規模の社会政策を推進するための方策を述べる。

2　東アジアの失業新時代

　東アジアで失業が大きくクローズアップされたのは，1997〜98年のアジア経済危機からである。さらに近年では，2008年のリーマンショックが記憶に新しい。東アジアは失業新時代を迎えたと言ってよい。しかし，問題の表われ方は国ごとに異なる。

　図9-1は，リーマンショック前後の各国における失業率を追ったものである。これを見ると，リーマンショック後に失業率が顕著に上昇しているのは，日本・台湾・香港・シンガポールなど賃労働中心の国に限られる。インドネシア・タイ・フィリピンなど自営業者比率の高い国では，短期的な影響はそれほど見られない。

　図9-2は，1990年，アジア経済危機後の1998年，リーマンショック後の2009年，という3時点の失業率を比較したものである。香港・韓国・インドネシア・日本は1998年前後に，台湾・シンガポールは2009年前後に，失業率の急上昇を経験したことがわかる。一方，フィリピン・マレーシア・中国・タイの変化はそれほど明瞭ではない。

　なお，ここで各国における失業の定義の違いにも注意すべきである。インドネシアの失業率が高いのは，2000年以降，求職意欲喪失者も失業者に含めているからである（Dhanani, Islam and Chowdhury 2009:54）。中国の失業率は農村戸籍の失業者を含んでいない（丸川 2002:73）。また，タイの失業率は季節的失業を除外している。こうした不統一は克服されるべきである。

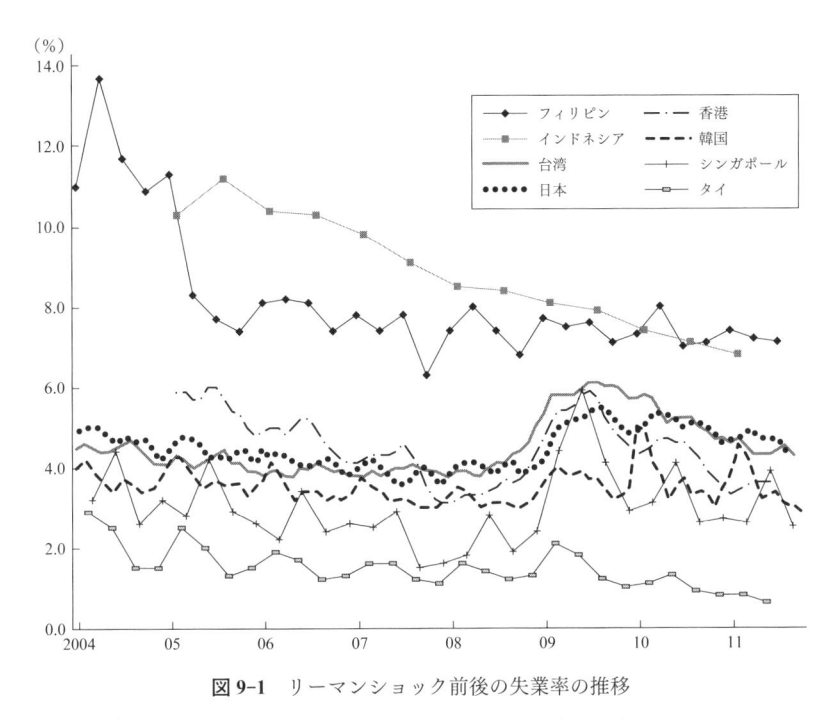

図 9-1 リーマンショック前後の失業率の推移

データ出所）ILO Department of Statistics, *Short Term Indicators of the Labour Market*, 2011.

　図9-3は，失業率ではなく失業者数の推移を表わしたもので，別の角度から問題を照らし出している。中国とインドネシアという2つの人口大国で失業が増加していることの意味は重大である。

　一方，図9-4は，失業の背景にある東アジア諸国の産業構造の多様性を想起させる。欧州諸国の多くが脱工業化の道をたどりつつあるのに対して，東アジアには，韓国や日本など脱工業化の進む国もあれば，ラオスやカンボジアのような農業国もある。韓国や日本の失業とラオスやカンボジアの失業とでは，問題も対策も異なるだろう。さらに，中国の沿海部（とりわけ浙江省や江蘇省）のように，今まさに工業化のピークを迎えている地域もある。この図からわかるように，中国は国内に異質な地域を抱えており，先進国と途上国の要素を兼ね備えている。同じ中国でも，北京と江浙と雲南とでは失業の意味が異なる。こ

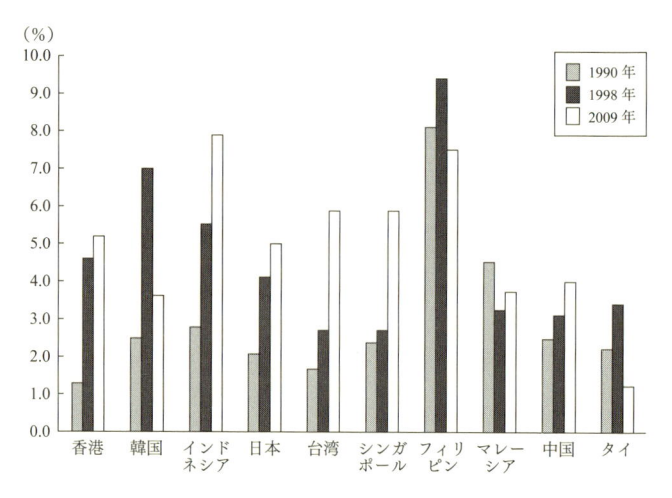

198　第 IV 部　比較から構想へ

図 9-2　3 時点の失業率の比較

データ出所）ILO, *Key Indicators of the Labour Market*.

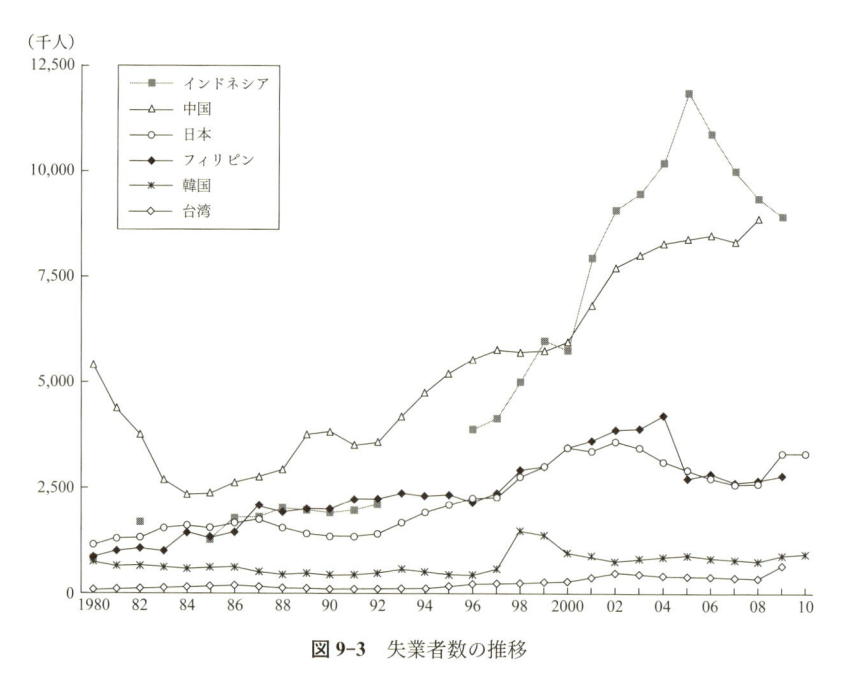

図 9-3　失業者数の推移

データ出所）ILO, *Key Indicators of the Labour Market*.

図 9-4　産業化の諸段階

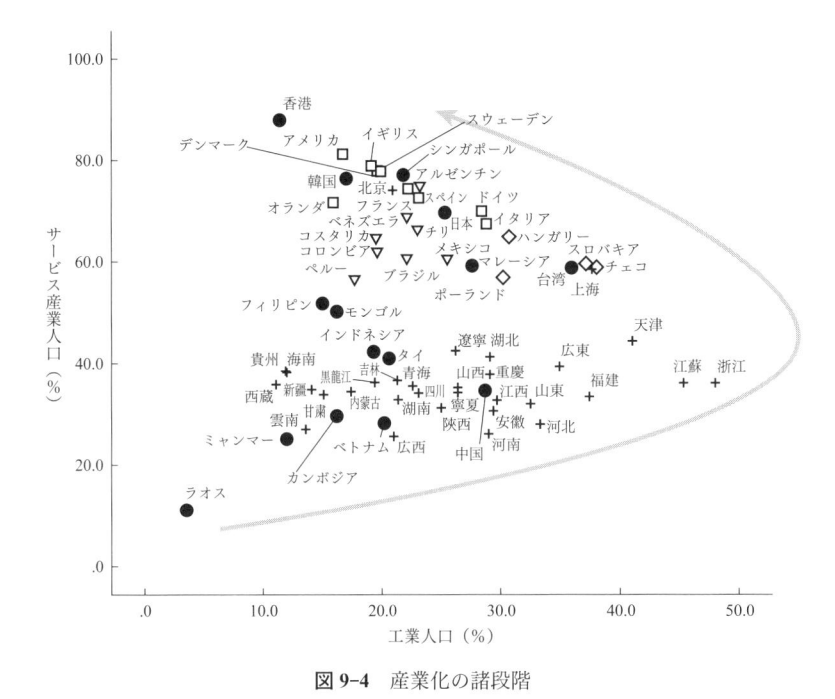

データ出所）ILO, *Key Indicators of the Labour Market*. 中国の各省は国家統計局『2011 年中国統計年鑑』。2010 年の数字（ただしシンガポールとブラジルは 2009 年，ベトナムは 2006 年，ミャンマーは 1998 年，ラオスは 1995 年）。図中の矢印は産業化の大まかな方向を示す。

うした差異をふまえた制度設計をすべきであると同時に，その差異を乗り越えてすべての労働者を包容する制度を工夫する必要がある。

3　途上国に失業保険は不要なのか

　新興国や途上国の失業保険制度を設計するうえで，戦後すぐに書かれた大河内一男の失業論（大河内 1952）がヒントになるかもしれない。当時の日本は大きな農業部門を抱えており，工業部門も農村からの出稼型労働によって支えられる部分が小さくなかった。これは現在の多くの途上国にも共通する特徴である。そのような時代を背景として，大河内は 3 つの命題を提出している。

第一に，失業とは，一切の生産手段から離れた賃金労働者がその職場を喪失している場合をさす。自己の作業場や土地や店舗の所有者の場合には，失業問題は起こりえない。彼らは窮迫者であるかもしれないし，「潜在失業」なり「見えざる失業」の状態にあるかもしれないが，決して通例の意味での失業者ではない（同：9）。

　第二に，失業の概念は，失業者が引き続いて労働の意志をもっていることを前提とする。平準的な労働の意志を有することは，「資本主義の精神」（ヴェーバー）をもつ近代的賃金労働者の特徴である。労働の意志とは，労苦と骨折りの連続によって日々のパンを得なければならない労働者の宿命から生み出される観念である（同：12）。

　第三に，労働者に与えられている職場が彼の技能や能力に適合していない場合，彼は実質的には失業者である。失業保険制度その他の生活保障制度が不備である場合には，失業者はさしあたり彼の目の前にあるいかなる職場をもつかもうとする。しかし，新しい職場が彼の技能に適合していない場合，産業社会総体として労働力の配置が不適正であるという意味において，彼は失業者である（同：16）。

　以上の命題を途上国に適用するとどうなるか。第一の命題は，被用者のみが失業に陥る可能性があるという事実を意味している。自営の農民や露天商は失業しない。彼らの貧困や不完全就業の問題は，失業保険制度を通じては解決しえない。彼らの生活機会を改善するには，産業政策や教育政策など他の政策手段を講じる必要がある。しかし，失業保険は，少なくとも被用者について，その生活の不確実性を減じることに役立つ。

　第二の命題は，就業意欲喪失者の問題を想起させる。途上国では，解雇された労働者は故郷の村に帰り，無給で家業の手伝いを始めるかもしれない。彼らは失業者の数には算入されない。先進国においても，解雇された女性や高齢者が求職意欲を失って家族に頼ることは珍しくない。彼らには，失業保険より職業訓練プログラムなど，積極的労働市場政策（Active Labour Market Policies, ALMPs）のほうが有効だろう。

　第三の命題は，失業保険制度の有効性を示唆している。もし十分な失業保険

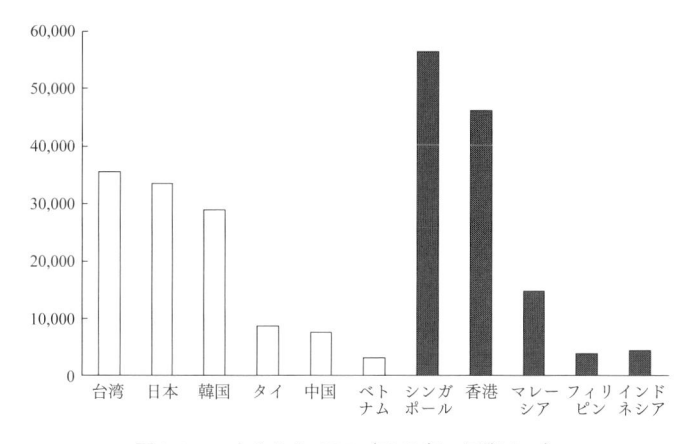

図 9-5 　一人あたり GDP（2010 年，国際ドル）

データ出所）ADB, *Key Indicators for Asia and the Pacific*.

があれば，解雇された労働者は自分の能力にふさわしい仕事を見つけるまで技能を保持することができる。また，その技能が時代遅れなものであれば，職業訓練プログラムを通じて自分の能力にふさわしい新たな技能を身につけることもできる。つまり，失業保険は失業者の技能を保持ないし改善することに役立つ。これは，失業者個人のためだけでなく，産業社会総体の効率の観点からも望ましいことである。

　ところが，東アジアには失業保険制度を導入している国としていない国がある。日本，台湾，韓国，タイ，中国，ベトナムは導入しているが，香港，シンガポール，マレーシア，フィリピン，インドネシアは導入していない。この違いは何に由来するのだろうか。経済的な豊かさや，工業化の程度ないし農業部門の規模の違いによるのだろうか。

　まず，失業保険は豊かな国しかもつことができない贅沢品である，という見方はデータによって否定される。図 9-5 を見ると，失業保険を導入している国（白）と導入していない国（黒）の両方に，豊かな国とそれほど豊かでない国が含まれている。明らかに，経済的な豊かさは失業保険導入のための条件ではないことがわかる。

　次に，インドネシアやフィリピンのような農業国には失業保険は必要ない，

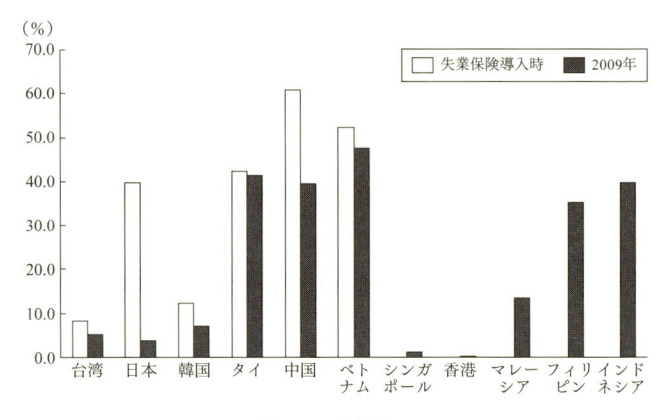

図 9-6　農業人口

データ出所）ILO, *Key Indicators of the Labour Market*. 日本（1947年ではなく1953年の数字で代用）は総務省統計局『労働力調査』。台湾（1999年）は行政院主計処『2009年版人力資源調査統計年報』。ベトナムは ILO, *Vietnam Employment Trends 2010*.

という見方がある。自作農には失業保険は馴染まない。また，農業国では，失業者は故郷の農村に帰り，家族に頼ることができる。したがって失業保険の必要性は低いのだ，という議論である。しかし，農業国にも被用者はおり，すべての失業者が家族に頼れるわけではない。図9-6を見ると，ベトナム，タイ，中国など，いくつかの農業国はすでに失業保険を導入している。さらに，日本が失業保険を導入したのは1947年であるが，当時の日本は現在のインドネシアに匹敵する農業国だった。したがって，農業部門の大きさは失業保険制度の導入を妨げるものではないことがわかる。

一方，失業保険の存在が失業者の求職意欲を減じ，かえって失業率を高めるのではないかという危惧もあるかもしれない。しかし，東アジアではそのような事実はない。図9-7を見ると，失業保険を導入している国（白）と導入していない国（黒）の間で，失業率に顕著な差は見られない。

要するに，一人あたりGDPや農業部門の規模といった社会経済的条件では失業保険の有無を説明できない。失業保険を導入できるか否かは，社会経済的条件によって決まるのではなく，むしろその国の政治的リーダーシップのあり

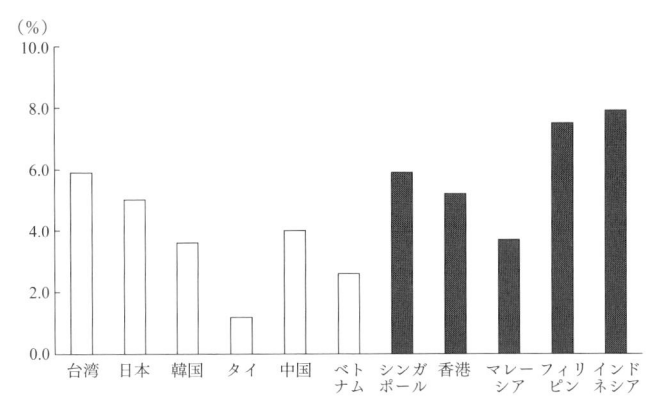

図 9-7 失業率（2009 年）

データ出所）ILO, *Key Indicators of the Labour Market*. ベトナムは ILO, *Vietnam Employment Trends 2010*.

方によって決まるのだと思われる。

大河内の議論をふまえれば，失業保険が被用者のみを対象とした制度であることは明らかである。途上国では農業者や自営業者が多いので，失業保険の役割は必然的に小さくなる。しかし，被用者がいる限り，失業保険が不要なわけではない。また，失業保険を訓練制度と組み合わせることで，産業構造高度化の政策手段とすることもできる。失業保険は社会的リスクを軽減する制度であると同時に，産業社会総体の効率を向上させる装置にもなりうるのである。

4　既存の失業保険に不備はないか

それでは，失業保険をすでに導入している日本，台湾，韓国，タイ，中国，ベトナムでは，制度はどのように機能しているのだろうか。現行制度は十分に効果を発揮しているだろうか。国際比較によって，各国の制度の問題点を明らかにしたい。

表 9-1 東アジア諸国の失業保険制度

	日本	中国	韓国	台湾	タイ	ベトナム
導入年 (カッコ内は現行法)	1947(1974)	1986	1995	1999(2002)	2004	2007
制度の特徴	社会保険	地方政府が運営する社会保険	社会保険	社会保険	社会保険	社会保険
適用範囲	被用者	都市部の被用者	被用者	被用者	被用者	被用者
受給条件	過去24カ月のうち12カ月の保険期間。	12カ月の保険期間。受給は非自発的失業の場合に限る。	過去18カ月のうち6カ月の保険期間。受給は非自発的失業の場合に限る。	12カ月の保険期間。受給は非自発的失業の場合に限る。	過去15カ月のうち6カ月の保険期間。	過去24カ月のうち12カ月の保険期間。

データ出所) International Social Security Association, *Social Security Country Profiles*.

1) 制度の特徴

表9-1のように，日本は，戦後改革の一環として，比較的早い時期に失業保険制度を導入している。中国は改革開放以後に，韓国や台湾は民主化以後に失業保険を導入した。一方，タイやベトナムが失業保険を導入したのは近年のことである。他の国と異なり，中国の失業保険は地方政府が運営しており，都市部の被用者のみを対象としている。また，中国・韓国・台湾の失業保険は，非自発的失業のみを対象としている。

2) 拠出と給付

表9-2のように，保険料率は国によって異なっている。社会主義国である中国とベトナムでは保険料率が高いのに対して，台湾では上記の国のなかで最も低い。表9-3のように，ほとんどの国で給付額は従前賃金に比例するのに対して，中国では均一給付である。中国は給付期間の長さでも際立っている。

3) カバリッジ

表9-4のように，失業保険のカバリッジは国によって異なっている。ここで

表 9-2　失業保険の保険料率

	日本	中国	韓国	台湾	タイ	ベトナム
被用者	0.5%	1.0%	0.45%	0.2%	0.5%	1.0%
雇用主	0.9%	2.0%	0.7～1.3%	0.7%	0.5%	1.0%
政府	補助金	補助金	なし	0.1%	0.25%	1.0%

データ出所）International Social Security Association, *Social Security Country Profiles*.

表 9-3　失業保険の給付額と給付期間

	日本	中国	韓国	台湾	タイ	ベトナム
給付額	従前賃金の50～80％。最低日額1,656円，最高日額7,775円。	地域の公的扶助額より高く，地域の最低賃金額より低い。	従前賃金の50％。最低日額22,320ウォン，最高日額40,000ウォン。	従前賃金の60％。	非自発的失業の場合は従前賃金の50％。自発的失業の場合は従前賃金の30％。最高日額250バーツ。	従前賃金の60％。
給付期間	3～11カ月。	12～24カ月。	3～8カ月。	6カ月。	非自発的失業の場合は1年につき6カ月。自発的失業の場合は1年につき3カ月。	3～12カ月。
為替レート	1ドル＝106円	1ドル＝6.94人民元	1ドル＝1,029ウォン	1ドル＝30.4元	1ドル＝38.5バーツ	1ドル＝16,245ドン

データ出所）International Social Security Association, *Social Security Country Profiles*.

表 9-4　失業保険のカバリッジ

	日本	中国	韓国	台湾	タイ	ベトナム
加入率（被保険者÷労働力人口）	56.1%	15.9%	38.5%	49.9%	23.0%	13.5%
カバーされる被用者（被保険者÷被用者）	64.3%	NA	56.0%	65.0%	53.9%	40.1%
受給率（受給者÷失業者）	22.9%	7.7%	NA	23.7%	12.5%	1.2%

データ出所）日本：厚生労働省『平成20年度雇用保険事業年報』。韓国：雇用情報院『2008年雇用保険統計年報』。台湾：行政院労工委員会『2008年版労工保険統計年報』。中国，タイ，ベトナム：ILO, *Social Security Inquiry*. 2008年のデータ（ベトナムは2010年）。

　加入率とは，労働力人口に占める被保険者の割合のことである（Scholz, Bonnet and Ehmke 2010：345）。日本・台湾・韓国で比較的高く，ベトナム・中国・タイで低い。

　しかし，ベトナムやタイの失業保険が役割を果たしていないと断定するのは

図 9-8　年齢別加入率（2008 年）

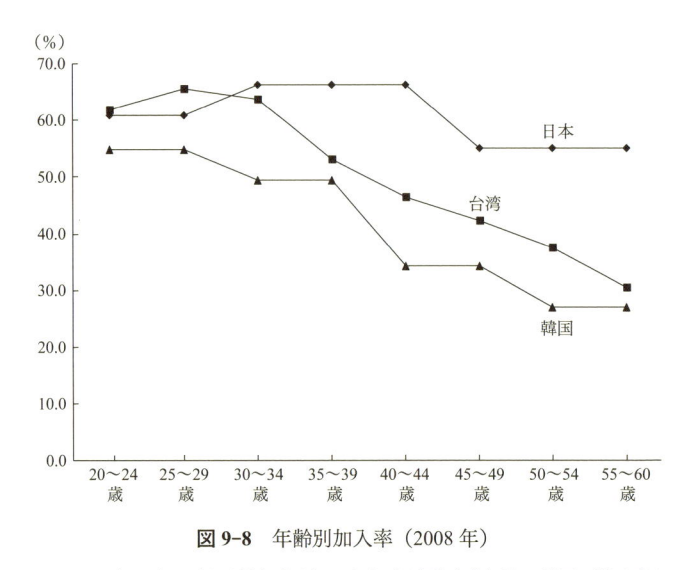

データ出所）日本は厚生労働省『平成 20 年度雇用保険事業年報』。韓国は韓国雇用情報院『2008 年雇用保険統計年報』。台湾は行政院労工委員会『2008 年版労工保険統計年報』。

早計である。ベトナムやタイは農業部門の規模が大きく，自営業者比率が高い。そこで，自営業者を除いて，被用者のみに注目するなら結論は変わってくる。「カバーされる被用者」（被用者に占める被保険者の割合）を見ると，ベトナムやタイの値もそれほど低いわけではない。ベトナムやタイの失業保険制度も，少なくとも被用者にとっては重要な役割を果たしているものと推測できる。

一方，受給率（失業者に占める実際の受給者の割合）（Scholz, Bonnet and Ehmke 2010 : 345）は，日本を含むすべての国で低い。他の先進諸国に比べると，台湾や日本の割合も最低ランクである。ちなみにこの値は，イギリスやフランスでは 50％を超えており，ドイツではほぼ 100％である（同 : 349）。

さらに，現行制度では十分にカバーされない若年層などの問題にも注目すべきである。図 9-8 を見ると，日本，韓国，台湾の若年労働者の半数以上が失業保険に加入している。しかし，図 9-9 のように，若年失業者の多くは失業給付を受け取れない。これらの国々の失業保険制度は，若者の雇用問題（第 8 章参照）に対処するには不十分なのである。

図 9-9　年齢別受給率（2008 年）

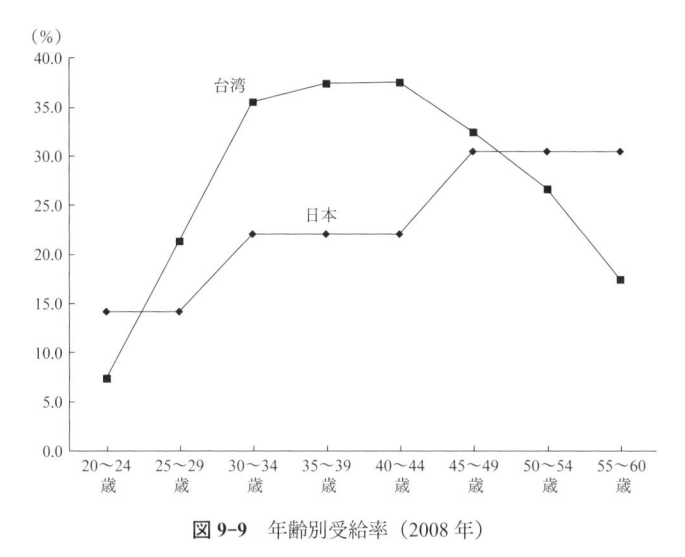

データ出所）日本は厚生労働省『平成 20 年度雇用保険事業年報』。台湾は行政院労工委員会『2008 年版労工保険統計年報』。

5　国際比較から政策構想へ

　以上の検討から，2 つのことが指摘できる。第一に，香港，シンガポール，マレーシア，フィリピン，インドネシアは，失業保険の導入を検討することが十分に可能である。経済水準や産業構造の似通った近隣国がすでに導入に成功しているからである。例えば，インドネシアが失業保険を導入しようとする場合，タイやベトナムの経験が参考になるだろう。今後は，先進諸国をモデルにするだけでなく，条件の似通った新興国や途上国どうしの相互学習が重要になるのではないか。

　第二に，すでに失業保険制度を導入している国々には，さらなる制度改革が求められよう。最も重要な制度改革の課題は，実際の受給率を改善もしくは回復していくことである。そのためには，非正規労働者をカバーする必要がある。また，失業保険と失業扶助の相互補完についても検討すべきだろう（濱口 2010，戸田 2010）。東アジア諸国の間で，失業保険改革の競争が始まることを

期待したい。

さて,東アジア社会政策を構想すると言っても,いきなり共通政策の導入を考えるのは早計である。福祉国家的な社会政策は公共的討議を可能にする民主主義と政策の実施を財政的に裏づける徴税制度を前提としているが,言うまでもなく,現在の東アジアには地域規模の民主主義や徴税制度が存在しないからである。しかし,地域規模の社会政策を推進する手段がないわけではない。ここで,EUの経験を参照することが有効である。

第一の手段は,「開かれた政策調整方法（Open Method of Coordination, OMC）」と呼ばれるものである（Atkinson 2005:85）。これは,加盟国が比較研究と相互学習を通じて自国の社会政策を自発的に改善していくというものである。この場合,比較研究は各国の政策の成績表を付けることに似てくる。成績表に法的拘束力はないが,他国と比べて著しく遜色があることが判明すれば改善への圧力となるだろう。本章では東アジア諸国の失業保険制度について比較検討したが,これもOMC型の改善に資することを意図している。

第二の手段は,「欧州社会基金（European Social Fund, ESF）」である（第2章参照。中村 2005:289）。これは,EUレベルで資金をプールして,加盟国の地方自治体やNGOの福祉活動に補助金を出すものである。東アジアでも,域内先進国のODA予算の一部をプールすれば,同様の社会基金を設立することが可能だろう。ここで重要なのは,こうした支援を通じて新たな政策アイディアが産み出されることであり,めざすべき社会政策の構想をめぐって地域規模の公共的討議が開始されることである。

第 10 章

インフォーマル雇用の壁を越える
――社会保障拡充の前提――

1 はじめに

　東アジア諸国の労働市場は多様であり，社会保障の拡充を図るにあたっても労働市場の特徴をふまえて制度設計する必要がある。その際，焦点の一つになるのがインフォーマル雇用の問題である。本章では，インフォーマル雇用の壁を越えて社会保障の拡充を図っていくために，まずインフォーマル雇用の概念自体を使いやすく再構成することを提案したい。

　以下，第2節では，先行研究やILO（国際労働機関）における議論を検討し，あわせてインフォーマル雇用と関連の深い自営業の状況についてデータを確認する。第3節では，インフォーマル雇用が生じる仕組みを捉える新しい図式を提案し，それに基づいて各国のインフォーマル雇用の測定を試みる。第4節では，インフォーマル雇用のタイプごとにフォーマル化の戦略を考え，各国政府の政策能力の向上を後押ししていくべきだと主張する。

2 インフォーマル雇用とは何か

　新興国や途上国では巨大なインフォーマルセクターの存在が社会保障の拡充を阻んでいる，と言われることがあるが，インフォーマルセクターないしインフォーマル雇用とは何だろうか。従来の定義には問題がある。そこでまず，先

行研究における定義や近年の ILO における議論を検討したい。

1) さまざまな定義

　インフォーマル雇用ないしインフォーマルセクターという概念は，経済人類学者の K. ハート (Hart 1973) がガーナの都市雑業層を論じるなかで初めて用いたものである。彼によれば，「フォーマルな所得機会とインフォーマルな所得機会の区別は，基本的には賃労働と自営業の間の区別に基づいている」（同：68）。つまり，彼の言うインフォーマル雇用とは，具体的には自営業における生産活動をさすものである。

　一方，E. ファイゲ (Feige 1990, Portes and Haller 2005：404 に引用) によれば，インフォーマル経済は，違法経済 (illegal economy)，報告されない経済 (unreported economy)，記録されない経済 (unrecorded economy) とともに，「地下経済 (underground economy)」の 4 つの下位類型をなすものだという。彼によれば，インフォーマル経済とは「司法や行政に関わる負担を回避し，また司法や行政による保護から排除された経済行為」(Portes and Haller 2005：405) をさす。

　また，ファイゲとは別に，M. カステルと A. ポルテスは経済行為を 3 つに分類している。すなわち，フォーマル経済（生産過程：合法，最終生産物：合法），インフォーマル経済（生産過程：非合法，最終生産物：合法），犯罪経済（生産過程：合法または非合法，最終生産物：非合法）の 3 つである (Castells and Portes 1989：14)。

　ハートがまずインフォーマル雇用の範囲を自営業に限定してその特徴を探ったのに対して，ファイゲやカステルらはインフォーマルな経済行為の定義を先行させている。インフォーマルな経済行為とは，ファイゲによれば「負担を回避し保護から排除された」経済行為であり，カステルらによれば「最終生産物は合法だが生産過程は非合法な」経済行為である。

　ここで注意すべきは，自営業の範囲とインフォーマル経済の範囲が重なるとは限らないことである。ハートが調査したガーナでは両者は重なり合っていたが，多くの先進諸国では，自営業者も税金や社会保険料の負担を免れていないし，労働法その他の法律も適用されている。この場合，自営業者の経済行為を

インフォーマルとするのは当たらない。一方，先進国か途上国かを問わず，大企業の被用者の一部が社会保険や労働規制の適用を合法的に除外されている場合がある。また，非合法で適用をすり抜ける場合もあるだろう。この場合，自営業者でなくても，ファイゲやカステルらの意味ではインフォーマルである。

2）ILO の 2002 年コンセンサス

ILO が 1999 年以来推進する「ディーセントワーク」の理念と関連して，インフォーマル雇用への関心が再び高まってきている。すべての人に「働きがいのある人間らしい仕事」（decent work の訳語）の実現をめざすうえで，インフォーマル雇用の存在が無視できないからである。最も重要な文書は ILO（2002）であり，「2002 年コンセンサス」と呼ばれている（ILO 2007：2）。

それによれば，グローバル競争の激化は労働の柔軟化をもたらし，先進国でも途上国でもインフォーマル雇用が増加しつつある。そこで，「『インフォーマルセクター』という言葉は，こうした現象の動的かつ複雑多様な側面を表わす用語としてはますます不十分であることが明らかになってきた。実際この現象は，特定の産業部門や経済活動という意味での一つの『セクター』ではないのである。それに代わって，『インフォーマル経済』という用語が広く使われるようになった。この言葉は，農村や都市でインフォーマルに活動する多様な労働者と企業の一群を包含するものである」（ILO 2002：2）。

つまり，インフォーマル性を「セクター」という範囲で定義するのではなく，その特徴で定義しようという提案である。その際，インフォーマル経済とは，「法律上または実際上，フォーマルな制度の適用を受けないすべての経済活動」（ILO 2007：3）をさす。これは前述のファイゲの定義（「負担を回避し保護から排除された経済行為」）に近い。

このように定義すれば，インフォーマル経済に含まれる人々の範囲も決まってくる。しかし，その輪郭はハートの古典的記述ほど明瞭ではない。すなわち，「インフォーマル経済は，賃金労働者，自営業者，不払家族従業者，およびそれらの立場を行き来する人々を含む。それはまた，中核企業の周縁や生産工程の末端において新しい柔軟な就労形態で働いている人々の一部を含む」（ILO

2007:3)。これは，どのセクターで働いていようとフォーマルでなければインフォーマルだと述べているに等しい。

これでは焦点がぼやけてしまいかねないが，以下の M. チェン（Chen 2008）による分類は，2002年コンセンサスにおけるインフォーマル雇用の内実を具体的に思い浮かべるのに役立つ。それによれば，インフォーマル雇用は「インフォーマル自営業」と「インフォーマル賃労働」に大別される。

> インフォーマル自営業（同：19）
> 1）雇用主（他の労働者を雇用している個人事業者）
> 2）自己勘定労働者（個人または家族で営業しており，他の労働者を雇用していない者）
> 3）不払家族従業者（家族ビジネスで賃金なしに働いている家族構成員）
> 4）インフォーマルな生産者組合の構成員
>
> インフォーマル賃労働（同：20）
> 5）インフォーマルな被用者（一定の雇用主のもとで働いているが保護されない被用者。勤め先はインフォーマル企業の場合もあればフォーマル企業の場合もある）
> 6）臨時・日雇労働者（一定の雇用主をもたず，一日または季節単位で働く者）
> 7）請負労働者（出来高払いで請負仕事をする者）

上記のうち，インフォーマル自営業は，ハートが想定していたインフォーマル雇用の範囲に等しい。ただし，雇用主や自己勘定労働者であっても，フォーマルな制度の適用を受けていればインフォーマル自営業とはならない。一方，インフォーマル賃労働は，インフォーマル企業の被用者や臨時・日雇労働者，請負労働者をさすだけではない。フォーマル企業の被用者であっても，フォーマルな制度の適用を受けていなければインフォーマル賃労働となるのである。

図10-1 自営業者比率の推移

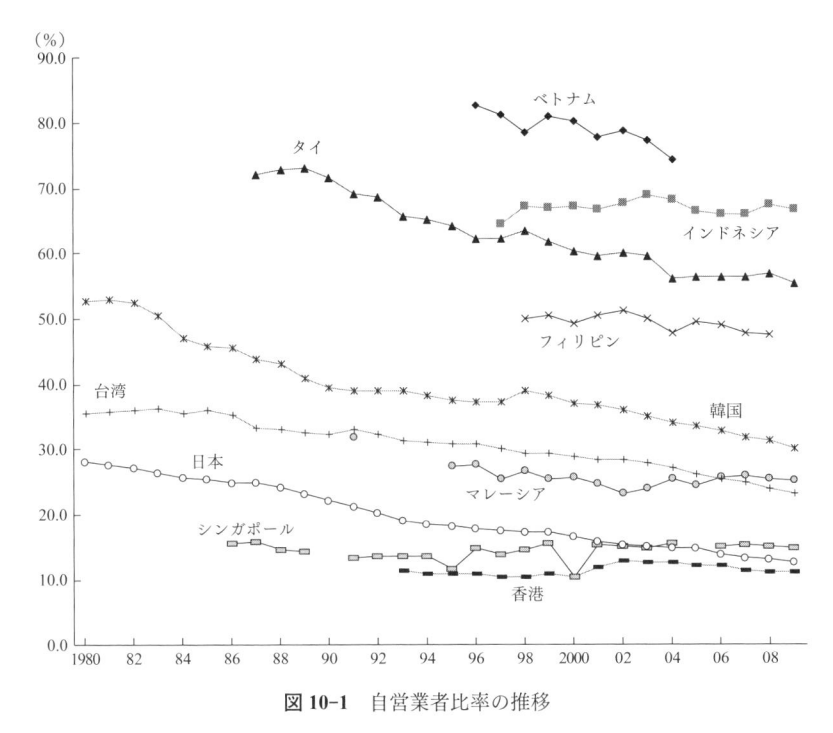

データ出所）ILO, *Key Indicators of the Labour Market*.

3）自営業の縮小と非農業自営の存続

ところで，多くの東アジア諸国では，農業人口の減少にともなって自営業者の比率は下がりつつある。しかし，非農業自営について見ると，かなりの割合を保っている国もあるし，むしろ増加傾向の国もある。前述のように，自営業とインフォーマル雇用はイコールではないが，両者の間には関連がある。自営業中心の労働市場ではインフォーマル雇用の割合が高いからである。したがって，自営業者比率の低下はインフォーマル雇用の縮小に結びつく可能性がある。ここでは，東アジア諸国における自営業の状況について確認しておきたい。

図10-1 は，各国の自営業者（不払家族従業者を含む）の比率の推移を表わしたものである。日本・台湾・韓国・タイ・ベトナムなど，明らかに低下傾向にある国もあれば，インドネシア・フィリピン・マレーシアなど，それほど変化

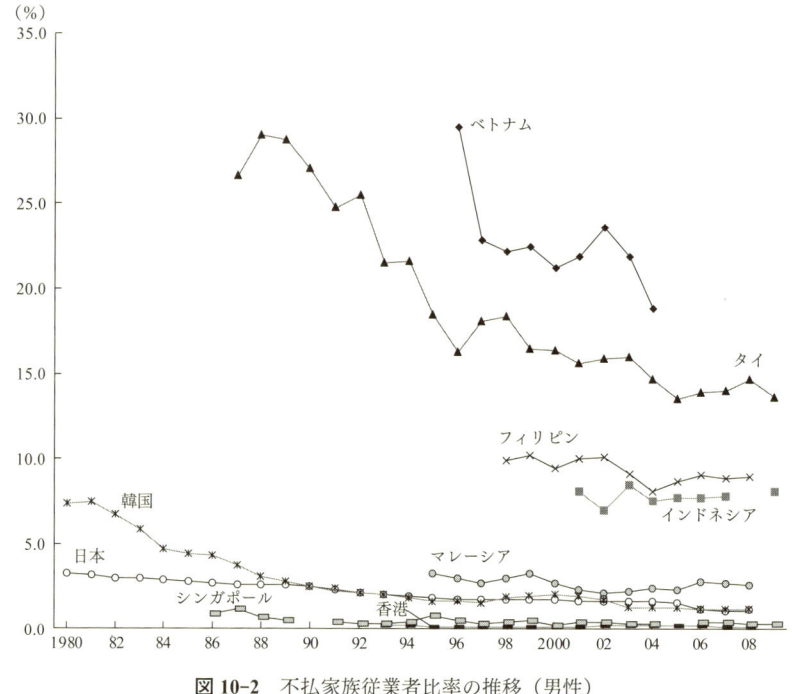

図 10-2　不払家族従業者比率の推移（男性）

データ出所）ILO, *Key Indicators of the Labour Market*.

が見られない国もある。ベトナム・インドネシア・タイ・フィリピンでは，自営業者が半数かそれ以上を占めている。

　図 10-2 と図 10-3 は，自営業者のなかでも弱い立場に置かれやすく，社会保障制度の適用から除外されやすい不払家族従業者の比率の推移を表わしたものである。図 10-2 は男性のデータである。ベトナム・タイ・フィリピン・インドネシアで割合が高いことがわかる。ベトナムとタイでもその割合は低下してきているが，それでも 15％かそれ以上を占めている。

　図 10-3 は女性のデータである。ベトナム・インドネシア・タイで割合が高いことがわかる。いずれの国でもその割合は低下してきているが，それでも 30％かそれ以上を占めている。多くの国で女性の不払家族従業者の比率は男性の 2 倍以上である。女性はインフォーマル雇用に従事する可能性が高く，社

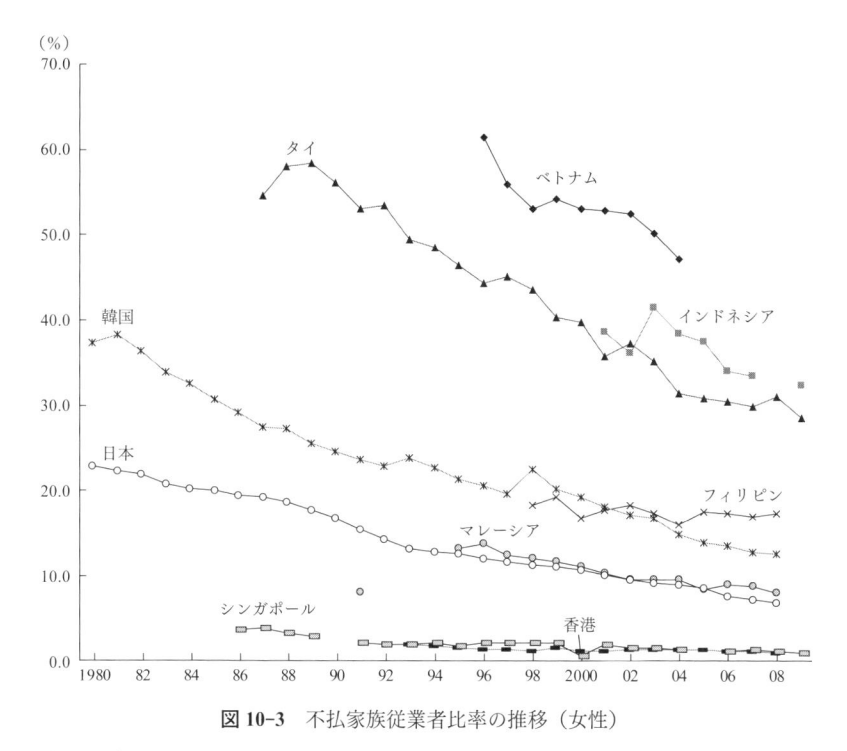

図 10-3　不払家族従業者比率の推移（女性）

データ出所）ILO, *Key Indicators of the Labour Market*.

会保障制度の適用から除外されやすいのである。

　図 10-4 は，各国の自営業者から農業人口を引いた数の比率の推移を表わしたものである。非農業自営だけを取り出してみると，各国は異なる傾向を示す。インドネシア・韓国・台湾で高く，日本・マレーシア・フィリピンで低い。また，インドネシア・ベトナム・マレーシアでは上昇傾向が見られる。これを見ると，農業人口の減少が自営業者比率の低下につながるとは限らないことがわかる。

4）インフォーマル雇用の増加要因

　一方，前述の意味でのインフォーマル雇用は，世界的に増加傾向にあると言

図10-4 非農業自営比率の推移

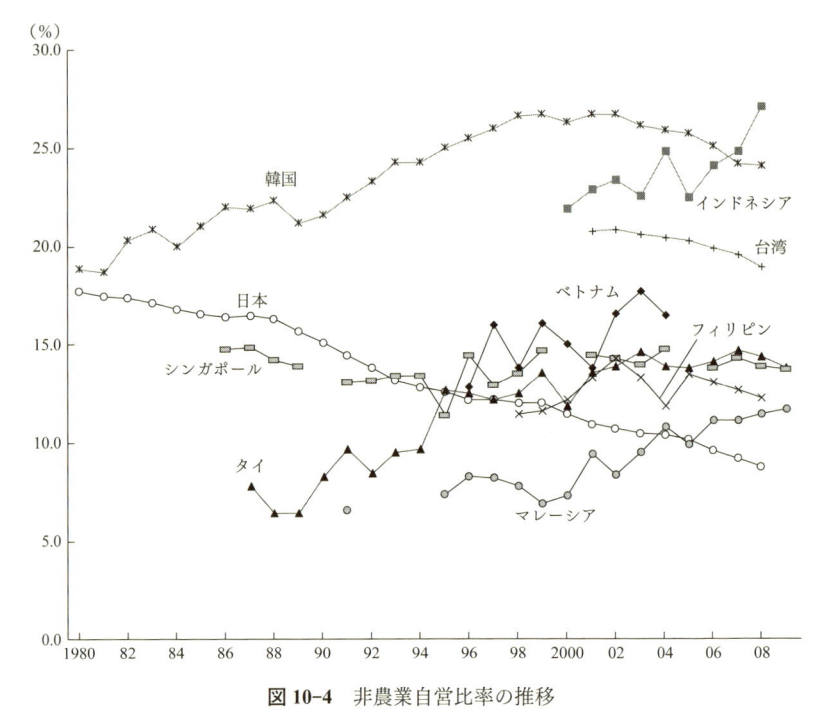

データ出所）ILO, *Key Indicators of the Labour Market*.

われている。その原因については諸説あるが，ここではH. ヒュイトフェルトとJ. ユティン（Huitfeldt and Jütting 2009）の要約に従って考えてみたい。彼らによれば，

> 第一に，インフォーマル雇用は大体において，すべての人に十分なよい仕事を提供できないタイプの発展の結果と見ることができる。このことは，人口と労働力の急増を包含できない民間ならびに公的セクターの能力の低さによって倍加され，男女，各社会集団，異なる職種の間の労働市場差別によって悪化させられてきた。第二に，グローバル化と経済自由化がもたらした業務委託の増加によって，インフォーマル雇用の形態がいっそう多様化した。それはまたインフォーマル労働者の間の異質性の増大にもつな

がり，高度の技能や生産能力をもったインフォーマル労働者も増加した。第三に，フォーマルな規制の大部分は大企業を想定して設計されているので，増加する零細企業の要望や条件に応えられないことが多い。労働規制やその実施方法の変化もまた，インフォーマル雇用が経済のなかに占める割合に影響を与えてきた。第四に，雇用主が，労働費用を引き下げて競争に勝つための戦略として，以前はフォーマルな仕事だったものをインフォーマル化してきた。(同：100)

第一点は，現実の市場経済の雇用創出能力の低さが原因とするものである。第二点は，グローバル化に起因する雇用の柔軟化を指摘している。第三点は，国家の規制能力の限界を問題にしている。第四点は第二点と重なるが，企業の競争戦略によるインフォーマル化を指摘している。

インフォーマル雇用の増加要因をデータ分析によって突き止めることは本章の範囲を超える。しかし，ヒュイトフェルトらの整理をふまえれば，政府の規制能力と労働市場の特徴の双方がインフォーマル雇用の質量を規定すると考えることができるだろう。さらに言えば，政府の規制能力は労働市場の特徴と独立ではない。この点，ポルテスらによる以下の説明が示唆的である。「公的規制の範囲や国家が規制を実施する能力は，規制に従う人民の特徴と相互作用する。当然ながら，それぞれの社会は，公的規制を受け入れまた拒否する能力や，非合法企業を組織する能力において異なっている」(Portes and Haller 2005：411)。国家と社会（ここでは政府と労働市場）の鬩ぎ合いないし相互作用が各種のインフォーマル雇用を作り出すと考えるべきである。

3 社会保障とインフォーマル雇用

インフォーマル雇用の壁を越えて社会保障の拡充を図っていくためには，インフォーマル雇用の概念を使いやすく再構成する必要がある。以下では，政府と市場の相互作用からインフォーマル雇用が生じる仕組みを捉える新しい図式を提案し，それに基づいて各国のインフォーマル雇用の測定を試みたい。

```
                 強い政府または規制強化
                        │
    賃          フォーマル①│フォーマル②        自
    労                   │                 営
    働                   │                 業
    中                   │                 中
    心                   │                 心
    の ──────────────────┼──────────────── の
    労                   │                 労
    働                   │                 働
    市        インフォーマル①│インフォーマル②      市
    場                   │                 場
                        │
                 弱い政府または規制緩和
```

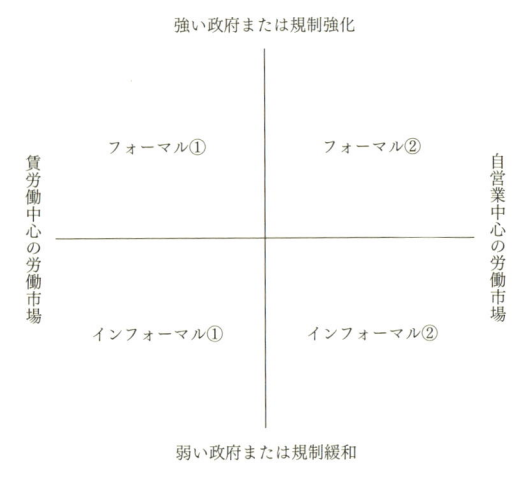

図 10-5 政府と市場の相互作用

出所）筆者作成。

1) 政府と市場の相互作用

　前節の検討をふまえて，政府の規制能力と労働市場の特徴の相互作用を捉えるために図 10-5 のような座標軸で考えてみたい。ここで「フォーマル」な雇用とは，税制・労働法・社会保障その他の規制や保護を受ける雇用をさすが，以下の叙述では主に社会保障の適用を念頭に置くことにする。

　左上（フォーマル①）は，規制能力の強い政府（または規制強化）と賃労働中心の労働市場の組み合わせである。20 世紀半ばに確立した先進諸国の福祉国家体制はこのような特徴をもっている。労使が拠出する方式の社会保険（年金・医療・失業保険など）がうまく行くための条件は，制度を設立運営する政府の能力と，従業員のために保険料を拠出する余裕のある企業が多数を占める労働市場である。このタイプの組み合わせでは，インフォーマル雇用は生じにくい。ただし，規制緩和にともなって，後述のインフォーマル①に移行する可能性はある。

　右上（フォーマル②）は，規制能力の強い政府（または規制強化）と自営業中心の労働市場の組み合わせである。自営業中心の労働市場では，雇用主の拠出

に多くを期待できないだけでなく，労働者本人から定期的に一定額の保険料を徴収することが比較的難しい。そこで，規制能力の強い政府であれば，自営業者から保険料を徴収する効率的な方法を編み出したり，政府予算を主要財源とする制度を工夫したりするだろう。具体的には，個人口座方式の積立金制度や国庫負担で無拠出の社会手当などが思い浮かぶ。ベーシックインカムの考え方も有効かもしれない。

　左下（インフォーマル①）は，規制能力の弱い政府（または規制緩和）と賃労働中心の労働市場の組み合わせである。このタイプは2つの経路から生じうる。一つはフォーマル①が成立していた先進国においてネオリベラル的規制緩和が進められた場合であり，もう一つは自営業中心のインフォーマル②が経済発展に見合う社会保障制度を整備しないまま賃労働中心の労働市場に移行した場合である。インフォーマル賃労働が多く見られるのは，このタイプの組み合わせである。このタイプの国では，企業に社会保障責任を課す政府の能力を強化することが課題である。

　右下（インフォーマル②）は，規制能力の弱い政府（または規制緩和）と自営業中心の労働市場の組み合わせである。多くの途上国はこのような特徴をもっている。このタイプも2つの理由から生じうる。一つは，フォーマルな制度は存在するが，政府の規制能力の弱さや自営業中心の労働市場のせいで制度の適用が拡大しない場合である。もう一つは，そもそも特定分野の制度が存在しない場合である。インフォーマル自営業が多く見られるのは，このタイプの組み合わせである。このタイプの国では，自営業中心の労働市場にふさわしい制度を工夫する政府の能力を強化することが課題である。

　以上の4類型に2つの註釈を付けておきたい。第一に，インフォーマル①②で特定分野の制度が存在しない場合について。例えば，失業保険制度を導入していない国では，すべての人が失業保険に加入していないのだから，失業保険の適用を受けないからといってインフォーマル雇用とは言えない，と考えることもできる。しかしそれなら，政府の規制や保護を全廃すればインフォーマル雇用の問題は解決することになってしまう。このことから，何をもってインフォーマルとすべきかは，国内的基準ではなく何らかの国際的基準に照らして

判断しなければ無意味であることがわかる。制度が存在しない国の雇用は、その特定分野についてはすべてインフォーマル雇用なのである。

　第二に、後述するように、フォーマル②に当てはまる場合は非常に少ない。多くの途上国は、実際にはインフォーマル②の状況に置かれている。それに対して、経済発展にともなってインフォーマル①への移行が進みつつある場合には、フォーマル①すなわち先進国型の社会保障制度の導入を促す必要がある。しかし、インフォーマル②にとどまっている国の場合、ないしインフォーマル①の国にもなお残るインフォーマル自営業に対しては、フォーマル②すなわち途上国型の社会保障制度の構築もあわせて考える必要があるだろう。農業・自営業セクターをカバーする国民健康保険を早い時期から実施してきた日本の経験（広井 2003, 北山 2011）が参考になるのは、この点である。

2）インフォーマル雇用を測定する

　前節で述べたように、「インフォーマル自営業」「インフォーマル賃労働」のいずれにしても、インフォーマルの割合を実際に測定するのは容易ではない。それは必ずしも統計の不備のせいではなく、一概に「フォーマルな制度の適用を受けない」とか「負担を回避し保護から排除された」部分と言っても、ある制度の適用は受けるが別の制度からは除外されているとか、税金は払っているのに保障は受けられないといったグレーゾーンが必ず生じるからである。そこで本章では、特定分野の制度ごとにインフォーマル雇用の範囲を測定することを提案したい。その際、社会保障のなかでも年金と失業保険のカバリッジに絞って検討する。年金制度の適用を受けるが失業保険制度の適用は受けない、といった部分は当然あるので、制度ごとに測定したうえで総合するほかないと考える。なお、カバリッジのデータは第3章で分析したものと共通である。

　図10-6は、年金受給率（年金支給開始年齢以上の高齢者に占める年金受給者の割合）を表わしている。横軸は自営業者比率である。日本など先進諸国の多くは左上に集中している。台湾・韓国もほぼ同様の位置にある。これは前記の象限図におけるフォーマル①に対応する。ベトナム・フィリピン・インドネシアなどは右下に偏っており、インフォーマル②に対応する。それに対して、マレ

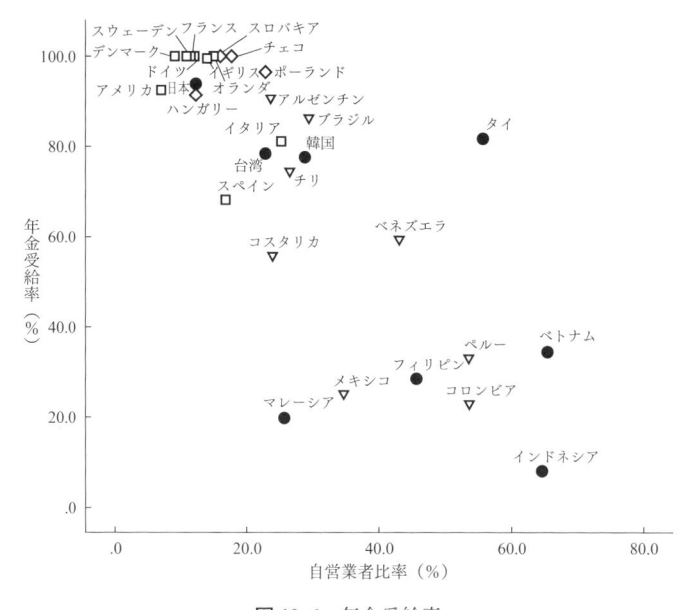

図 10-6　年金受給率

データ出所）年金受給率は ILO, *World Social Protection Report 2014-15*（2010 年頃の数字。年金支給開始年齢以上の高齢者に占める年金受給者の割合）。日本は国立社会保障・人口問題研究所『社会保障統計年報』（2010 年の数字。65 歳以上人口に占める受給権者の割合），台湾は行政院労工委員会労工保険局『101 年統計年報』（2011 年の数字）。自営業者比率は ILO, *Key Indicators of the Labour Market*（2010 年頃の数字）。

ーシアは左下にあり，賃労働の増加にフォーマル化が追いついていない（インフォーマル①）。一方，タイでは，自営業者比率が高い割にフォーマル化が進んでいる（フォーマル②）。これは，2009 年に導入された無拠出制の 500 バーツ年金制度によるところが大きい（UNDP 2011 : 401）。

図 10-7 は，年金保険料納付率（15〜64 歳人口のうち年金保険料を実際に納付している者の割合）を表わしている。横軸は自営業者比率である。全体に，図 10-6 よりも下方にシフトしている。つまり，マレーシアなど少数の例外を除き，多くの国では納付率より受給率のほうが高くなっていることがわかる。前記のタイだけでなく，近年，韓国や中国でも農民や無業者を対象とする無拠出制年金の拡充が図られたが（第 3 章参照），こうした制度は先進国でも珍しくない。むしろ，フォーマル化を進める有効な方法だと考えられる。

図 10-7　年金保険料納付率

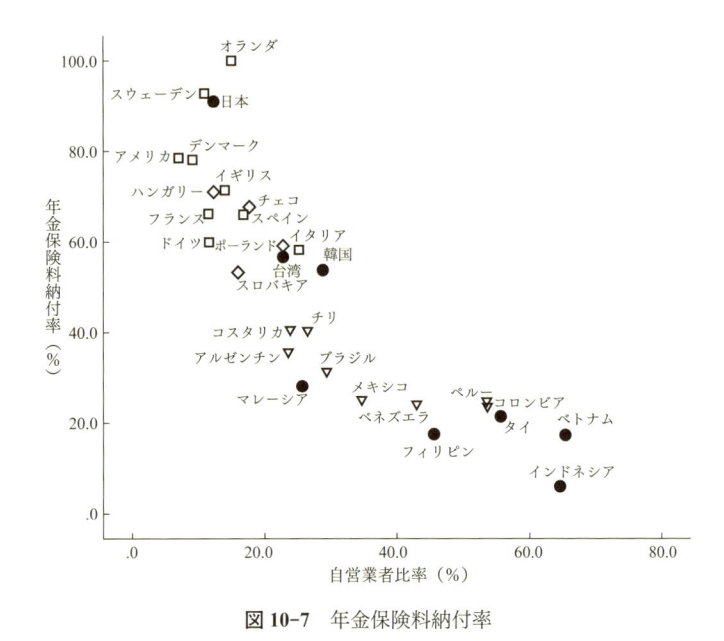

データ出所）年金保険料納付率は ILO, *World Social Protection Report 2014-15*（2010 年頃の数字。15〜64 歳人口のうち年金保険料を実際に納付している者の割合）。日本は国立社会保障・人口問題研究所『社会保障統計年報』（2010 年の数字）。自営業者比率は ILO, *Key Indicators of the Labour Market*（2010 年頃の数字）。

　図 10-8 は，失業給付受給率（失業者に占める失業給付受給者の割合）を表わしている。横軸は自営業者比率である。図 10-6 の年金受給率と異なり，自営業者比率が低い賃労働中心の先進諸国の間でも，失業給付受給率にはかなりの差異がある。つまり，日本をはじめとして，失業保険で見るとインフォーマル化が進んでいる国も少なくないのである。ちなみに，日本の失業給付受給率は 1960 年代には 80％を超えていた（総務省統計局「日本の長期統計系列」）。当時は失業率が低かったこともあるが，その後，ネオリベラル的規制緩和が進められたことが大きな低下要因と考えられる。他の東アジア諸国の受給率も軒なみ低いが，制度を導入していない国も少なくないことに注意すべきである（第 9 章参照）。

図 10-8 失業給付受給率

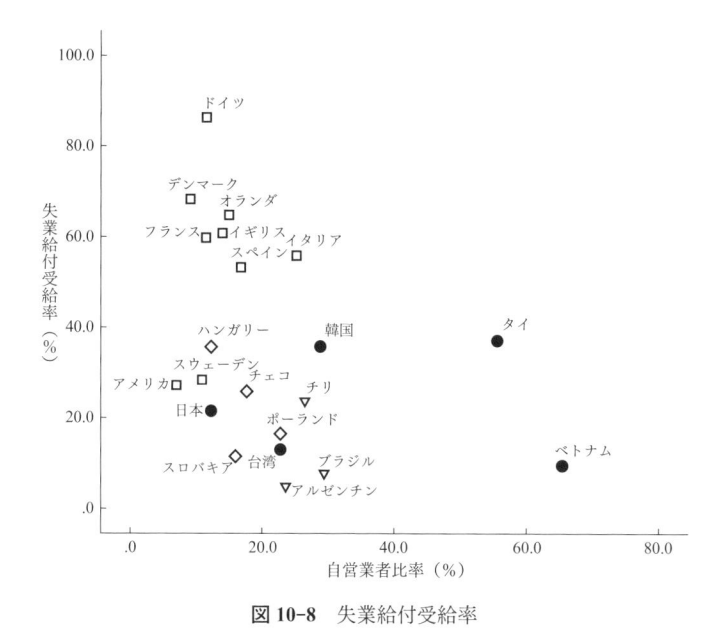

データ出所）失業給付受給率は ILO, *World Social Protection Report 2014-15*（2011 年の数字。失業者に占める失業給付受給者の割合）。自営業者比率は ILO, *Key Indicators of the Labour Market*（2010 年頃の数字）。

4　社会保障拡充の処方箋

　こうした現状をふまえ，インフォーマル自営業とインフォーマル賃労働の両方についてフォーマル化を進めていくにはどうしたらよいだろうか。先進国における雇用のインフォーマル化の問題もあるが，ここでは途上国における社会保障（主に失業保険）拡充の問題に絞って考えたい。

　途上国における失業保険の実施には独特の難しさがある。それは政府と市場の双方に原因がある。世界銀行の労働経済学者 M. ヴォドピーヴェッチは次のように述べている。

〔途上国において〕標準的な失業保険制度からの逸脱を余儀なくさせる最も重要な事情は，労働市場の未発達と行政能力の脆弱性である。先進諸国の

> 失業保険は，労働市場の発達，とりわけ「不連続な出来事」としての失業の出現に対応して産み出された。途上国の労働市場状況（とりわけ巨大なインフォーマルセクターの存在）においては，失業はより「連続的」な変数であることに注意すべきであり，そのことが失業保険の設計に重大な意味をもつ。さらに，途上国（高中所得国においてさえ）の行政能力は先進諸国より劣っており，それが失業保険制度の効率性を低下させかねない。(Vodopivec 2009: 10)

　彼は途上国で先進国型の失業保険を実施するのは現実的ではないとして，リスクプーリング機能をもたない個人責任型の失業保険個人口座（Unemployment Insurance Savings Accounts）の導入を推奨している。一方，ILOインドネシア事務所によれば，インドネシアのような国でも失業保険を導入する意義は小さくないという。

> 〔経済危機に対するインドネシア〕政府の強力な政策対応としては，とりわけ非熟練労働者向けの雇用創出に不可欠な公共事業が実施されてきた。政府はまた，貧困者のために各種の公的扶助制度を導入してきており，それは危機にともなって強化されている。しかしながら，とりわけ女性や貧困ボーダー層の半熟練労働者に対する保護はなおざりにされてきた。彼らは，貧困層向けの公的扶助制度の受給資格はないし，比較的技能レベルが高いので公共事業の低技能仕事には魅力を感じない。さらに，公共事業は主に男性労働者を引き寄せるので，輸出志向工業で解雇された多くの女性を十分に吸収することはできない。こうした人々のためには，失業保険が，経済危機の衝撃を和らげ総需要を維持する自動安定装置として機能する。失業保険はまた，とりわけ大量の出稼労働者が輸出志向工業で職を失った国では，危機が都市から農村へと伝播するのを遅らせる役割も果たす。(ILO Office for Indonesia 2009: 22)

　つまり，公的扶助や公共事業ではなく，失業保険によってカバーされるべき労働者層がインドネシアのような国にも存在するということである。

もちろん，社会保障の拡充を通じた雇用フォーマル化の戦略は一種類である必要はない。増加しつつある賃金労働者に対しては，先進国型の社会保険を適用していくべきである。臨時・日雇労働者や請負労働者のフォーマル化は困難をともなうが，解決策は失業保険個人口座とは限らず，戦後の日本で少なからぬ役割を果たしてきた日雇労働失業保険制度の経験（氏原 1989：45）が参考になるかもしれない。一方，なお残存する農業・自営業セクターに対しては，確かに失業保険の適用は現実的ではないかもしれず，例えば日本の国民健康保険を参考にした地域保険の構築を優先すべきだろう。

　いずれにしても，「政府の規制能力が弱いから」「自営業中心の労働市場だから」といってインフォーマル雇用の残存も致し方なしと諦めるのではなく，インフォーマル雇用のタイプごとにフォーマル化の戦略を考え，各国政府の政策能力の向上を後押ししていくべきだと考える。

終　章

福祉のアジアを築く

　本書を通じて，福祉のアジアの一端くらいは描き出すことができただろうか。そしてそれを，福祉のアジアを「築く」ことにつなげていけるだろうか。本書の第Ⅰ部では，東アジアの福祉が比較研究の対象になりうることを示し，研究に必要な道具立てを工夫するとともに，他の大陸との比較を通じて東アジアの福祉の特徴を明らかにした。第Ⅱ部では，台湾の事例を取り上げ，後発福祉国家の発展を制約する諸条件を解明しようとした。第Ⅲ部では，台湾を含む複数の事例を取り上げ，東アジアの多様性を捉えようとした。第Ⅳ部では，比較研究を地域規模の政策構想につなげる方途を模索した。

　ここで本書冒頭の問いを繰り返そう。①東アジア諸国の福祉には，何か先進福祉国家のそれとは異なる特徴があるのだろうか。②あるとしたら，いかなる歴史的ないし構造的要因がその特徴を生み出したのだろうか。③しかし，一口に東アジアと言っても，そこに含まれる多様性をどう理解したらよいか。④東アジアの福祉を拡充するという実践的課題に比較研究を活かすことは可能だろうか。各章の分析と考察をふまえて，これらの問いにどのような答えを与えることができるだろうか。以下では，各章の内容を再び要約するのではなく，その成果を自由に参照しながら理論的考察を深めたい。

1 福祉のアジアをめぐる問答

①東アジア諸国の福祉には，何か先進福祉国家のそれとは異なる特徴があるのだろうか

東アジアの特徴は，第一にその多様性にある。それは，エスピン‐アンデルセンの3つのレジーム間の違いよりも大きな多様性である。したがって，単一の「東アジア型」福祉があるという見方は成り立たない。このことは，他の大陸と比較することで最も明瞭になる。経済水準と国内格差という指標をとると，先進諸国はレジームにかかわりなく経済水準が高く国内格差が小さい。ラテンアメリカ諸国は経済水準が低く国内格差が大きい。東欧諸国は経済水準が低いが国内格差は小さい。それぞれのグループの輪郭は判然としている。ところが東アジア諸国だけは，経済水準においても国内格差の程度においても多様であり，グループに共通の特徴をもっていない（第3章，図3-1参照）。また，社会保障のカバリッジを見ても，近年急速に拡充を進めた国がある一方，依然として低い水準の国もあるといった状態で，むしろその多様性は増してきている（第3章，例えば図3-7参照）。

しかし第二に，先進福祉国家と比べた場合，多くの東アジア諸国に共通の特徴がないわけではない。それは，東アジア諸国では近年に至るまで社会保障のカバリッジが低かったという事実である（第3章，図3-7〜3-10参照）。年金を例にとると，日本を除く東アジア諸国では2000年代前半まで受給率が40％を下回っていた。台湾・韓国・中国・タイで受給率が80％近くまで上昇したのは，じつに2000年代後半のことである。似たような傾向は医療保険についても観察される。日本に次ぐ公的医療支出割合を誇るタイや韓国でも，公的支出が増加したのは近年のことである。さらに，失業保険については，未だに制度自体を導入していない国も少なくない（第9章参照）。こうした社会保障の不備の背景には，政府の徴税能力の低さという問題があるのかもしれない（第3章，図3-14参照）。社会保障の不備は，これまでは家族福祉によって補完されてきた（第3章，表3-2参照）。

台湾の事例に注目すると，やはり先進福祉国家とは異なる特徴が見いだされ

る。台湾の社会保障制度は1940年代以来の歴史をもつが，その間すべての国民をカバーしてきたわけではない。国民皆保険が実現したのは1995年であり，皆年金が実現したのはようやく2008年のことである（第5章，第6章参照）。政府は，企業福祉を奨励することで社会保障の不備を補おうとした（第6章参照）。しかし，台湾の労働者の勤続年数の短さをふまえると（第3章，図3-11)，その補完効果は限定的だったと考えざるを得ない。むしろ家族福祉の役割が重要だったと思われるが，近年ではそれが民間保険の膨張となって表われている（第6章，表6-9参照）。なお，こうした台湾の特徴は，言うまでもなくすべての東アジア諸国を代表しているわけではないが，後発福祉国家の一典型をなしており，各国の福祉の特徴を測定する際のものさしとして役立つと思われる。

② いかなる歴史的ないし構造的要因が東アジア諸国の福祉の特徴を生み出したのだろうか

　東アジア諸国の福祉のこうした特徴は，たんなる発展の遅れの結果ではない。序章で示唆したように，欧米と東アジアの間にはふつう考えられている以上に根本的な差異があるのかもしれない。つまり，欧米には福祉国家の基礎となる救貧法の伝統があり，さらにさかのぼって教会による貧民救済の伝統がある。これは，欧米の先進性というよりもその特殊性だと考えられる。東アジアやその他の多くの地域では，親族集団による弱者保護が基本だった。一方，近代以降の歴史の違いもある。先進福祉国家の多くは第二次大戦前に主要な社会保障制度を導入したのに対して，日本を除く東アジア諸国における制度の導入は戦後のことであり，しかも当時の東アジア諸国の経済力は低かった（第3章，図3-3〜3-5参照）。先進福祉国家の社会保障制度は大恐慌と総力戦体制のなかで強化されたが，日本を除く東アジア諸国はこの強化過程を経験しなかった点で共通している（第1章参照）。

　これほどの歴史の違いをふまえれば，福祉国家形成に関するエスピン-アンデルセンの類型論を東アジアに当てはめることはいかにも荒唐無稽と思われる（第1章参照）。また，権威主義体制のもとでの形成と民主化後の再編という後発福祉国家に特徴的な発展過程を分析するには，西欧流の議会制民主主義を前

提とするエスピン-アンデルセンの枠組よりも,ブラジルやポルトガルの経験を理論化したシュミッターのコーポラティズム概念のほうが有効だろう[1]。台湾の事例に即して言えば,国家コーポラティズムが排除から包摂の極へと移行した結果,社会保障制度の導入が可能になった(第1章参照)。しかし,それが全国民をカバーするまでに拡充されたのは民主化後のことである。その際にも,権威主義体制の遺産は改革を制約し続け,国家コーポラティズム,多元主義,社会コーポラティズムの諸要素が互いに掣肘しあいながら政策を形成してきたのである(第4章参照)。

以上は歴史的要因ないし制度進化の経路依存性 (North 1990, Pierson 2004) に関する命題であるが,他方で国際経済体制がもたらす構造的要因にも注目すべきである。序章で述べたように,先進福祉国家はブレトンウッズ体制の「節度あるグローバル化」のもとで発展を遂げた。それとは対照的に,東アジアの後発福祉国家は,短期資本移動の自由化による1990年代以降の「行き過ぎたグローバル化」の逆風のなかでの構築・再編を余儀なくされた[2]。そうした事情は,韓国や台湾では福祉拡充を推進した政治勢力でさえ,たんなる福祉国家イデオロギーではなく,福祉国家と市民社会の協力を説く「第三の道」理念への共鳴を示したことにも端的に象徴されている(第1章参照)。さらに,台湾の国民年金の導入過程で見られたように,福祉拡充を求める社会運動団体にまで専門家の調整的言説が浸透し,財政制約をふまえた控えめな制度の導入が議論されるといったことも,国際経済環境ぬきには説明できない(第5章参照)。

③ **しかし,一口に東アジアと言っても,そこに含まれる多様性をどう理解したらよいか**

東アジア諸国が同一の国際経済環境に曝されているとすれば[3],各国の福祉

---

1) 上村 (1999) は,コーポラティズム概念を用いて東アジアにおける福祉国家形成を分析した筆者の最初の公刊論文である。
2) 上村 (2002a) は,「グローバル経済のなかの後発福祉国家形成」という観点から台湾の国民年金導入をめぐる政策論議を分析しており,権威主義体制の遺産という国内要因と,経済自由化という国際環境要因によって後発福祉国家の発展が制約される構図を素描している。これは本書のアイディアの原型をなすものである。

の違いを説明する主な要因は国内政治構造の違いに求められるべきだろう。第一に，権威主義体制時代の政治構造に注目すべきである。本書で用いた包摂と排除という国家コーポラティズムの2つの類型は，権威主義体制の社会政策を比較分析する際の説明変数として有効だと思われる。また，民主化を経た諸国でも，権威主義体制の遺産の有無や性質の違いが福祉国家の構築・再編のあり方を規定している可能性がある（第1章，第4章参照）。一例を挙げれば，近年，タイや中国の農村部で社会保障の拡充が進む一方，インドネシアやマレーシアではそのような動きが見られない。詳細な研究は今後の課題であるが，タイや中国の農村部で福祉の拡充が進んだのは，むしろこれまでの遺産が極小だったことによるのかもしれない。これは，民主化後の韓国と台湾の比較から類推できることである（第1章参照）。

　第二に，民主化の有無が最も注目すべき要因であることは言うまでもない。台湾とシンガポールの福祉国家の発展の違いは，何よりも民主化の有無によって説明できるだろう（第2章参照）。台湾の福祉NPOや社会運動団体が盛んにアドボカシー活動を展開し一定の成果を獲得できたのは，民主主義という基礎条件が整っていたからである（第5章，第7章参照）。ところが近年では，ILOや世界銀行などの国際機関の支援のもと，中国やベトナムなどの非民主主義国も福祉の拡充を進めている（第3章，第9章参照）。アジア経済危機以降の国際機関の支援が福祉拡充の政治的必要条件を変化させたのか。それとも，政権の正統化を民衆の支持に求める傾向が強まっている点で，中国やベトナムも一種の民主化を経験しつつあると考えるべきなのか。たんに一回限りの民主化の有無に注目するだけでなく，民主主義の実質的な内容や水準と関連づけながら各国の福祉の違いを比較分析していくべきだろう。

　しかし，政治構造では説明できない膨大な部分も残る。ウィレンスキーが指摘した経済水準や高齢化率といった変数や，自営業者比率に代表されるような労働市場の特徴といった要因も，福祉の需給構造を大きく規定する（第3章，第10章参照）。さらに，雇用と福祉の関係の多様性を捉えようとすれば，産業

---

3) 各国が経験する国際経済環境はじつは同一ではありえないが，ここではひとまず措く。

構造の変化,職業教育の特徴,学校の就職指導のあり方,労働法,企業の雇用慣行といった諸変数にも注意を払う必要がある（第8章参照）。とりわけ,資本主義の多様性論（Hall and Soskice 2001）で重視されているような,企業レベルの変数と福祉国家レベルの変数との関連を解明する必要がある。OECD 諸国と異なり,東アジアの多くの国では国際比較可能な企業レベルのデータの収集が容易ではないが,若者・女性・高齢者・障害者の福祉が就業支援との結びつきを強めつつある今日,東アジアでも企業レベルに照準を合わせた比較福祉研究が求められていると言えよう。

④東アジアの福祉を拡充するという実践的課題に比較研究を活かすことは可能だろうか

比較研究を政策形成に活かす道はいくつもあるが,最も直接的な方法は EU の「開かれた政策調整方法」だろう（第2章,第9章参照）。これは,比較研究と相互学習を通じて,自国の社会政策を自発的に改善するよう各国に促す方法である。各国の政策の成績表を付けることにより,改善への圧力が生じるのである。地域統合が進んだ欧州においても,社会保障の責任を担うのは基本的に国民国家である。東アジアではなおさら,国境を超えた共通の社会保障制度を構想することは不可能に近い。しかし,そうした状況においても,比較研究と相互学習は,地域全体の福祉の底上げを図るための現実的かつ有効な方法となりうる。EU ではそのプロセスが「開かれた政策調整方法」として制度化され,目標設定と定期的報告が各国政府に義務づけられている。東アジアでもそうした制度化を推し進めることが望ましいが,研究者レベルの相互交流もその第一歩になるかもしれない。

東アジア諸国で福祉の拡充を進めるには,インフォーマル雇用の発生メカニズムを解明するとともに,インフォーマル雇用の類型ごとにフォーマル化の戦略を考え,各国政府の政策能力の向上を支援していくことが有効である（第10章参照）。その際,フォーマル化を進めるべきだという価値前提を示すだけでなく,比較研究なしには見いだせないような類型ごとの戦略を提示できるか否かが問われる。天下り的な画一アプローチと場あたり的な国別アプローチの分

裂を，比較研究によって乗り越えなければならない（第1章参照）。なお，インフォーマル雇用は新興国や途上国だけが抱える問題ではない。いったんは雇用のフォーマル化を完遂したはずの先進国においても，ネオリベラル的規制緩和によってインフォーマル化が進行する場合があるからである（第10章参照）。福祉のアジアを築くことは，先進国が新興国や途上国を一方的に支援するだけでは済まない相互的な課題だと言えよう。

今日，中国の台頭によって東アジアの地域統合の意味が大きく変わりつつあるが，そのなかで地域統合の理念を掲げることの重要性はいっそう増している。いかなる地域統合をめざすのか，その理念が争われなければならない（第2章参照）。その中国も，社会保障の拡充については模索段階にある。日本がこれに協力しない手はない。東アジア情勢の緊張が高まっている現在，福祉のアジアの構築を日本から提案することは，地域の安定と繁栄への積極的な貢献になると考えられる。日本の研究者は自信をもって自国の福祉の歴史的経験を伝えることができるし，比較研究を盛んにすることで独自の貢献をなしうる立場にある。私たちは今，これまでに蓄積してきた理論的・実証的知見を活かしつつ，一国社会を超えた東アジアにおける地域規模の社会政策を構想することが期待されている（第9章参照）。本書がそのささやかな一歩になっていれば幸いである。

2　グローバル経済の社会的基盤

東アジアにおける福祉の拡充をいかにして進めるか。ここには，グローバル化によって政策選択の自由度を狭められた国民国家が，グローバル化によってもたらされた社会的リスクに対応しなければならないという困難がある。しかし，福祉拡充は国民国家を単位として進める以外に道はない。国際経済学者のD. ロドリックはこの点を明快に述べている。彼によれば，完全な（行き過ぎた）グローバル化，民主主義，国家主権の3つのうち2つしか同時に実現できないというトリレンマが存在する（Rodrik 2011：200，邦訳 2013：233）。ロドリックの説を本書の関心に引きつけて解釈すれば，以下のようになる。

まず，完全なグローバル化と国家主権を選ぶなら，民主主義は犠牲にせざるを得ない。なぜなら，貿易や投資が完全に自由化されたグローバル経済のもとでは，政府にできることは貿易や投資を呼び込む政策を打つくらいしかなく，国民を守るはずの社会保障や労働基準は最低限まで切り下げざるを得なくなるからである。

　次に，完全なグローバル化と民主主義を選ぶなら，国家主権は犠牲にせざるを得ない。なぜなら，完全にグローバル化された世界経済を民主的に支えることができるのは，グローバル連邦主義だけだからである。しかし，グローバル連邦主義は，実現が難しいだけでなく，仮に実現できたとしても最低限の社会保障や労働基準しかもたらさないだろう。

　結局，民主主義と国家主権の組み合わせ——福祉国家のことだ——を望むなら，完全なグローバル化を諦めてブレトンウッズの節度あるグローバル化に回帰しなければならない。ロドリックの言葉を借りれば，「グローバル経済の基盤を強化する唯一の可能性は，経済の土台を提供する民主的政府の能力を強化することだ」(同：238，邦訳：274)。

　ロドリックの説をふまえて考えると，私たちの課題は二重性を帯びる。一方では，行き過ぎたグローバル化を押し戻すことで，福祉拡充を可能にするだけの政策選択の余地を各国政府に与えなければならない。これは容易なことではないが，これまで自由貿易協定や経済連携協定を中心としてきた東アジアの地域協力の交渉に，社会政策の次元を追加することがその第一歩となるだろう。他方では，東アジアの比較福祉研究を盛んにすることで，福祉拡充に向けた各国政府の政策能力の向上を支援することが考えられる。これこそ本書の企図してきたところであり，グローバル経済の社会的基盤の強化に向けて，東アジアの先進国，新興国，途上国が互いに手を携えて進むことを願ってやまない。

あとがき

　「どの国の政策もそれぞれ独自の哲学に基づいている。各国の事情を無視したこんな浅薄なレポートを持ち帰るわけにはいかない！」。某国の経済団体を代表して会議に出ていた恰幅のよい紳士は，そう言い終えるとマイクを机に叩きつけた。アジア太平洋地域の経済自由化を議論する国際会議で，筆者が本書第9章のあらすじを報告した直後の出来事である。一瞬の静寂。主催者側は，筆者が猛烈な反論を始めるのではないかと心配そうな視線を送ってくる。日ごろ空気を読まない（読めないのではない）ことで知られる筆者も，このときばかりは事の重大さを悟った。研究者だけを相手にすればよい学会発表とは勝手が違ったのだ。ひと呼吸置いて，もちろん各国の哲学は尊重されるべきこと，各国の事情をふまえつつ相互に学び合うべきことを，努めて冷静に理路整然と述べた気がするが，都合よく記憶が塗り替わっているだけで，事実はしどろもどろだったかもしれない。

　しかし振り返ってみると，あれは筆者の研究が現実世界と接点をもったことを実感できる稀有な機会だった。政策社会学を標榜していても，ふだんは犬の遠吠え，実際の政策に影響を与えることなど皆無である。院生時代にシンクタンクのアルバイトで書いた少子化対策のレポートが国会の委員会質問で引用されたことがあったが，当時の厚生大臣には論旨を誤解され，労働大臣には受け流されるという始末で，コミュニケーションはまるで成立しなかった。それに比べると，あの紳士は筆者の研究の含意を理解したうえで怒り出したのだから，議論は噛み合っていたのだ。比較研究によって各国の政策改善を促すことができるし，国際比較から政策構想へと進むことができるという確信は，あの日の経験に裏打ちされている。もちろん，紳士が言外に示唆してくれていたように，政策の評価基準が問われるべきであり，理念をめぐる討議が開始されるべきであるのは言うまでもない。

　ここで，筆者の考える政策社会学の立場について一言しておきたい。政策社

会学は何かの役に立ちたいと願っているが，たんに価値判断や政策提言を振りまわすのではない。スローガンを叫ぶだけで事足りるなら，わざわざ研究するまでもないからである。むしろ，政策に関する判断力の錬磨に資するような，政策社会学の基礎研究が必要だと思う。一方，社会の構造や歴史を落ち着いて研究する場合でも，政策的関心をもって研究するか否かで，比較すべき変数が違ってくるし，実証の鋭さも違ってくるはずである。ここに，たんなる事実の確定に終始するのではない能動的実証を可能とし，たんなる自己反省に終始するのではない建設的批判と公共的討議への貢献を可能とするような，社会学の進むべき道の一つがあると信じる。東アジアの福祉を主題とする本書がその例示になっているか否かは読者の厳しい判断に俟つほかないが，著者としては密かにそれを願っている。

　本書のように長期の研究に基づく本では謝辞も長くなる。まず4名の先生方に感謝を捧げ，続いて各章の原論文を書くきっかけを与えて下さった方々にお礼を述べたい。

　稲上毅先生は筆者にとって学部4年生以来の指導教員であるが，東アジアの新興福祉国家を研究してはどうかとの示唆をいただいたのは1996年のことである。当時，社会学研究室の先輩に話したら，「アジアに福祉国家なんてあるんですかね」と言われて心細くなったことを思い出す。おかげでしばらくは単独走者の爽快と不安を味わうことになったが，その後の展開は稲上先生のマクロ社会学的な見通しの確かさを例証している。競合他社が現われないうちに独占を確立できなかったのは筆者の実力のゆえで，仕方がない。

　武川正吾先生は学部3年生のときの指導教員であり，その後も御指導いただいているが，指導なんかしてないよと言われるかもしれない。しかし，福祉国家という主題に対する興味を引き出して下さったのは武川先生であり，先生と出会わなければ別のことをやっていたに違いない。東京で，京都で，ソウルで，北京で，ブリストルで，ホノルルで，先生の周囲に広がる緩やかな人の輪のなかで議論を楽しみつつ，多くのことを学んできた。

　下平好博先生は，本書の主題についての日本で唯一の先達であった。SPSN（社会政策研究ネットワーク）は下平先生，武川先生，平岡公一先生，藤村正之

先生，三重野卓先生の呼びかけで 1996 年 7 月に発足したが，武蔵大学で開かれた第 1 回研究会で下平先生が「国際化と福祉国家——長期波動論の視点から」と題して報告されたことは忘れがたい。人間の営みを超長期の視点から捉える先生のスタイルへの憧れが本書の底流をなしている。

末廣昭先生は，筆者を研究者として拾って下さった恩人である。東大社研の助手に採用され，末廣先生と小森田秋夫先生の「自由化・経済危機・社会再構築の国際比較」プロジェクトの事務局を務めたことで筆者の視野は飛躍的に広がった。本書第 6 章はその後の末廣研究会における成果である。末廣先生からは 2013 年の結婚披露宴で「大風呂敷を広げておいて詰めが甘い」との苦言を頂戴したが，遅ればせの本書をどう評されるだろうか。

さて，第 1 章の原論文は「講座・福祉国家のゆくえ」シリーズ（ミネルヴァ書房）の第 4 巻に寄稿したもので，大沢真理先生，澤田ゆかり先生，埋橋孝文先生も参加された座談会（同巻末に収録）では宮本太郎先生に討論していただく光栄に浴した。初対面の先生の好奇心に満ちた質問に，駆け出しだった筆者は，自分の研究にも多少は見どころがあるのかもしれないと危うく錯覚するところだった。

第 2 章の原論文は，広井良典先生にお誘いいただいて，岩波『思想』の「福祉社会の未来」特集に寄稿した。顔合わせの研究会で，データがないと何も語れない筆者には「思想」がないのだと悟ったことを覚えている。同じ頃，講演に招かれた淑徳大学からの帰りの京葉線車中で森岡清美先生に，渡米前 4 カ月で大著を仕上げた話を伺い，一日も早く著書をまとめるよう激励された。あれから 10 年も経ってしまった。

第 3 章の原論文は最も新しく，2012 年 9 月から一年間滞在したハーバード・イェンチン研究所で国際ワークショップを主催した際の報告に基づいている。メアリー・ブリントン先生，ピーター・ホール先生，末廣昭先生，落合恵美子先生，崔榮駿さん，呂建徳さんらと，夢のように楽しい一日を過ごした。推薦状を書いて下さったロナルド・ドーア先生，その旧友のエズラ・ヴォーゲル先生にも感謝を捧げたい。

第 4 章，第 5 章，第 7 章の原論文は，いずれも宇佐見耕一先生をリーダーと

するアジア経済研究所の研究会の外部委員として執筆した。地域研究者の定義は，数年間の現地調査を経験し，帰国後も毎日その国の新聞を読むのを欠かさない人のことだとすると，筆者には地域研究者を名乗る資格がない。そんな筆者が錚々たる地域研究者たちに伍して研究する機会を与えられたことは，幸運だったと言うほかない。

第8章の原論文は，法政大学社会学部の科学研究費プロジェクト「公共圏の創成と規範理論の探究——現代的社会問題の実証的研究を通して」の若者問題班における成果である。ここで謝辞を捧げたい方々のうち唯一故人となってしまわれた舩橋晴俊先生の，大学を真の学問共同体にしたいという熱意の恩恵を受けている。共著に取り組んだ平塚眞樹先生，樋口明彦さん，有田伸さん，金成垣さんにも感謝したい。

第9章，第10章の原論文は，三谷直紀先生のお誘いにより，日本国際問題研究所のSocial Resilienceプロジェクトに参加して執筆した。社会政策を東アジアの国際関係のなかで考えなければならないと強く意識し始めたのは，このプロジェクトに関連する数々の会議に出席したことがきっかけである。なお，冒頭で紹介した会議に紛れ込んで報告することになったのは，山澤逸平先生の御推薦によるものである。

このように書き連ねてくると，立派な師友に恵まれながら自分の成果は乏しいことに恥じ入るばかりである。これ以上お名前を挙げることは控え，ただ本書の原型を報告させていただいた場所を記すに留めたい。日本社会学会，社会政策学会，福祉社会学会，日本比較政治学会，中部政治学会，現代資本主義研究会，三四郎池の会，SPSN研究会，台湾総合研究会，脱貧困化研究会，地域調査研究会，東アジア社会政策会議，日中韓社会保障会議，世界社会学会第19研究委員会，中国社会福利研究専業委員会，PECC国際ワークショップ，APEC研究センターコンソーシアム会議，厚生労働省専門家会合，国立シンガポール大学，淑徳大学，ベトナム国立経済大学，華中師範大学，ハーバード・イェンチン研究所，国立中正大学，香港城市大学，東京大学社会科学研究所，立命館大学などで議論していただく機会に恵まれた。また，社会政治研究会における愉快な討論からも多くの養分をもらっている。東京大学社会科学研究所，

法政大学社会学部，名古屋大学社会学講座の新旧の同僚の皆さんには，ときに空気が読めない筆者を大目に見て下さり，何よりも知的に活発な研究環境を共有して下さったことに感謝の言葉を伝えたい．

　本書の刊行について，名古屋大学出版会の橘宗吾さんからお話をいただいたのは 2011 年 3 月だった．当初は全部を書き下ろすつもりだったが，在外研究も終盤の 2013 年 8 月になって到底無理と諦め，既存原稿を生かして再構成することにした．それからさらに 2 年もかかったのは筆者の怠惰のせいだが，その間，橘さんは緩急自在に穏やかに導いて下さった．また，三原大地さんの緻密な校正作業にも助けられた．ありがとうございました．さらに，兄弟子の高木俊之さんに原稿を厳しく点検していただいたことも感謝に堪えない．なお，本書は平成 26 年度名古屋大学学術図書出版助成金を受けて刊行される．多くの方々に支えられて，ささやかな出口にたどりつくことができた．

　2015 年 7 月

上村　泰裕

参考文献

日本語文献

荒川敏彦, 2007, 「殻の中に住むものは誰か――「鉄の檻」的ヴェーバー像からの解放」『現代思想』第 35 巻第 15 号.
有賀喜左衞門, 1970, 『有賀喜左衞門著作集 IX』未來社.
有田伸, 2011, 「高学歴化と若者の就業――日本・韓国・台湾における教育と世代の意味」樋口明彦・上村泰裕・平塚眞樹編『若者問題と教育・雇用・社会保障――東アジアと周縁から考える』法政大学出版局.
アン, ジョン (桂良太郎監訳), 1997, 『シンガポールの高齢化と社会福祉政策――アジア型社会福祉から学ぶもの』川島書店 (原著 John Ang, *Growing Old in Singapore*).
安保則夫, 2005, 『イギリス労働者の貧困と救済――救貧法と工場法』明石書店.
石﨑菜生, 2001, 「韓国の民主化後における政労使関係――社会的合意形成の試み」佐藤幸人編『新興民主主義国の経済・社会政策』アジア経済研究所.
石田雄, 1997, 「丸山眞男と市民社会」石田雄・姜尚中 (国民文化会議編)『丸山眞男と市民社会』世織書房.
稲上毅, 1994, 「はじめに――ネオ・コーポラティズム再訪」稲上毅・D. ヒュー・ウィッタカー・逢見直人・篠田徹・下平好博・辻中豊『ネオ・コーポラティズムの国際比較――新しい政治経済モデルの探索』日本労働研究機構.
稲上毅, 2005, 「日本型福祉多元主義の探求」稲上毅『ポスト工業化と企業社会』ミネルヴァ書房.
ウィレンスキー, ハロルド, 1984, 「日本語版への序文」(下平好博訳)『福祉国家と平等――公共支出の構造的・イデオロギー的起源』木鐸社.
宇佐見耕一, 2003, 「新興福祉国家論の視角」宇佐見耕一編『新興福祉国家論――アジアとラテンアメリカの比較研究』アジア経済研究所.
宇佐見耕一, 2005, 「新興工業国・社会主義国における社会福祉制度分析の視角」宇佐見耕一編『新興工業国の社会福祉――最低生活保障と家族福祉』アジア経済研究所.
宇佐見耕一, 2007, 「新興工業国の雇用と社会保障――問題の所在と分析概念」宇佐見耕一編『新興工業国における雇用と社会保障』アジア経済研究所.
氏原正治郎, 1966, 「国民生活と社会保障――わが国における国民生活の社会的性格」氏原正治郎『日本労働問題研究』東京大学出版会.
氏原正治郎, 1989, 『日本経済と雇用政策』東京大学出版会.
埋橋孝文, 2005, 「福祉国家の南欧モデルと日本――後発福祉国家の 2 つの事例」山口二郎・宮本太郎・坪郷實編著『ポスト福祉国家とソーシャル・ガヴァナンス』ミネルヴァ書房.
エスピン・アンデルセン, イエスタ, 2001, 「日本語版への序文」(岡沢憲芙訳)『福祉資本主義の三つの世界――比較福祉国家の理論と動態』ミネルヴァ書房.

大泉啓一郎，2005，「東アジア少子高齢化時代と日本の協力——もう1つの経済連携」渡辺利夫編『日本の東アジア戦略——共同体への期待と不安』東洋経済新報社．
大河内一男，1952，「総説」大河内一男編『失業』河出書房．
落合恵美子，2013，「ケアダイアモンドと福祉レジーム——東アジア・東南アジア6社会の比較研究」落合恵美子編『親密圏と公共圏の再編成——アジア近代からの問い』京都大学学術出版会．
株本千鶴，2003，「韓国の福祉国家形成戦略——「生産的福祉」理念と改革主体」上村泰裕・末廣昭編『東アジアの福祉システム構築』東京大学社会科学研究所．
上村泰裕，1999，「福祉国家形成理論のアジアNIEsへの拡張」『ソシオロゴス』第23号．
上村泰裕，2002a，「台湾の国民年金論議・素描——グローバル経済のなかの後発福祉国家形成」社会政策学会編『経済格差と社会変動』法律文化社．
上村泰裕，2002b，「書評——韓国社会科学研究所社会福祉研究室『韓国の社会福祉』（金永子編訳，新幹社，2002）」『海外社会保障研究』第141号．
上村泰裕，2008，「大きな取引と小さな取引——韓国と台湾における新たなコーポラティズム」『大原社会問題研究所雑誌』第595号．
北山俊哉，2011，『福祉国家の制度発展と地方政府——国民健康保険の政治学』有斐閣．
キム・スヒョン，2003，「韓国・金大中政権の社会福祉政策——評価と課題」上村泰裕・末廣昭編『東アジアの福祉システム構築』東京大学社会科学研究所．
金成垣，2008，『後発福祉国家論——比較のなかの韓国と東アジア』東京大学出版会．
金成垣，2011，「若者の貧困と社会保障——日本・韓国・台湾の福祉国家体制への示唆」樋口明彦・上村泰裕・平塚眞樹編『若者問題と教育・雇用・社会保障——東アジアと周縁から考える』法政大学出版局．
金早雪，2004，「IMF体制と「韓国型福祉国家」」『海外社会保障研究』第146号．
金大中（田内基訳），2002，『生産的福祉への道』毎日新聞社．
木村陸男，1990，「小都市国家の開発体制」林俊昭編『シンガポールの工業化——アジアのビジネス・センター』アジア経済研究所．
玄田有史，2001，『仕事のなかの曖昧な不安——揺れる若年の現在』中央公論新社．
五石敬路，2003，「韓国における「生産的福祉」政策の特徴と矛盾——自活支援事業を中心に」上村泰裕・末廣昭編『東アジアの福祉システム構築』東京大学社会科学研究所．
厚生労働省編，2008，『平成20年版労働経済白書——働く人の意識と雇用管理の動向』日経印刷．
厚生労働省編，2013，『2013年海外情勢報告』厚生労働省．
国際協力機構，2013，『課題別指針——社会保障（医療保障・年金等の所得保障・社会福祉）』国際協力機構．
小林英夫・郭洋春・祖父江利衛，1993，「東アジアの経済成長と労使関係の変化」『大原社会問題研究所雑誌』第410号．
小山路男，1962，『イギリス救貧法史論』日本評論新社．
沢田ゆかり，1997，「レッセ・フェールと社会福祉」沢田ゆかり編『植民地香港の構造変化』アジア経済研究所．
澤田ゆかり，2013，「社会保障制度の新たな課題——国民皆保険体制に内在する格差への対

応」大西康雄編『習近平政権の中国――「調和」の次に来るもの』アジア経済研究所.
清水盛光，1942，『支那家族の構造』岩波書店.
下平好博，1987，「アジアのNICsの社会保障制度――シンガポールと香港の比較分析」『季刊社会保障研究』第23巻第1号.
新川敏光，2005，『日本型福祉レジームの発展と変容』ミネルヴァ書房.
慎斗範，1993，『韓国政治の現在――民主化へのダイナミクス』有斐閣.
末廣昭，2010，「東アジア福祉システムの視点――国家・企業・社会の関係」末廣昭編『東アジア福祉システムの展望――7カ国・地域の企業福祉と社会保障制度』ミネルヴァ書房.
末廣昭編，2010，『東アジア福祉システムの展望――7カ国・地域の企業福祉と社会保障制度』ミネルヴァ書房.
末廣昭・小森田秋夫編，2001，『自由化・経済危機・社会再構築の国際比較――アジア，ラテンアメリカ，ロシア／東欧　第Ⅰ部・論点と視角』東京大学社会科学研究所.
曽妙慧，2003，「台湾における失業保険の成立と展開――グローバル化と民主化のなかの福祉国家像」上村泰裕・末廣昭編『東アジアの福祉システム構築』東京大学社会科学研究所.
大霞会編，1971，『内務省史・第三巻』地方財務協会.
武川正吾，2005，「福祉オリエンタリズムの終焉――韓国福祉国家性格論争からの教訓」武川正吾・金淵明編『韓国の福祉国家・日本の福祉国家』東信堂.
武川正吾，2007，『連帯と承認――グローバル化と個人化のなかの福祉国家』東京大学出版会.
竹下秀邦，1995，『シンガポール――リー・クアンユウの時代』アジア経済研究所.
田中弥生，2001，「シンガポール――権威主義的福祉国家の巧みなNGOコントロール」重冨真一編『アジアの国家とNGO――15ヵ国の比較研究』明石書店.
太郎丸博，2009，『若年非正規雇用の社会学――階層・ジェンダー・グローバル化』大阪大学出版会.
張慶燮（柴田悠訳），2013，「個人主義なき個人化――「圧縮された近代」と東アジアの曖昧な家族危機」落合恵美子編『親密圏と公共圏の再編成――アジア近代からの問い』京都大学学術出版会.
寺尾忠能，2001，「台湾――抑圧の対象から「台湾化」の担い手へ」重冨真一編『アジアの国家とNGO――15ヵ国の比較研究』明石書店.
寺西重郎，2003，「アジアのソーシャル・セーフティネット」寺西重郎編『アジアのソーシャル・セーフティネット』勁草書房.
寺西重郎編，2003，『アジアのソーシャル・セーフティネット』勁草書房.
鄧雲特（川崎正雄訳），1939，『支那救荒史』生活社.
戸田典子，2010，「失業保険と生活保護の間――ドイツの求職者のための基礎保障」レファレンス709号.
中村健吾，2005，『欧州統合と近代国家の変容――EUの多次元的ネットワーク・ガバナンス』昭和堂.
濱口桂一郎，2010，「労働市場のセーフティネット――雇用保険制度等の展開と課題」『ビ

ジネス・レーバー・トレンド』4月号.
浜島清史, 2010,「シンガポール――国家の統制とミニマムな企業保障」末廣昭編『東アジア福祉システムの展望――7カ国・地域の企業福祉と社会保障制度』ミネルヴァ書房.
樋口明彦, 2011,「若年者雇用政策の比較――日本・韓国・台湾における雇用と社会保障」樋口明彦・上村泰裕・平塚眞樹編『若者問題と教育・雇用・社会保障――東アジアと周縁から考える』法政大学出版局.
平石直昭, 2003,「丸山眞男の「市民社会」論」小林正弥編『丸山眞男論――主体的作為・ファシズム・市民社会』東京大学出版会.
広井良典, 2003,「アジアの社会保障の概観――「アジア型福祉国家」はあるか」広井良典・駒村康平編『アジアの社会保障』東京大学出版会.
広井良典, 2005,「アジア,社会保障で協力を」日本経済新聞,2005年9月29日朝刊.
広井良典・駒村康平編, 2003,『アジアの社会保障』東京大学出版会.
黄玫玲（廖敏淑・上村泰裕訳）, 2003,「台湾における国民年金制度の計画」上村泰裕・末廣昭編『東アジアの福祉システム構築』東京大学社会科学研究所.
星斌夫, 1988,『中国の社会福祉の歴史』山川出版社.
本田由紀, 2005,『若者と仕事――「学校経由の就職」を超えて』東京大学出版会.
丸川知雄, 2002,『労働市場の地殻変動』名古屋大学出版会.
丸山真男・加藤周一, 1998,『翻訳と日本の近代』岩波新書.
宮本太郎, 2008,『福祉政治――日本の生活保障とデモクラシー』有斐閣.
宮本太郎, 2013,『社会的包摂の政治学――自立と承認をめぐる政治対抗』ミネルヴァ書房.
村松祐次, 1969,「清代の義倉」『一橋大学研究年報・人文科学研究』第11号.
ラスレット,ピーター（酒田利夫・奥田伸子訳）, 1992,『ヨーロッパの伝統的家族と世帯』リブロポート.
李蓮花, 2011,『東アジアにおける後発近代化と社会政策――韓国と台湾の医療保険政策』ミネルヴァ書房.
林成蔚, 2003,「台湾の全民健保の民営化改革――「新しい政治」の登場？」上村泰裕・末廣昭編『東アジアの福祉システム構築』東京大学社会科学研究所.
林成蔚, 2004,「台湾と韓国における社会保障制度改革の政治過程」大沢真理編『アジア諸国の福祉戦略』ミネルヴァ書房.
レームブルッフ,ゲルハルト（平島健司編訳）, 2004,『ヨーロッパ比較政治発展論』東京大学出版会.
若林正丈, 1992,『台湾――分裂国家と民主化』東京大学出版会.

英語文献

ADB and World Bank, 2000, *The New Social Policy Agenda in Asia : Proceedings of the Manila Social Forum*, Asian Development Bank.
Aspalter, Christian (ed.), 2002, *Discovering the Welfare State in East Asia*, Praeger.
Atkinson, Anthony B., 2005, "Social Indicators, Policy, and Measuring Progress," in Stefan Svallfors (ed.), *Analyzing Inequality : Life Chances and Social Mobility in Comparative Perspective*, Stanford University Press.

Berg, Janine and Matthew Salerno, 2008, "The Origins of Unemployment Insurance : Lessons for Developing Countries," in Janine Berg and David Kucera (eds.), *In Defence of Labour Market Institutions : Cultivating Justice in the Developing World*, Palgrave Macmillan.

Bolt, Jutta and Jan Luiten van Zanden, 2013, "The First Update of the Maddison Project : Re-Estimating Growth Before 1820," Maddison Project Working Paper 4.

Brassard, Caroline and Sarthi Acharya (eds.), 2006, *Labour Market Regulation and Deregulation in Asia : Experiences in Recent Decades*, Academic Foundation.

Breen, Richard, 2005, "Explaining Cross-national Variation in Youth Unemployment : Market and Institutional Factors," *European Sociological Review*, Vol. 21, No. 2.

Buchholz, Sandra, Dirk Hofacker, Melinda Mills, Hans-Peter Blossfeld, Karin Kurz and Heather Hofmeister, 2009, "Life Courses in the Globalization Process : The Development of Social Inequalities in Modern Societies," *European Sociological Review*, Vol. 25, No. 1.

Busse, Reinhard, Jonas Schreyogg and Christian Gericke, 2007, "Analyzing Changes in Health Financing Arrangements in High-Income Countries : A Comprehensive Framework Approach," HNP Discussion Paper, The World Bank.

Castells, Manuel and Alejandro Portes, 1989, "World Underneath : The Origins, Dynamics, and Effects of the Informal Economy," in Alejandro Portes, Manuel Castells and Lauren A. Benton (eds.), *The Informal Economy : Studies in Advanced and Less Developed Countries*, Johns Hopkins University Press.

Chan, Raymond, 1996, *Welfare in Newly-Industrialised Society : The Construction of the Welfare State in Hong Kong*, Avebury.

Chan, Raymond, 2001, "The Sustainability of the Asian Welfare System after the Financial Crisis : Reflections on the Case of Hong Kong," Working Paper No. 7, Southeast Asia Research Centre of the City University of Hong Kong.

Chen, Martha, 2008, "Informality and Social Protection : Theories and Realities," *IDS Bulletin* (Institute of Development Studies), Vol. 39, No. 2.

Chen, Shyh-Jer, Jyh-Jer Ko and John Lawler, 2003, "Changing Patterns of Industrial Relations in Taiwan," *Industrial Relations*, Vol. 42, No. 3.

Choi, Jang-jip, 1989, *Labor and the Authoritarian State : Labor Unions in South Korean Manufacturing Industries, 1961-1980*, Korea University Press.

Chung, Moo-kwon, 1992, *State Autonomy, State Capacity, and Public Policy : The Development of Social Security Policy in Korea*, University Microfilms International : Facsim. of the author's thesis (Ph. D. of Indiana University).

Deyo, Frederic, 1992, "The Political Economy of Social Policy Formation : East Asia's Newly Industrialized Countries," in Richard P. Appelbaum and Jeffrey William Henderson (eds.), *States and Development in the Asian Pacific Rim*, Sage Publications.

Dhanani, Shafiq, Iyanatul Islam and Anis Chowdhury, 2009, *The Indonesian Labour Market : Changes and Challenges*, Routledge.

Dore, Ronald, 1973 (1990), *British Factory, Japanese Factory : The Origins of National Diversity in Industrial Relations*, University of California Press（山之内靖・永易浩一訳『イギリスの工

場・日本の工場──労使関係の比較社会学』ちくま学芸文庫，1993 年）．
Engels, Friedrich, 1845, *Die Lage der arbeitenden Klasse in England : Nach eigner Anschauung und authentischen Quellen*（一條和生・杉山忠平訳『イギリスにおける労働者階級の状態──19 世紀のロンドンとマンチェスター』岩波文庫，1990 年）．
England, Joe and John Rear, 1981, *Industrial Relations and Law in Hong Kong*, Oxford University Press.
Esping-Andersen, Gøsta, 1990, *The Three Worlds of Welfare Capitalism*, Polity Press（岡沢憲芙・宮本太郎監訳『福祉資本主義の三つの世界──比較福祉国家の理論と動態』ミネルヴァ書房，2001 年）．
Esping-Andersen, Gøsta, 1996, "Conclusion : Occupational Welfare in the Social Policy Nexus," in Michael Shalev（ed.）, *The Privatization of Social Policy ? : Occupational Welfare and the Welfare State in America, Scandinavia and Japan*, Macmillan.
Esping-Andersen, Gøsta, 1999, *Social Foundations of Postindustrial Economies*, Oxford University Press（渡辺雅男・渡辺景子訳『ポスト工業経済の社会的基礎──市場・福祉国家・家族の政治経済学』桜井書店，2000 年）．
Feige, Edgar L., 1990, "Defining and Estimating Underground and Infomal Economies : The New Institutional Economics Approach," *World Development*, Vol. 18, No. 7.
Fukuyama, Francis, 2011, *The Origins of Political Order : From Prehuman Times to the French Revolution*, Farrar, Straus and Giroux（会田弘継訳『政治の起源──人類以前からフランス革命まで』講談社，2013 年）．
Giddens, Anthony, 1994, *Beyond Left and Right : The Future of Radical Politics*, Polity Press（松尾精文・立松隆介訳『左派右派を超えて──ラディカルな政治の未来像』而立書房，2002 年）．
Giddens, Anthony, 1998, *The Third Way : The Renewal of Social Democracy*, Polity Press（佐和隆光訳『第三の道──効率と公正の新たな同盟』日本経済新聞社，1999 年）．
Gidron, Benjamin, Ralph M. Kramer and Lester M. Salamon, 1992, "Government and the Third Sector in Comparative Perspective : Allies or Adversaries ?," in Benjamin Gidron, Ralph M. Kramer and Lester M. Salamon（eds.）, *Government and the Third Sector : Emerging Relationships in Welfare States*, Jossey-Bass Publishers.
Goodman, Roger and Ito Peng, 1996, "The East Asian Welfare States : Peripatetic Learning, Adaptive Change, and Nation-Building," in Gøsta Esping-Andersen（ed.）, *Welfare States in Transition : National Adaptations in Global Economies*, Sage Publications.
Goodman, Roger, Gordon White and Huck-ju Kwon（eds.）, 1998, *The East Asian Welfare Model : Welfare Orientalism and the State*, Routledge.
Goody, Jack, 1983, *The Development of the Family and Marriage in Europe*, Cambridge University Press.
Gorski, Philip S., 2003, *The Disciplinary Revolution : Calvinism and the Rise of the State in Early Modern Europe*, University of Chicago Press.
Gough, Ian, 2003, "Welfare Regimes in East Asia and Europe Compared," in Katherine Marshall and Olivier Butzbach（eds.）, *New Social Policy Agendas for Europe and Asia : Challenges,*

Experience, and Lessons, World Bank.

Gupta, Sanjeev, Calvin McDonald, Christian Schiller, Marijn Verhoeven, Željko Bogetic and Gerd Schwartz, 1998, "Mitigating the Social Costs of the Economic Crisis and the Reform Programs in Asia," Papers on Policy Analysis and Assessments, IMF.

Haggard, Stephan and Robert R. Kaufman, 2008, *Development, Democracy, and Welfare States : Latin America, East Asia, and Eastern Europe*, Princeton University Press.

Hall, Peter A. and David Soskice, 2001, "An Introduction to Varieties of Capitalism," in Peter A. Hall and David Soskice (eds.), *Varieties of Capitalism : The Institutional Foundations of Comparative Advantage*, Oxford University Press (遠山弘徳・安孫子誠男・山田鋭夫・宇仁宏幸・藤田菜々子訳『資本主義の多様性――比較優位の制度的基礎』ナカニシヤ出版, 2007年).

Hart, Keith, 1973, "Informal Income Opportunities and Urban Employment in Ghana," *The Journal of Modern African Studies*, Vol. 11, No. 1.

Holliday, Ian, 2000, "Productivist Welfare Capitalism : Social Policy in East Asia," *Political Studies* (Journal of the Political Studies Association UK), Vol. 48, No. 4.

Holliday, Ian and Paul Wilding (eds.), 2003, *Welfare Capitalism in East Asia : Social Policy in the Tiger Economies*, Palgrave (埋橋孝文・小田川華子・木村清美・三宅洋一・矢野裕俊・鷲巣典央訳『東アジアの福祉資本主義――教育, 保健医療, 住宅, 社会保障の動き』法律文化社, 2007年).

Holzmann, Robert and Steen Jorgensen, 1999, "Social Protection as Social Risk Management : Conceptual Underpinnings for the Social Protection Sector Strategy Paper," *Journal of International Development*, Vol. 11, No. 7.

Huang, Chang-Ling, 2002, "The Politics of Reregulation : Globalization, Democratization, and the Taiwanese Labor Movement," *The Developing Economies*, Vol. 40, No. 3.

Huitfeldt, Henrik and Johannes Jütting, 2009, "Informality and Informal Employment," in OECD, *Promoting Pro-Poor Growth : Employment*, OECD.

ILO, 2002, "Decent Work and the Informal Economy," *International Labour Conference 90th Session, Report VI*.

ILO, 2007, "The Informal Economy : Enabling Transition to Formalization," Background document for the Tripartite Interregional Symposium, Geneva, 27-29 November, 2007.

ILO Office for Indonesia, 2009, *Labour and Social Trends in Indonesia 2009 : Recovery and Beyond through Decent Work*, ILO.

Immervoll, Herwig, Stephen P. Jenkins and Sebastian Königs, 2015, "Are Recipients of Social Assistance 'Benefit Dependent'? : Concepts, Measurement and Results for Selected Countries," OECD Social, Employment and Migration Working Papers, No. 162, OECD Publishing.

Interministerial Committee (Singapore), 1999, *Report of the Interministerial Committee on the Ageing Population*, Ministry of Community Development.

Jacobs, Didier, 1998, "Social Welfare Systems in East Asia : A Comparative Analysis Including Private Welfare," CASE Paper No. 10, Centre for the Analysis of Social Exclusion, LSE.

Jones, Catherine, 1990, "Hong Kong, Singapore, South Korea and Taiwan : Oikonomic Welfare

States," *Government and Opposition*, Vol. 25, No. 4.

Jones, Catherine, 1993, "The Pacific Challenge : Confucian Welfare States," in Catherine Jones (ed.), *New Perspective on the Welfare State in Europe*, Routledge.

Jones, David Seth, 2002, "Welfare and Public Management in Singapore : A Study of State and Voluntary Sector Partnership," *Asian Journal of Public Administration*, Vol. 24, No. 1.

Kahl, Sigrun, 2005, "The Religious Roots of Modern Poverty Policy : Catholic, Lutheran, and Reformed Protestant Traditions Compared," *European Journal of Sociology*, Vol. 46, No. 1.

Kramer, Ralph M., 1981, *Voluntary Agencies in the Welfare State*, University of California Press.

Ku, Yeun-wen, 1997, *Welfare Capitalism in Taiwan : State, Economy and Social Policy*, Macmillan.

Kwon, Huck-ju, 1998, "Democracy and the Politics of Social Welfare : A Comparative Analysis of Welfare Systems in East Asia," in Roger Goodman, Gordon White and Huck-ju Kwon (eds.), *The East Asian Welfare Model : Welfare Orientalism and the State*, Routledge.

Lee, Eddy, 1998, *The Asian Financial Crisis : The Challenge for Social Policy*, ILO.

Low, Linda and T. C. Aw, 1997, *Housing a Healthy, Educated and Wealthy Nation through the CPF*, Times Academic Press.

Macfarlane, Alan, 1978, *The Origins of English Individualism : The Family, Property and Social Transition*, Blackwell (酒田利夫訳『イギリス個人主義の起源――家族・財産・社会変化』南風社，1997年).

MacPherson, Stewart, 1992, "Social Policy and Economic Change in the Asia Pacific Region," *Social Policy & Administration*, Vol. 26, No. 1.

Marshall, Katherine and Olivier Butzbach (eds.), 2003, *New Social Policy Agendas for Europe and Asia : Challenges, Experience, and Lessons*, World Bank.

Marshall, Thomas Humphrey, 1950 (1992), *Citizenship and Social Class*, Pluto Press (岩崎信彦・中村健吾訳『シティズンシップと社会的階級――近現代を総括するマニフェスト』法律文化社，1993年).

Midgley, James, 1986, "Industrialization and Welfare : The Case of the Four Little Tigers," *Social Policy & Administration*, Vol. 20, No. 3.

Ministry of Community Development and Sports (Singapore), 2003, *Building a Cohesive and Resilient Society*, Ministry of Community Development and Sports.

Mitterauer, Michael, 1990, *Historisch-Anthropologische Familienforschung : Fragestellungen und Zugangsweisen*, Bohlau (若尾祐司・服部良久・森明子・肥前栄一・森謙二訳『歴史人類学の家族研究――ヨーロッパ比較家族史の課題と方法』新曜社，1994年).

National Council of Social Service (Singapore), 2003, *Annual Report 2002/2003 : Reaching Out, Changing Lives*, National Council of Social Service.

National Council of Social Service (Singapore), 2003, *Assistance Schemes for Individuals and Families in Social and Financial Need*, National Council of Social Service.

North, Douglass C., 1990, *Institutions, Institutional Change and Economic Performance*, Cambridge University Press (竹下公視訳『制度・制度変化・経済成果』晃洋書房，1994年).

OECD, 2002, *Towards Asia's Sustainable Development : The Role of Social Protection*, OECD.

OECD, 2007a, *Des emplois pour les jeunes : Belgium*, OECD Publishing.

OECD, 2007b, *Jobs for Youth : KOREA*, OECD Publishing.
OECD, 2007c, *Jobs for Youth : SLOVAK REPUBLIC*, OECD Publishing.
OECD, 2007d, *Jobs for Youth : SPAIN*, OECD Publishing.
OECD, 2008a, *Jobs for Youth : CANADA*, OECD Publishing.
OECD, 2008b, *Jobs for Youth : NETHERLANDS*, OECD Publishing.
OECD, 2008c, *Jobs for Youth : NEW ZEALAND*, OECD Publishing.
OECD, 2008d, *Jobs for Youth : NORWAY*, OECD Publishing.
OECD, 2008e, *Jobs for Youth : UNITED KINGDOM*, OECD Publishing.
OECD, 2009a, *Jobs for Youth : AUSTRALIA*, OECD Publishing.
OECD, 2009b, *Jobs for Youth : FRANCE*, OECD Publishing.
OECD, 2009c, *Jobs for Youth : JAPAN*, OECD Publishing（濱口桂一郎監訳『日本の若者と雇用——OECD若年者雇用レビュー：日本』明石書店，2010年）.
OECD, 2009d, *Jobs for Youth : POLAND*, OECD Publishing.
OECD, 2009e, *Jobs for Youth : UNITED STATES*, OECD Publishing.
OECD, 2010a, *Jobs for Youth : DENMARK*, OECD Publishing.
OECD, 2010b, *Jobs for Youth : GREECE*, OECD Publishing.
Ortiz, Isabel (ed.), 2001, *Social Protection in Asia and the Pacific*, Asian Development Bank.
Phillipson, Chris, 2006, "Aging and Globalization : Issues for Critical Gerontology and Political Economy," in Jan Baars, Dale Dannefer, Chris Phillipson and Alan Walker (eds.), *Aging, Globalization and Inequality : The New Critical Gerontology*, Baywood Publishing.
Pierson, Paul, 2004, *Politics in Time : History, Institutions, and Social Analysis*, Princeton University Press（粕谷祐子監訳『ポリティクス・イン・タイム——歴史・制度・社会分析』勁草書房，2010年）.
Polanyi, Karl, 1944 (2001), *The Great Transformation : The Political and Economic Origins of Our Time*, Beacon Press（野口建彦・栖原学訳『大転換——市場社会の形成と崩壊』東洋経済新報社，2009年）.
Portes, Alejandro and William Haller, 2005, "Informal Economy," in Neil J. Smelser and Richard Swedberg (eds.), *The Handbook of Economic Sociology*, Princeton University Press.
Ramesh, Mishra, 1995, "Social Security in South Korea and Singapore : Explaining the Differences," *Social Policy & Administration*, Vol. 29, No. 3.
Ramesh, Mishra and Mukul Asher, 2000, *Welfare Capitalism in Southeast Asia : Social Security, Health and Education Policies*, Macmillan.
Regini, Marino, 2000, "The Dilemmas of Labour Market Regulation," in Gøsta Esping-Andersen and Marino Regini (eds.), *Why Deregulate Labour Markets ?*, Oxford University Press（伍賀一道・北明美・白井邦彦・澤田幹・川口章訳『労働市場の規制緩和を検証する——欧州8カ国の現状と課題』青木書店，2004年）.
Rhodes, Martin, 2001, "The Political Economy of Social Pacts : 'Competitive Corporatism' and European Welfare Reform," in Paul Pierson (ed.), *The New Politics of the Welfare State*, Oxford University Press.
Rieger, Elmar and Stephan Leibfried, 2003, *Limits to Globalization : Welfare States and the World*

Economy, Polity Press.

Rodan, Garry, 1989, *The Political Economy of Singapore's Industrialization : National State and International Capital*, Macmillan（田村慶子・岩崎育夫訳『シンガポール工業化の政治経済学──国家と国際資本』三一書房，1992年）.

Rodrik, Dani, 2011, *The Globalization Paradox : Democracy and the Future of the World Economy*, W. W. Norton（柴山桂太・大川良文訳『グローバリゼーション・パラドクス──世界経済の未来を決める三つの道』白水社，2013年）.

Room, Graham, 2000, "Commodification and Decommodification : A Developmental Critique," *Policy & Politics*, Vol. 28, No. 3.

Salamon, Lester M., 1997, *Holding the Center : America's Nonprofit Sector at a Crossroads*, The Nathan Cummings Foundation（山内直人訳『NPO最前線──岐路に立つアメリカ市民社会』岩波書店，1999年）.

Schmidt, Vivien A., 2002, "Does Discourse Matter in the Politics of Welfare State Adjustment ?," *Comparative Political Studies*, Vol. 35, No. 2.

Schmitter, Philippe C., 1979, "Still the Century of Corporatism ?," in Philippe C. Schmitter and Gerhard Lehmbruch (eds.), *Trends toward Corporatist Intermediation*, Sage Publications（山口定監訳『現代コーポラティズム I──団体統合主義の政治とその理論』木鐸社，1984年）.

Schmitter, Philippe C., 1982, "Reflections on Where the Theory of Neo-Corporatism Has Gone and Where the Praxis of Neo-Corporatism May Be Going," in Gerhard Lehmbruch and Philippe C. Schmitter (eds.), *Patterns of Corporatist Policy-Making*, Sage Publications（山口定監訳『現代コーポラティズム II──先進諸国の比較分析』木鐸社，1986年）.

Scholz, Wolfgang, Florence Bonnet and Ellen Ehmke, 2010, "Income Support in Times of Global Crisis : An Assessment of the Role of Unemployment Insurance and Options for Coverage Extension in Asia," in Armin Bauer and Myo Thant (eds.), *Poverty and Sustainable Development in Asia : Impacts and Responses to the Global Economic Crisis*, Asian Development Bank.

Shonfield, Andrew, 1965, *Modern Capitalism : The Changing Balance of Public and Private Power*, Oxford University Press（海老沢道進・間野英雄・松岡健二郎・石橋邦夫訳『現代資本主義』オックスフォード大学出版局，1968年）.

Singapore Department of Statistics, 2001, *Census of Population 2000 : Advanced Data Release*, Singapore Department of Statistics.

Sjöberg, Ola, Joakim Palme and Eero Carroll, 2010, "Unemployment Insurance," in Francis G. Castles, Stephan Leibfried, Jane Lewis, Herbert Obinger and Christopher Pierson (eds.), *The Oxford Handbook of the Welfare State*, Oxford University Press.

Stepan, Alfred, 1978, *The State and Society : Peru in Comparative Perspective*, Princeton University Press.

Tan, Ngoh Tiong and Kalyani K. Mehta (eds.), 2002, *Extending Frontiers : Social Issues and Social Work in Singapore*, Eastern Universities Press.

Tang, Kwong-leung, 2000, *Social Welfare Development in East Asia*, Palgrave.

Tang, Kwong-leung (ed.), 2000, *Social Development in Asia*, Kluwer Academic Publishers.

Titmuss, Richard M., 1974, *Social Policy : An Introduction*, Allen and Unwin（三友雅夫監訳『社会福祉政策』恒星社厚生閣，1981 年）.
UNDP, 2011, *Sharing Innovative Experiences : Successful Social Protection Floor Experiences*, UNDP.
UNESCAP, 2001, "Strengthening Policies and Programmes on Social Safety Nets : Issues, Recommendations and Selected Studies," Social Policy Paper No. 8, UNESCAP.
Vodopivec, Milan, 2009, "Introducing Unemployment Insurance to Developing Countries," IZA Policy Paper, No. 6.
Weaver, R. Kent, 1986, "The Politics of Blame Avoidance," *Journal of Public Policy*, Vol. 6, No. 4.
Wilensky, Harold L., 1975, *The Welfare State and Equality : Structural and Ideological Roots of Public Expenditures*, University of California Press（下平好博訳『福祉国家と平等――公共支出の構造的・イデオロギー的起源』木鐸社，1984 年）.
Wilensky, Harold L. and Charles N. Lebeaux, 1965, *Industrial Society and Social Welfare : The Impact of Industrialization on the Supply and Organization of Social Welfare Services in the United States*, Free Press（四方寿雄ほか監訳『産業社会と社会福祉』上・下，岩崎学術出版社，1971 年）.
World Bank, 1999, "Towards an East Asian Social Protection Strategy," Human Development Unit, East Asia and Pacific Region, World Bank, Draft.
World Bank, 2001, *Social Protection Sector Strategy : From Safety Net to Springboard*, World Bank.
World Health Organization, 2008, *Primary Health Care : Now More Than Ever*（The World Health Report 2008）, World Health Organization.

中国語文献
詹火生編，2001，『新経済世紀的労動政策――厚生白皮書・社会労動篇』厚生基金会.
陳水扁，1999，『台湾之子』晨星（及川朋子・山口雪菜・永井江理子・本間美穂・松本さち子訳『台湾之子』毎日新聞社，2000 年）.
范雅鈞編，2004，『戦後台湾労工運動資料彙編 1・労工政策與法令』国史館.
官有垣編，2000，『非営利組織與社会福利――台湾本土的個案分析』亜太図書出版社.
洪士程，2006，『台湾労工運動』華立図書.
柯志哲，2003，「非典型工作型態之分析與探討」行政院労工委員会.
藍科正，2001，「労動力跨国移動政策――台湾引進外労的経験」詹火生編『新経済世紀的労動政策――厚生白皮書・社会労動篇』厚生基金会.
労工保険局，2008a，「労保簡介」.
労工保険局，2008b，「農保簡介」.
労工保険局，2008c，「就業保険簡介」.
労工保険局，2008d，「労退新制簡介」.
労工保険局，2008e，「国民年金簡介」.
労工保険局，2009，「老農津貼簡介」.
李誠，2000，「台湾的労資関係」李誠編『比較労資関係』華泰文化事業公司.
李誠編，2003，『誰偸走了我們的工作』天下遠見出版.

李允傑，1999，『台湾工会政策的政治経済分析〔増訂二版〕』商鼎文化出版社．
林木材，2008，「談台湾労工陣線——孫友聯秘書長專訪」紀工報（紀錄片從業人員職業工会）第 13 期．
林萬億，2006，『台湾的社会福利——歴史経験與制度分析』五南図書出版．
呂寶靜編，2002，『社会工作與台湾社会』巨流図書公司．
内政部，2004，『内政部九十四年度推展社会福利補助経費申請補助項目及基準』内政部．
内政部社会司，2004，『内政部推展社会福利服務補助経費核撥與未核銷比較表』内政部．
内政部社会司，2007，「老人福利與政策」．
沈宗瑞，2001，『国家與社会——中華民国的経験分析』韋伯文化事業出版社．
蘇麗瓊・黃雅鈴，2005，「老人福利政策再出発——推動在地老化政策」社区発展季刊第 110 期．
孫健忠，1996，『台湾地区社会救助政策発展之研究』時英出版社．
台湾経済永続発展会議，2006，『社会安全組分組報告・完善社会安全体系』．
台湾労工陣線，1999a，『新国有政策——台湾民営化政策総批判』商周出版．
台湾労工陣線，1999b，『台湾労工的主張——2000 年労働政策白皮書』労動者雜誌社．
台湾労工陣線，2000，「撕破官方版国民年金的仮面具！」．
台湾労工陣線，2004，『站闘陣，戦同線——台湾労工陣線 20 週年』労動者雜誌社．
台湾銀行，発行年不明，「公教人員保険服務」．
蔡宜縉，2008，「理念，利益與制度——台湾国民年金規劃的政治分析」国立台湾大学社会科学院社会学研究所碩士論文．
曾中明・姚惠文・鄭貴華，2007，「我国国民年金之規劃歷程」社区発展季刊第 116 期．
王增勇，2000，「誰代表老人発言——台湾老人福利運動的回顧與展望」蕭新煌・林國明編『台湾的社会福利運動』巨流図書公司．
衛民，2001，「跨世紀産業民主政策」詹火生編『新経済世紀的労動政策——厚生白皮書・社会労動篇』厚生基金会．
蕭新煌・孫志慧，2000，「一九八〇年代以来台湾社会福利運動的発展——演変與伝承」蕭新煌・林國明編『台湾的社会福利運動』巨流図書公司．
喜瑪拉雅研究発展基金会，2002，『台湾 300 家主要基金会名録 2002 年版』．
行政院労工委員会，2005，「新工時制度手冊」．
行政院労工委員会員工消費合作社編，2004，『労工法規輯要』行政院労工委員会員工消費合作社．
行政院新聞局，2002，「全国社福会議明後両日挙行——擘劃新世紀社会福利願景」．
行政院主計処，2008，『97 年中華民国統計年鑑』．
中華民国職工福利発展協会，2008，『福委会管理運作』．
中央健康保険局，2009，「98 年全民健康保険簡介」．
朱柔若，2005，「台湾的労工問題與政策評析」瞿海源・張芝雲編『台湾的社会問題 2005』巨流図書公司．

初出一覧

本書の各章は以下の論文をもとにしている。しかし，全体の構成を考えて大幅に書き改めた。また，データの更新にも努めたが，当該時期の分析を目的としている箇所のデータは原論文のままとした。

序　章　書き下ろし
第1章　上村泰裕，2004，「東アジアの福祉国家――その比較研究に向けて」大沢真理編『アジア諸国の福祉戦略』ミネルヴァ書房，pp. 23-65.
第2章　上村泰裕，2006，「東アジアの福祉レジーム――その過去・現在・未来」『思想』983号，岩波書店，pp. 185-202.
第3章　上村泰裕，2014，「大陸間比較から見た東アジアの福祉」末廣昭編『東アジアの雇用・生活保障と新たな社会リスクへの対応』東京大学社会科学研究所研究シリーズNo. 56, pp. 39-56.
第4章　上村泰裕，2007，「台湾の政労使関係と社会政策――新たなコーポラティズムへの模索？」宇佐見耕一編『新興工業国における雇用と社会保障』アジア経済研究所，pp. 225-258.
第5章　上村泰裕，2011，「台湾における高齢者福祉政治の展開」宇佐見耕一編『新興諸国における高齢者生活保障制度――批判的社会老年学からの接近』アジア経済研究所，pp. 213-232.
第6章　上村泰裕，2010，「台湾――政府が奨励した企業福祉とその変容」末廣昭編『東アジア福祉システムの展望――7カ国・地域の企業福祉と社会保障制度』ミネルヴァ書房，pp. 146-173.
第7章　上村泰裕，2005，「福祉国家と市民社会の接点としての社会福祉――台湾とシンガポールの比較から」宇佐見耕一編『新興工業国の社会福祉――最低生活保障と家族福祉』アジア経済研究所，pp. 37-69.
第8章　上村泰裕，2011，「雇用構造と若者の就業――日韓台の問題状況はどう違うか」樋口明彦・上村泰裕・平塚眞樹編『若者問題と教育・雇用・社会保障――東アジアと周縁から考える』法政大学出版局，pp. 31-53.
第9章　上村泰裕，2012，「東アジア社会政策を構想する――失業保険制度を例に」武川正吾・宮本太郎編『グローバリゼーションと福祉国家』明石書店，pp. 135-150.
第10章　上村泰裕，2012，「東アジアの多様な労働市場と社会保障――インフォーマル雇用の壁を越えて」『社会科学研究』第63巻第5・6号，pp. 83-100.
終　章　書き下ろし

図表一覧

図 1-1	福祉国家と市民社会の組み合わせ	37
図 3-1	経済水準と不平等	58
図 3-2	高齢化と社会保障支出	59
図 3-3	福祉国家化の波（年金）	60
図 3-4	福祉国家化の波（医療）	61
図 3-5	福祉国家化の波（失業保険）	61
図 3-6	WHO のキューブ	63
図 3-7	未完の福祉国家化（年金）	65
図 3-8	未完の福祉国家化（医療）	66
図 3-9	医療における福祉国家の盛衰	66
図 3-10	未完の福祉国家化（失業保険）	67
図 3-11	調整型市場経済と自由市場経済	69
図 3-12	子育て世代男女の生活時間	71
図 3-13	福祉国家の効果	72
図 3-14	徴税能力の 3 つの世界？	73
図 4-1	工業総会の組織図	83
図 4-2	総工会の組織図	84
図 4-3	製造業における事業所規模別の雇用割合	89
図 4-4	現在の職業に就いた際の求職方法	90
図 5-1	中高年男性の労働力率	107
図 5-2	高齢者（65 歳以上）の労働力率	109
図 7-1	生活保護率の推移	159
図 7-2	65 歳以上高齢者の施設入所率	160
図 8-1	20 歳台の相対的失業率の推移	174
図 8-2	20 歳台の従業者に占めるパート労働者比率の推移	178
図 8-3	脱工業化の進み方の違い	180
図 8-4	日本の 20 歳台男女の産業別就業人口	181
図 8-5	韓国の 20 歳台男女の産業別就業人口	182
図 8-6	台湾の 20 歳台男女の産業別就業人口	182
図 8-7	男性生産職の衰退	183
図 8-8	日本の 20 歳台非就業者	184
図 8-9	韓国の 20 歳台非就業者	184
図 8-10	台湾の 20 歳台非就業者	185
図 8-11	韓国男性：急激な脱工業化を高学歴化で相殺できず	186
図 8-12	韓国女性：家族の中から外のサービスへ	186

図 8-13	台湾男性：緩やかな脱工業化を高学歴化で相殺	187
図 8-14	台湾女性：家族の中から外のサービスへ	187
図 8-15	日本男性：雇用の非正規化	188
図 8-16	日本女性：非正規による雇用拡大	189
図 8-17	韓国男性：正規雇用の縮小	189
図 8-18	韓国女性：正規雇用の拡大	190
図 9-1	リーマンショック前後の失業率の推移	197
図 9-2	3時点の失業率の比較	198
図 9-3	失業者数の推移	198
図 9-4	産業化の諸段階	199
図 9-5	一人あたりGDP	201
図 9-6	農業人口	202
図 9-7	失業率	203
図 9-8	年齢別加入率	206
図 9-9	年齢別受給率	207
図 10-1	自営業者比率の推移	213
図 10-2	不払家族従業者比率の推移（男性）	214
図 10-3	不払家族従業者比率の推移（女性）	215
図 10-4	非農業自営比率の推移	216
図 10-5	政府と市場の相互作用	218
図 10-6	年金受給率	221
図 10-7	年金保険料納付率	222
図 10-8	失業給付受給率	223

| 年表 | 台湾の社会保障の歩み | 144 |

表 1-1	体制形成期における政治構造	23
表 3-1	老後の生活費の望ましい賄い方	70
表 3-2	現在の生活費を何で賄っているか	70
表 4-1	労働組合組織率の推移	88
表 4-2	全国産業総工会の加盟工会	92
表 4-3	産業別の労働組合組織率	93
表 4-4	1980～2006年の台湾の労働市場に関する諸指標	101
表 5-1	職業別就業率の変化	108
表 5-2	高齢者の主な収入源	109
表 5-3	高齢者の家族構成	110
表 5-4	高齢者の理想の暮らし方	110
表 6-1	職種別に見た台湾の社会保障制度	123
表 6-2	各社会保険の加入率の推移	124
表 6-3	全民健康保険の保険料負担率	125

表 6-4	退職金の新旧制度比較	128
表 6-5	退職後の生活費の見込み	129
表 6-6	休暇制度	135
表 6-7	労働費用の構成	137
表 6-8	法定外福利の供給主体と対象	139
表 6-9	台湾における国家福祉・企業福祉・家族福祉	143
表 7-1	シンガポール：共同募金会の寄付金の使途と受益者数	152
表 7-2	台湾：社会救助の支給額	156
表 7-3	シンガポール：公的扶助支給額	158
表 7-4	台湾：老人養護施設の概況	161
表 7-5	台北市：老人養護施設の概況	161
表 7-6	台湾：障害者福祉施設の内訳	161
表 7-7	シンガポール：高齢者施設の入所者数	162
表 7-8	シンガポール：共同募金会の寄付金使途	162
表 7-9	台湾：社会福祉支出と受益者数	163
表 7-10	65歳以上高齢者の居住形態	165
表 7-11	心身障害者数	165
表 7-12	世帯所得格差の推移	167
表 7-13	台湾：所得再分配効果	168
表 8-1	若年失業者の失業期間	176
表 8-2	20歳台失業者の失業理由	176
表 8-3	20歳台男女の人口構成	177
表 8-4	被用者に占める非正規従業員の割合	177
表 9-1	東アジア諸国の失業保険制度	204
表 9-2	失業保険の保険料率	205
表 9-3	失業保険の給付額と給付期間	205
表 9-4	失業保険のカバリッジ	205

索　引

A-Z

ASEAN（東南アジア諸国連合）　42, 52
ASEM（アジア欧州会合）　18
CCIP（シンガポール）　154
CPF（中央積立基金、シンガポール）　29, 32, 47, 157
CSSA（総合社会保障援助、香港）　32
EU（欧州連合）　42, 52, 53, 196, 208, 232
EU 社会政策　195
FTU（香港労働組合連盟）　23, 25
ILO（国際労働機関）　17, 63, 209-211, 224, 231
IMF（国際通貨基金）　16, 17
JICA（国際協力機構、日本）　53
MPF（強制積立基金、香港）　29, 32
NHS（国民保健サービス、イギリス）　63
NPO（民間非営利組織）　10, 42-46, 50-52, 54, 55, 148, 150, 151, 154
NPO 優位型　150, 154
NTUC（全国労働組合会議、シンガポール）　23, 24
ODA（政府開発援助）　208
OMC（開かれた政策調整方法）　208, 232
SHARE（シンガポール）　151
TUC（香港九龍労働組合評議会）　23, 25
VWO（民間非営利福祉組織、シンガポール）　147-149, 151, 154, 162, 164
WHO（世界保健機関）　63
WHO のキューブ　63, 64

ア　行

悪魔の碾白　37
アジア欧州会合（ASEM）　18
アジア開発銀行　16-18
アジア経済危機　7, 9, 16-18, 29-33, 39, 41, 52, 65, 107, 166, 173, 183, 188, 196, 231
アジア社会基金　54, 55
アジア NIEs　20-23, 29, 30, 32, 39, 42
新しいリスク　34
圧縮された近代　72

アドボカシー　51, 55, 148-150, 154, 231
アメリカ　2, 10, 21, 56, 57, 65, 68, 69, 73, 170, 173
有賀喜左衛門　47
アルゼンチン　56
イギリス　5, 6, 37, 56, 63, 170, 173, 206
育児休業（育嬰留職停薪、台湾）　119, 135, 136
イタリア　56, 173
一元主義　80
イデオロギー　11, 62, 69, 81, 82, 132, 142, 150, 230
稲上毅　69
違法経済　210
医療　19, 29, 32, 33, 42, 44, 46, 47, 54, 63, 64, 66, 116, 123, 125, 126, 138, 147, 157, 162, 218, 228
医療保険　29-31, 46, 55, 59, 61, 64, 67, 125, 138, 228
インド　19, 42
インドネシア　16, 18, 19, 52, 56, 60, 65, 132, 133, 196, 197, 201, 202, 207, 213-215, 220, 224, 231
インフォーマル化　217, 222, 223, 233
インフォーマル経済　210, 211
インフォーマル雇用　13, 14, 209-220, 225, 232, 233
インフォーマル自営業　212, 219, 220, 223
インフォーマルセクター　209-211, 224
インフォーマル賃労働　212, 219, 220, 223
インフォーマルな経済行為　210
インフォーマルな被用者　212
ウィーヴァー, R.　111
ウィレンスキー, H.　2, 43, 44, 57, 62, 68, 231
ヴェーバー, M.　36, 200
ヴォドピーヴェッチ, M.　223
請負労働者　212, 225
氏原正治郎　45
埋橋孝文　41
衛生署（台湾）　147
エスピン - アンデルセン, G.　2-4, 9, 10,

索　引

　　　　20-22, 35, 43, 44, 46, 62-64, 73, 171, 228-230
エンゲルス，F.　4
王栄璋　118, 119
欧州社会基金　53, 208
王増勇　112, 114
大泉啓一郎　42
大河内一男　196, 199
オセアニア　42
落合恵美子　49
オランダ　56, 170, 173
オルティス，I.　17

カ　行

カール，S.　4, 5
階級　2, 21, 27, 79, 81
階級間連合　20, 21
戒厳令（台湾）　76, 87
介護　49, 55, 113, 119
外国人労働者　95-98, 100, 101
外資系企業　130, 131
画一アプローチ　18, 19, 39, 232
核家族化　7
確定拠出制　11
学歴シグナル　172-175
カステル，M.　210, 211
家族福祉　7, 8, 10-12, 48-50, 54, 55, 68-70,
　　　　105, 142, 143, 228, 229
家族福祉の国家化　48, 49, 55
家族福祉優位型　48-50, 55
価値前提　8, 232
学校から仕事への移行　12, 170, 176, 191
加入率　92, 124, 205
カバーされる被用者　206
カバリッジ　10, 11, 13, 57, 62, 64, 65, 67, 72,
　　　　204, 205, 220, 228
韓国　12, 16, 18-30, 32-34, 38, 55-58, 60, 64,
　　　　65, 67-69, 71-73, 77, 102, 108, 132, 133,
　　　　169-171, 173-186, 188-191, 194, 196, 197,
　　　　201, 203-206, 213, 215, 220, 221, 228, 230,
　　　　231
韓国労総（韓国労働組合総連盟）　23-25
簡錫堦　117
完全雇用　44, 121
完全なグローバル化　233, 234
官僚制　34, 36
企業内訓練　170, 191
企業福祉　8, 10-12, 44-47, 50, 54, 68, 86, 122,
　　　　129, 130, 132, 133, 137, 138, 140-143, 229
企業福祉の国家化　11, 46, 47, 55
企業福祉優位型　45, 47, 48
技術職　108
規制緩和　97, 218, 219, 222, 233
規制強化　98, 218
規制能力　217-219, 225
義倉　5
ギゾー，F. P. G.　36
ギゾー・モデル　36, 37
基礎老齢年金（韓国）　64
義田　5
ギデンズ，A.　34-36
ギドロン，B.　46, 150, 154
技能　106, 172, 200, 201, 217, 224
機能の柔軟性　102
規範　8, 10, 49, 57, 62, 69, 71
基本工資（台湾）　95, 97, 98, 103
金大中　30, 31, 34, 38
旧社民主義　38
求職意欲　196, 200, 202
救貧制度　5, 6
救貧法　5, 6, 229
教育制度　12
教会　5, 6, 146, 229
共産主義　22, 35
競争的コーポラティズム　79
共通政策　13, 208
協働型　46, 49, 51, 54, 55, 154
共同募金会（シンガポール）　151, 154, 162,
　　　　166
キリスト教児童基金　51
記録されない経済　210
緊縮財政　3
金本位制　3, 195
グディ，J.　5, 6
国別アプローチ　18, 19, 39, 232
クレイマー，R.　50-52
グローバル化　3, 7, 9, 10, 34, 96, 171, 195, 216,
　　　　217, 230, 233, 234
グローバル競争　211
グローバル経済　7, 11, 77, 78, 112, 120, 230,
　　　　233, 234
グローバル資本主義　38
グローバル社会政策　195
グローバル連邦主義　234
軍人保険（台湾）　31, 119, 123, 126

経済建設委員会（経建会，台湾）　94, 115
経済水準　57, 58, 207, 228, 231
経済成長　3, 4, 13, 20, 57
経済的不平等　57, 194
経済統合　13, 194, 195
経済日報（台湾）　84, 94, 95, 97
経済発展　7, 19, 20, 22, 41, 60, 194, 195, 219, 220
経済発展諮詢委員会（台湾）　94, 96-100, 103
経済連携協定　52, 53, 194, 234
経路依存性　230
敬老年金行動聯盟（台湾）　114, 115
敬老福利生活手当（台湾）　116, 117, 126, 155
結婚休暇（台湾）　134, 136
権威主義体制　4, 9, 10, 20, 76, 104, 124, 194, 229-231
言説　33, 39, 111, 112, 115, 120
工会（台湾）　23, 80, 84, 86, 88, 90-92, 94, 96, 97, 99, 117, 131
工会法（台湾）　84, 85, 88, 99
高学歴化　171, 178-180, 183, 185-188, 191
工業化　21, 28, 29, 31, 32, 45, 197, 201
工業社会　34, 100
工業人口　179-181, 185
公共的討議　208
合計出生率　49, 100
洪士程　80
工商協進会（台湾）　83
黄清賢　90, 94, 95
黄長玲　80
公的扶助　8, 29, 31-33, 121, 158-160, 162, 167, 224
黄玫玲　98
後発国　9, 11, 51, 78
後発福祉国家　7, 10, 11, 41, 76, 105, 120, 122, 227, 229, 230
後発民主主義国　7, 104
公務員教員保険（台湾）　119, 123-126
公務員保険（台湾）　31, 123
公用休暇（台湾）　134-136
高齢化　4, 7, 42, 58, 62, 67, 96, 101, 105, 119, 157, 164, 166, 167, 194, 231
高齢者　11, 12, 20, 32, 44, 49, 64, 68-71, 96, 100, 101, 105-121, 125, 126, 140, 147, 149, 155, 157, 160-165, 167, 168, 200, 220, 232
高齢者福祉　11, 55, 105, 111-113, 120, 148, 149

高齢農民福利手当（台湾）　31, 106, 119, 122, 126, 155
ゴースキー，P.　4
ゴー・チョクトン　39
コーポラティズム　9, 19, 22, 23, 25-27, 76-82, 84-86, 93, 94, 97, 99, 100, 230
呉玉琴　112, 113, 119
国際援助　195
国際協力　13
国際協力機構（JICA，日本）　53
国際比較　2, 3, 13, 18, 70, 88, 133, 171, 195, 203, 207, 232
国民皆年金　11, 12, 31, 120, 127, 142, 229
国民皆保険　12, 127, 142, 229
国民健康保険（日本）　220, 225
国民国家　34, 35, 42, 232, 233
国民党（台湾）　21, 23, 24, 31, 76, 80, 81, 84, 87, 88, 91, 94, 113, 115-117, 121, 122, 126
国民年金（台湾）　31, 87, 105, 113-120, 126, 127, 155, 230
個人口座　29, 32, 47, 95, 98, 116, 117, 127, 157, 219
コスタリカ　56, 58, 60
国家エリート　21, 22, 27, 28
国家コーポラティズム　4, 11, 26-28, 76-87, 90, 98, 99, 104, 112, 113, 230, 231
国家主権　233, 234
国家福祉　8, 10-12, 39, 43, 45, 46, 48-52, 54, 55, 142, 143, 154
国家福祉の家族化　48
国家福祉の企業化　46
国家福祉のボランタリー化　51, 55
国家福祉優位型　46-48, 51
500バーツ年金（タイ）　64, 221
ゴフ，I.　42
コミュニケーション的言説　111, 115, 118, 120
コミュニティ開発省（シンガポール）　33, 147
小山路男　5
雇用慣行　12, 170, 171, 179, 190, 191, 232
雇用規制　170, 172-174
雇用構造　12
雇用制度　12
雇用主　85, 151, 172, 212, 217, 218
雇用保護　170, 172-175
コロンビア　56, 60

サ 行

サービス産業人口　179-181, 183, 185
財政制約　11, 106, 111, 118, 120, 230
財団法人（台湾）　148, 151, 161
最低限度積立制度（シンガポール）　32
最低賃金　30, 32, 95, 103
最低保証年金　118, 120
再分配　30, 35, 36, 42, 117, 166
サッチャリズム　37
サラモン, L.　148
産業化　19, 49, 199
産業工会（台湾）　23, 85, 86, 88, 89, 94, 99
産業構造　11, 79, 92, 104-108, 120, 142, 175, 197, 203, 207, 231
産業政策　3, 4, 96, 97, 200
三三三安家福利方案（台湾）　116
残障聯盟（障害者聯盟，台湾）　112, 115, 117, 118, 149, 164
三民主義（台湾）　81, 82
残余モデル　35, 36
自営業　13, 209, 210, 213, 218-220, 225
自営業者　31, 85, 88, 122, 196, 203, 206, 210, 211, 213-215, 219-222, 231
ジェンダー　49, 55, 79
時間の柔軟性　95, 97, 102, 103
事業提携モデルの協働型　150, 154, 167
自己勘定労働者　212
自己実現のための脱商品化　62
自己調整的市場　21
自主工会（台湾）　87, 89, 90, 98, 113
市場　13, 21, 30, 36-38, 43, 70, 146, 148, 217, 218, 223
市場化　142, 143
市場経済　194, 217
市場志向型企業　68
市場社会　9, 36
失業　4, 7, 13, 16, 30-32, 65, 94, 96, 100, 103, 123, 127, 169, 172, 173, 175, 176, 179, 191, 195-206, 222, 224
失業給付受給率　65, 222, 223
失業者　16, 32, 62, 65, 103, 127, 140, 175-177, 196-198, 200-202, 206, 222
失業扶助　207
失業保険　13, 17, 31, 59, 60, 61, 64, 65, 67, 127, 195, 196, 199-208, 218-220, 222-225, 228
失業保険個人口座　224, 225

実績獲得の政治　111
実績関係　175, 176
地主階級　21, 22
地場系企業　130, 131
資本家階級　21, 79
資本主義　6, 26, 44, 78, 82, 94, 200
資本主義の多様性　12, 232
市民権　64, 158
市民社会　1, 10, 12, 33-37, 39, 52, 146-150, 154, 155, 164, 167, 230
下平好博　19
社会運動団体　11, 87, 96, 105, 111-118, 120, 230, 231
社会救助（台湾）　126, 147, 156, 159, 163
社会経済的要因　171, 175, 179, 188, 190
社会コーポラティズム　11, 26, 27, 76-80, 94, 97-100, 104, 230
社会主義　21, 35, 79, 172, 204
社会政策　1-4, 11, 13, 16-18, 24, 38, 41, 42, 45, 46, 48, 52-54, 56, 76, 77, 95, 96, 195, 208, 231, 232, 234
社会団体（台湾）　148, 151
社会手当　122, 219
社会的排除　34, 53, 194
社会的平等　36, 37, 194
社会的リスク　13, 195, 203, 233
社会的リスク管理　17
社会統合　194
社会投資国家　34
社会福祉　12, 38, 48, 95, 96, 99, 112, 116-118, 121, 146-150, 155, 156, 162-164, 166, 167
社会保険　2, 5, 8, 17, 21, 34, 44, 62, 73, 114-117, 121, 124, 135, 136, 147, 162, 210, 211, 218, 225
社会保険方式　115, 116, 118, 120
社会保護　3, 4, 7, 17, 18, 21
社会保障　8, 10, 11, 13, 14, 19, 20, 22, 28-32, 38, 39, 44, 45, 53, 57, 58, 62, 64, 67, 69-71, 96, 100, 103, 105, 106, 115, 119, 121-124, 127, 141-143, 194, 195, 214, 217-220, 223, 228-230, 232, 234
社会保障支出　58, 59, 62, 67, 68
社会保障制度の導入時期　59
社会保障の拡充　8, 13, 104, 209, 217, 223-225, 231, 233
若年労働市場　169-171
社民主義　2, 4, 20-22, 34, 73, 172

社民主義レジーム／社民主義福祉国家　2, 4, 20-22, 73
就業保険（台湾）　31, 103, 104, 123, 127, 135, 136
自由市場経済　68, 69
自由主義　2, 4, 20, 21, 26, 44, 73, 81, 172
自由主義レジーム／自由主義福祉国家　2, 4, 20, 21, 44, 73
終身雇用　47, 54, 170
柔軟化　11, 97, 98, 100, 104, 211, 217
柔軟性　79, 100-103
自由貿易協定　52, 53, 194, 234
受給率　6, 64, 65, 206, 207, 221, 222, 228
恤救規則　6
出産休暇（台湾）　134, 136
シュミッター, P.　9, 11, 22, 23, 25-27, 76-82, 99, 230
シュミット, V.　111
障害者　12, 112, 115, 116, 121, 147-149, 156, 158, 160, 161, 163, 164, 166-168, 232
障害者福利法（台湾）　149, 164
私用休暇（台湾）　134, 135
少子化　49, 55, 58, 105, 110, 119, 172
消費のための脱商品化　62
職業訓練　62, 127, 158, 159, 170, 191, 200, 201
職業工会（台湾）　23, 85, 88, 89, 91
職業高校　172, 173
植民地政庁（香港）　25, 30
女性　12, 34, 49, 55, 70, 79, 95-97, 99, 100, 105, 111, 171, 175, 178-181, 183, 185, 188, 190, 191, 200, 214, 224, 232
職工福利委員会（台湾）　86, 131, 133, 138, 140-142
職工福利金（台湾）　86
所得格差　164, 166, 168
所得保障　11, 20, 31, 32, 107, 114, 125-127, 155, 157, 160, 170
ションフィールド, A.　94
自力更生支援計画（香港）　32
私立学校教職員保険（台湾）　31, 123
新型農村社会年金（中国）　64
シンガポール　10, 12, 19-30, 32, 33, 38, 39, 42, 45-47, 49-52, 54-56, 58, 60, 132, 133, 146-155, 157-168, 196, 201, 207, 231
シンガポール高齢者活動グループ　149
シンガポール障害者協会　149
新川敏光　41

人口構造　57
新興国　1, 18, 64, 106, 199, 207, 209, 233, 234
身心障害者保護法（台湾）　149, 164
親族集団　4-6, 146, 229
新卒採用　191
新中間階級　21
新中間路級（台湾）　34, 38
新宮沢構想　52
人民行動党（シンガポール）　21, 23, 24, 29, 32, 33
人民団体法（台湾）　148
スウェーデン　2, 21, 56, 65, 73, 173
数量の柔軟性　102
末廣昭　46, 122
ステパン, A.　27
スペイン　56, 170, 173
スロバキア　56, 170
生活保障　31, 48, 68, 132, 143, 200
正規　137-139, 170, 188, 190, 191
税金　210, 220
政策過程　11, 105, 106, 111-113, 120
政策処方箋　8, 12, 13, 18
政策提言　7, 54
生産職　108, 183
生産的福祉（韓国）　30, 34, 38
税制　164, 166, 218
製造業　89, 92, 93, 108, 130, 131, 137
制度化された個人化　72
制度的要因　108, 171, 172, 179, 190
制度モデル　35, 36, 38
政府　3, 5, 13, 23-25, 28, 35, 38, 46, 48, 50-52, 72, 73, 77, 78, 82, 84, 88, 118, 119, 132, 142, 147, 150, 154, 209, 217-219, 223, 225, 228, 232, 234
政府優位型　150
税方式　117, 118
政労使関係　11, 76-78, 80, 81, 86, 87, 104
セーフティネット　17, 18, 42, 52, 54
世界銀行　16-18, 223, 231
積極的労働市場政策　170, 200
節制資本（台湾）　82
節度あるグローバル化　3, 230, 234
全国工業総会（台湾）　83, 84, 129
全国産業総工会（台湾）　89, 90, 92, 94, 96, 98, 99, 113
全国社会サービス協議会（シンガポール）　147, 149, 151, 158, 162

全国社会福利会議（台湾）　116, 117
全国商業総会（台湾）　83
全国賃金評議会（シンガポール）　24
先進国　1, 4, 34, 45, 53, 56-59, 63-65, 69, 78, 106, 197, 200, 208, 211, 219-221, 223-225, 233, 234
先進福祉国家　1-4, 11, 19, 20, 33, 35, 38, 40, 227-230
全民健康保険（台湾）　31, 47, 85, 87, 103, 113, 115, 119, 122-127, 136, 137, 156
専門家　11, 111, 115, 116, 120, 230
専門家支配　105, 120
搶救国民年金聯盟（台湾）　115
総工会（台湾）　23, 24, 80, 82, 84, 87-92, 94, 96, 98, 99, 113
相互学習　13, 207, 208, 232
葬式休暇（台湾）　134, 136
相対的若年失業率　172-173, 175, 191
ソーシャルワーカー　31, 112, 113, 149
蘇煥智　114
組織志向型企業　68
ソスキス，D.　68
ゾンバルト，W.　5
孫友聯　113, 119

タ　行

タイ　16, 18, 19, 56, 64, 65, 67, 132, 133, 196, 201-207, 213, 214, 221, 228, 231
第一次大戦　20, 59
大企業　45, 47, 83-86, 92, 130, 136, 137, 142, 211, 217
大恐慌　20, 229
第三の道　34, 35, 38, 63, 230
体制形成期　21-23, 26, 27
第二次大戦　3, 4, 20, 229
大陸間比較　10, 56, 68, 72
大量解雇労働者保護法（台湾）　95, 98, 102
台湾　7, 9-12, 19-23, 25-34, 38, 42, 45-47, 49, 51, 52, 55-58, 60, 64, 67, 68, 70, 75-144, 146-151, 154-157, 159-164, 166-169, 171, 174-183, 185, 187, 188, 191, 194, 196, 201, 203-206, 213, 215, 220, 227-231
台湾経済永続発展会議（台湾）　94, 95, 98, 99, 118
武川正吾　42
多元主義　11, 25, 26, 76-80, 86, 87, 91, 93, 99, 104, 230

多世代同居　11, 105, 108
脱工業化　108, 171, 179-181, 183, 186-188, 190, 191, 197
脱商品化　3, 62, 64
脱農業化　108
短期資本移動の自由化　7, 230
短期主義　47, 54, 142
男女労働平等法（台湾）　101, 135
地域規模の社会政策　10, 13, 42, 53-55, 195, 196, 208, 233
地域統合　42, 43, 52, 53, 195, 232, 233
チェコ　56, 173
チェン，M.　212
地下経済　210
智障者家長総会（知的障害者の親の会，台湾）　112, 117
張慶燮　72
中華民国憲法（台湾）　121, 142
中間団体　36
中国　5, 19, 56, 64, 67, 73, 132, 133, 196, 197, 201-205, 221, 228, 231, 233
中小企業　28, 45, 89, 92, 98, 130, 131, 136, 137, 140, 142
中進国　56
中低所得高齢者生活手当（台湾）　31, 106, 114, 122, 126, 155
中低所得生活補助（台湾）　156
長期雇用　68
調整型市場経済　68, 69
調整的言説　11, 111, 115, 118, 120, 230
徴税制度　208
徴税能力　10, 72, 73, 228
超党派　11, 94, 96, 105, 111, 119, 120
全斗煥　30
チリ　56
賃金の柔軟性　102, 103
賃金労働者　200, 211, 225
陳水扁　9, 31, 34, 38, 94, 116
沈宗瑞　80
賃労働　196, 210, 218, 219, 221, 222
ディーセントワーク　63, 211
低所得者　125, 156, 158, 160
ティトマス，R.　35
出稼型労働　199
鉄の檻　36-38
転職　11, 47, 54, 68, 98, 103, 127, 141, 169
デンマーク　56, 170, 173

ドイツ　2, 21, 56, 73, 172, 173, 206
東欧　56-58, 64, 228
党外運動（台湾）　87
董建華　38, 39
党国体制（台湾）　80
投資の自由化　13, 195
ドーア, R.　68
トクヴィル・モデル　36
特別休暇（台湾）　133, 134
都市住民社会年金（中国）　64
途上国　1, 4, 18, 51, 53, 63, 64, 196, 197, 199, 200, 203, 207, 209, 211, 219, 220, 223, 224, 233, 234

ナ 行

ナイア, デヴァン　24
内政部社会司（台湾）　147
南欧　41, 172
ニート　175, 176, 178-180, 183, 185, 188, 191
二重構造型　150
二週変形工時（台湾）　97, 103
2002年コンセンサス　211, 212
日本　2, 6, 8, 11, 12, 20, 35, 44, 45, 47-59, 64, 65, 67-69, 71, 73, 92, 93, 101, 102, 108, 159, 160, 164, 166, 169-171, 173-176, 178, 179, 181, 183-185, 188-191, 194-197, 199, 201-206, 213, 215, 220, 222, 225, 228, 229, 233
ネオ・コーポラティズム　78
ネオリベラリズム　34, 38, 79, 100, 117, 219, 222, 233
年金　11, 12, 17, 29, 30, 32, 44, 47, 59, 60, 64, 65, 67, 69, 105, 108, 114-119, 122, 123, 127, 129, 142, 155, 157, 158, 166, 218, 220, 221, 228, 229
年金受給率　64, 220-222
年金保険料納付率　221, 222
農業国　21, 197, 201, 202
農業人口　180, 213, 215
農地改革　22
農民健康保険（台湾）　31
農民層　21, 22
農民保険（台湾）　119, 122, 124, 125
農林漁業　108, 124

ハ 行

パーソンズ, T.　36

ハート, K.　210-212
パート労働　34, 101, 102, 108, 178, 179
排除的コーポラティズム　4, 27, 28
排除的多元主義　26, 28
朴正熙　21, 23, 24
派遣労働　96-98, 102
八週弾性工時（台湾）　97, 103
パッテン, クリストファー　31
ハンガリー　56, 173
犯罪経済　210
泛紫聯盟（台湾）　117, 118
販売店モデルの協働型　150, 154, 167
比較研究　1, 8, 10, 12, 13, 35, 42, 50, 57, 62, 63, 171, 208, 227, 232, 233
比較福祉国家論　18, 39, 41, 42, 54, 57
東アジア　1-13, 16-21, 29, 33-35, 39, 41-47, 49, 52-60, 63-65, 67, 68, 70-73, 145, 169, 172, 194-197, 201, 202, 207-209, 213, 222, 227-230, 232-234
東アジア型　8, 12, 19, 20, 29, 39, 146, 228
東アジア共同体　42, 45, 52, 53
東アジアサミット　52
東アジア社会政策　13, 195, 208
東アジアモデル　20
非就業者　183
非常時期人民団体組織法（台湾）　82
非正規　138, 139, 170, 177-179, 188-191, 207
非典型雇用　96, 102
非難回避の政治　105, 111, 120
非農業自営　213, 215
批判的老年学　106
日雇労働失業保険　225
ヒュイトフェルト, H.　216, 217
病気休暇（台湾）　134-136
被用者　88, 92, 122, 125, 135, 151, 200, 202-204, 206, 211, 212
被用者化　7, 100
開かれた政策調整方法（OMC）　208, 232
広井良典　42
貧困　6, 16-18, 29, 51, 52, 70-72, 147, 200, 224
ファイゲ, E.　210, 211
フィリップソン, C.　106
フィリピン　18, 19, 56, 60, 196, 201, 207, 213-215, 220
分紅（台湾）　132, 138, 141, 142
フォーマル化　14, 209, 221, 223, 225, 232, 233
フォーマル経済　210

索　引　263

不況期救済制度（シンガポール）　33
福祉 NPO　12, 50-52, 55, 146-148, 150, 151, 154, 167, 231
福祉拡大　106, 111, 115, 118, 120
福祉国家　2-5, 7-13, 18-22, 26, 29, 31, 33-39, 41-45, 47, 50, 53-57, 60, 62-64, 66-68, 70-73, 120, 121, 146, 147, 155, 164, 167, 194, 208, 218, 229-232, 234
福祉国家化　56, 57, 60, 61, 65-67
福祉国家の拡充　7, 11, 33, 72, 73, 112, 120
福祉国家の構築　16, 29, 33, 231
福祉国家の再編　10, 16, 29, 33, 231
福祉サービス供給　148, 150, 161, 162
福祉削減　111
福祉社会　34, 50
福祉制度　12, 13, 17, 30, 42, 57, 149, 166
福祉多元主義　43, 69
福祉の拡充　1, 7, 8, 17, 18, 30, 38, 54, 55, 120, 230-234
福祉ミックス　43
福祉レジーム　8, 10, 12, 42-44, 54, 55, 122, 142, 143, 164, 166, 168, 171
フクヤマ, F.　6
ブッフホルツ, S.　171
不払家族従業者　211-215
不平等化　166
普遍主義　21, 41
ブラジル　56, 58
フランス　56, 170, 173, 206
フリーター　175, 176, 178, 179
ブリーン, R.　171-175
傅立葉　118
フルタイム雇用　34
ブレア, トニー　34
ブレトンウッズ体制　3, 4, 230
平均勤続年数　68, 101, 140, 141
ヘーゲル, G. W. F.　36
ヘーゲル・モデル　36, 37
ベーシックインカム　219
ベック, U.　72
ベトナム　19, 56, 201-207, 213-215, 220, 231
ベネズエラ　56
ペルー　56, 60
貿易の自由化　3
報告されない経済　210
包摂的コーポラティズム　4, 26-33, 39, 40
法定外福利　137, 138, 142

法定退職金（台湾）　11, 47, 55, 95, 98, 103, 106, 107, 127, 129, 137
法定退職年齢　106, 107
法定福利　136, 137, 142
ポーランド　56, 170, 173
ホール, P.　68
北欧　2, 4, 21
保険料　114, 116, 123-127, 136, 138, 156, 204, 205, 218, 219, 221
保守主義　2, 4, 20-22, 44, 73, 172
保守主義レジーム／保守主義福祉国家　2, 4, 20-22, 73
ポスト工業社会　34
ポスト社会主義国　56
ボランタリー福祉　8, 10, 12, 50-52, 54, 55, 154
ボランタリー福祉の国家化　51, 52, 154
ボランタリー福祉優位型　50, 51
ポランニ, K.　3, 20, 21, 37, 195
ホルツマン, R.　17
ポルテス, A.　210, 217
ポルトガル　173
ホワイトカラー　90
ホワイトカラー化　100
香港　19-23, 25, 26, 28-33, 38, 39, 196, 201, 207

マ　行

マーシャル, K.　18
マクファーレン, A.　6
丸山眞男　35, 36
マレーシア　18, 19, 56, 60, 196, 201, 207, 213, 215, 220, 221, 231
3 つの世界　20, 73
宮本太郎　111
民間社会福利推進小委員会（台湾）　117, 118
民間保険　12, 44, 142, 229
民主化　7, 9-11, 29-33, 39, 48, 76-78, 80-82, 84, 86, 87, 104, 112, 113, 122, 124, 142, 146, 149, 167, 204, 229-231
民主主義　3, 7, 26, 27, 44, 104, 194, 208, 229, 231, 233, 234
民進党（台湾）　31, 76, 77, 87, 90, 91, 95, 96, 98-100, 114, 116-118, 126
民進党新潮流系（台湾）　114, 115, 117
民生主義（台湾）　82
無拠出制年金　221

メキシコ　56, 60, 173
メディセイブ（シンガポール）　32

ヤ 行

友愛　37
行き過ぎたグローバル化　7, 9, 195, 230, 233, 234
ユティン, J.　216
ユニバーサルカバリッジ　63

ラ・ワ行

ラスレット, P.　6
ラテンアメリカ　27, 56-59, 64, 65, 228
リーガー, E.　41
リーマンショック　9, 196, 197
利益団体　77, 78, 80, 87, 93, 94
離職率　101, 141
立法委員（台湾）　84, 91, 96, 114, 117-119
立法運動　12, 115, 149, 150, 154, 164
李登輝　76
理念型　23, 25, 35, 76-78, 80, 81, 84, 142
林惠官　91, 94-96
臨時・日雇労働者　212, 225
林萬億　117-120
類型論　2, 4, 9, 150, 154, 229
ルーム, G.　62, 63
零細企業　45, 129, 217
レジーニ, M.　102
聯合報（台湾）　91, 94, 95, 97, 98, 117
連帯　37
労工委員会（台湾）　93, 97, 119, 147
労工陣線（台湾）　87, 90, 91, 95, 112-115, 117-120

労工保険（台湾）　28, 31, 85, 88, 117-119, 122-127, 134, 136, 137
労工保険失業給付（台湾）　123
労工保険年金（台湾）　123, 127
労工保険老年給付（台湾）　47, 106, 155
労工保険老年年金（台湾）　106, 155
労災休暇（台湾）　134-136
労災保険　29
労資会議（台湾）　85, 86, 97, 131, 133, 140-142
労使協調（労資協調）　11, 132, 142
老人福利協進会（台湾）　112
老人福利推動聯盟（老盟, 台湾）　112, 117, 149
老人福利法（台湾）　149
老親扶養法（シンガポール）　49, 164
労働基準法（台湾）　85, 87, 97, 103, 127, 133, 134
労働規制　104, 211, 217
労働組合　23-25, 30, 31, 54, 80, 85, 88-90, 92, 93, 131, 133, 140, 141
労働市場　3, 4, 11-13, 17, 34, 77, 97, 98, 100-104, 106, 170-172, 175, 179, 180, 183, 191, 209, 213, 216-219, 223-225, 231
労働者階級　21, 27, 28, 79, 80
労働者休暇申請規則（台湾）　134
労働者退職金条例（台湾）　127
労働団体　22-24, 26, 28, 82-84, 91, 94-96, 98, 99
労働法　100, 171, 179, 190, 191, 210, 218, 232
労農同盟　22
ロドリック, D.　233, 234
若者　12, 13, 169-191, 206, 232

《著者略歴》

上村泰裕（かみむら やすひろ）

1972 年　名古屋市に生まれる
1995 年　東京大学文学部卒業
2001 年　東京大学大学院人文社会系研究科博士課程満期退学
　　　　東京大学社会科学研究所助手，法政大学社会学部准教授を経て
現　在　名古屋大学大学院環境学研究科（社会学講座）准教授

福祉のアジア

2015 年 9 月 23 日　初版第 1 刷発行

定価はカバーに
表示しています

著　者　　上　村　泰　裕
発行者　　石　井　三　記

発行所　一般財団法人　名古屋大学出版会
〒464-0814　名古屋市千種区不老町 1 名古屋大学構内
電話 (052) 781-5027/FAX (052) 781-0697

ⓒ Yasuhiro Kamimura, 2015　　　　　　　　　　　Printed in Japan
印刷・製本 ㈱太洋社　　　　　　　　　　　ISBN978-4-8158-0813-6
乱丁・落丁はお取替えいたします。

Ⓡ〈日本複製権センター委託出版物〉
本書の全部または一部を無断で複写複製（コピー）することは，著作権法上での例
外を除き，禁じられています。本書からの複写を希望される場合は，必ず事前に
日本複製権センター（03-3401-2382）にご連絡ください。

末廣　昭著
キャッチアップ型工業化論　　　　　　　A5・386 頁
―アジア経済の軌跡と展望―　　　　　　本体 3,500 円

川上桃子著
圧縮された産業発展　　　　　　　　　　A5・244 頁
―台湾ノートパソコン企業の成長メカニズム―　本体 4,800 円

吉野耕作著
英語化するアジア　　　　　　　　　　　A5・240 頁
―トランスナショナルな高等教育モデルとその波及―　本体 4,800 円

鮎京正訓著
法整備支援とは何か　　　　　　　　　　A5・364 頁
　　　　　　　　　　　　　　　　　　　本体 5,600 円

西村周三著
保険と年金の経済学　　　　　　　　　　A5・240 頁
　　　　　　　　　　　　　　　　　　　本体 3,200 円

菅山真次著
「就社」社会の誕生　　　　　　　　　　A5・530 頁
―ホワイトカラーからブルーカラーへ―　本体 7,400 円

梶田孝道／丹野清人／樋口直人著
顔の見えない定住化　　　　　　　　　　A5・352 頁
―日系ブラジル人と国家・市場・移民ネットワーク―　本体 4,200 円

仁平典宏著
「ボランティア」の誕生と終焉　　　　　A5・562 頁
―〈贈与のパラドックス〉の知識社会学―　本体 6,600 円

山岸敬和著
アメリカ医療制度の政治史　　　　　　　A5・376 頁
―20 世紀の経験とオバマケア―　　　　 本体 4,500 円

福澤直樹著
ドイツ社会保険史　　　　　　　　　　　A5・338 頁
―社会国家の形成と展開―　　　　　　　本体 6,600 円